동영상강의 www.pmg.co.kr

박문각

기출로 합격까지

이태호 기출문제

부동산세법 2차

박문각 공인중개사

브랜드만족 1위 박문각

2025

근거자료 별면표기

이 책의 머리말

2025년 을사년에 들어 부동산세법 필수서를 집필하면서, 새로운 감을 느끼지만 20년 넘게 그동안 강의하였던 기술적 내용을 첨부하여 재집필의 펜을 들고 보니, 예전의 제 교재가 부실하였던 점이 새로 느껴지며, 그 교재에서 아쉬웠던 점과 매년 부동산 정책에 따라 변화되는 개정 법률을 그 취지에 맞춰 제36회 시험대비 개정 법률에 따른 부동산세법 필수서를 새롭게 구성하였습니다.

해마다 공고되는 출제범위는 상속세 · 증여세 · 법인세 · 부가가치세를 제외하고 조세의 총론, 취득세, 등록면허세, 재산세 그리고 국세로는 종합부동산세, 부동산임대에 대한 사업소득, 양도소득세로 이는 공인중개업을 행할 때 실제 업무와 밀접한 관계가 있는 과목이라 합리적이고 타당한 선택이라 할 수 있습니다.

어떤 수험생들은 선배 수험생에게 귀동냥하여 들은 말로 부동산세법은 문항 수가 적고, 세율에 대한 숫자가 주된 과목이라 절대적으로 숫자만 문제로 나오지만, 그 많은 숫자를 외울 수 없으니 시험을 한 달 남기고 무조건 숫자만 외우라는 선배 수험생의 주문 그대로 행하는 불상사가 발생할까 봐 미리 말씀드리는데 이는 커다란 수험공부 방법의 큰 착오일 수밖에 없습니다.

제 경험상 말씀드리면 그 법률이 신설되었던 시대적 배경 · 경제적 상황 · 사회적 상황을 고려해 그 법률의 취지를 이해하고, 그 이해에 따라 법률의 문장의 키워드만 살짝 빼내어 알고 있으면 고득점을 할 수 있으므로 다른 과목에서 부족한 점수를 채워 합격의 지름길을 택하시길 바랍니다.

공인중개사 수험을 준비하신 분을 위해 20년을 넘게 강의로 접한 경험에 의하면 대부분 응시생은「부동산세법」과목에 대한 부담감을 느끼고 단순 암기 과목이라 여기며, 처음 공부하시는 분은「부동산세법」과목의 수험준비에 매우 당황하고 있음을 알아 저자는 이러한 이유로 세법의 기본구조의 흐름과 용어해설, 각 세법 간의 비교학습 등을 공인중개사 시험을 준비하시는 분들에게 그간 강의의 노하우와 개정이유를 바탕으로 서술하였으니 본서가 여러분의 합격에 도움이 될 수 있는 수험서가 되길 바랍니다.

본서의 특성 및 공부방법을 설명하면 다음과 같습니다.

01 | 처음부터 이론에 대한 부담감을 갖지 말고 전체의 숲을 관망하는 기분으로 진도를 나가야 합니다.

02 | 2025년 부동산세법의 개정내용을 충실히 반영하였고, 기출문제는 개정내용을 반영하여 「변형」으로 구분하였으며, 출제경향을 고려한 문제 해결력 기르기를 위해 상세한 해설과 더불어 수록하였습니다.

아무쪼록 본서가 여러분의 합격에 일조하는 수험서가 되길 바라며, 수험생 여러분들의 건투를 비는 바입니다.

2025년 1월

편저자 이태호

CONTENTS

이 책의 **차례**

부동산세법

CONTENTS

이 책의 **차례**

부동산세법
THEMA 58

조세의 분류

부동산 조세에 관한 설명으로 옳은 것을 모두 고른 것은? ▶ 부동산학개론 제33회

㉠ 양도소득세와 부가가치세는 국세에 속한다.
㉡ 취득세와 등록면허세는 지방세에 속한다.
㉢ 상속세와 재산세는 부동산 취득단계에 부과한다.
㉣ 증여세와 종합부동산세는 부동산의 보유단계에 부과한다.

① ㉠
② ㉠, ㉡
③ ㉡, ㉣
④ ㉠, ㉢, ㉣
⑤ ㉡, ㉢, ㉣

출제경향 조세를 과세주체에 따라 국세와 지방세로 구별, 조세를 사용목적이 여부에 따라 보통세·목적세로 구별한다. 세목의 명칭을 기본적·절대적 암기사항으로 학습하여야 한다.

출제키워드
- 국세와 지방세의 비교
- 지방세의 분류
- 조세의 독립성에 따른 분류로서 부가세의 세목들
- 취득, 보유, 양도단계의 세목 구별

유사문제

1. 부동산 관련 조세에서 ( )에 들어갈 내용으로 옳은 것은? ▶ 부동산학개론 제30회

구 분	보유단계	취득단계	처분단계
국 세	(㉠)	상속세	(㉢)
지방세	(㉡)	취득세	–

① ㉠: 종합부동산세 ㉡: 재산세 ㉢: 양도소득세
② ㉠: 종합부동산세 ㉡: 양도소득세 ㉢: 재산세
③ ㉠: 재산세 ㉡: 종합부동산세 ㉢: 양도소득세
④ ㉠: 재산세 ㉡: 양도소득세 ㉢: 종합부동산세
⑤ ㉠: 양도소득세 ㉡: 재산세 ㉢: 종합부동산세

2. 2025년 4월 중 부동산을 취득하는 경우, 취득단계에서 부담할 수 있는 세금을 모두 고른 것은? ▶ 제25회

㉠ 재산세
㉡ 농어촌특별세
㉢ 종합부동산세
㉣ 지방교육세
㉤ 취득세
㉥ 인지세

① ㉠, ㉡, ㉢
② ㉠, ㉡, ㉤
③ ㉠, ㉢, ㉣
④ ㉡, ㉣, ㉤, ㉥
⑤ ㉢, ㉣, ㉤

3. 부동산 관련 설명으로 옳은 것은? ▶ 부동산학개론 제34회

㉠ 지방세
㉡ 국세
㉢ 취득단계
㉣ 처분단계
㉤ 보유단계
㉥ 물건별 과세표준에 대한 과세
㉦ 거주자별 합산한 과세표준에 대한 과세

① 취득세와 재산세는 ㉠, ㉤, ㉦에 해당한다.
② 취득세는 ㉠, ㉢에, 종합부동산세는 ㉡, ㉤에 해당하고, 공통점은 ㉤에 해당한다.
③ 재산세는 ㉠, ㉥에, 종합부동산세는 ㉡, ㉦에 해당하고, 공통점은 ㉤에 해당한다.
④ 양도소득세는 ㉡에, 재산세는 ㉠에 해당하고, 공통점은 ㉤, ㉦에 해당한다.
⑤ 양도소득세와 종합부동산세는 ㉡, ㉤, ㉥에 해당한다.

해설 정답 ≫ ②

㉠ 양도소득세와 부가가치세는 국세에 속한다.
- 양도소득세와 부가가치세는 국세이고, 양도소득세는 부동산 양도단계에 관련된 세목이며, 부가가치세는 취득, 보유, 양도에 공히 적용되는 세목이다.

㉡ 취득세와 등록면허세는 지방세에 속한다.
- 취득세와 등록면허세는 지방세에 속하고, 취득단계에 관련된 세목이다.

㉢ 상속세와 재산세는 부동산 취득단계에 부과한다.
- 상속세는 국세로 취득단계에 관련된 세목이고, 재산세는 지방세로 부동산 보유단계에 부과한다.

㉣ 증여세와 종합부동산세는 부동산의 보유단계에 부과한다.
- 증여세는 국세로 부동산 취득단계에 관련된 세목이고, 종합부동산세는 국세로 부동산 보유단계에 관련된 세목이다.

① ㉠
② ㉠, ㉡
③ ㉡, ㉣
④ ㉠, ㉢, ㉣
⑤ ㉡, ㉢, ㉣

| 출제영역 |
지방세의 분류 ★

| 난 이 도 | 중

| 출제빈도 |
제2회, 제5회, 제6회, 제8회, 제9회, 제13회, 제20회, 제26회, 부동산학개론 제31회, 제33회, 제34회, 제35회

| 용어해설 |
- **보통세**
  과세주체가 징수한 세금을 용도를 정하지 아니하고 일반적 운영경비로 사용하는 세목들을 말한다.
- **목적세**
  특정 수입의 용도를 정하여 그 특정용도에만 사용되는 세목들을 말한다.

유사문제

4. 국내 소재 부동산의 보유단계에서 부담할 수 있는 세목은 모두 몇 개인가? ▶ 제30회

- 농어촌특별세
- 지방교육세
- 개인지방소득세
- 소방분 지역자원시설세

① 0개
② 1개
③ 2개
④ 3개
⑤ 4개

5. 지방세기본법상 특별시세 세목이 아닌 것은? ▶ 제26회

① 등록면허세
② 취득세
③ 지방소비세
④ 지방교육세
⑤ 지역자원시설세

6. 다음 세목 중 부가세가 부가되지 아니한 세목은?

① 취득세
② 지역자원시설세
③ 재산세
④ 종합부동산세
⑤ 양도소득세

7. 부동산을 보유하는 경우 부과할 수 있는 국세에 속하는 세목으로 그에 대한 부가세가 옳게 연결된 것은?

① 재산세 – 농어촌특별세
② 양도소득세 – 소방분 지역자원시설세
③ 종합부동산세 – 농어촌특별세
④ 등록면허세 – 지방교육세
⑤ 재산세 – 지방교육세

납세지

다음은 부동산 관련 세목의 과세관할 또는 납세지에 관한 설명이다. 옳은 것은?

▶ 기출 변형 종합

① 같은 등록에 관계되는 재산이 둘 이상의 지방자치단체에 걸쳐있어 등록면허세를 지방자치단체별로 부과할 수 없을 때에는 등록관청 소재지를 납세지로 한다.

② 종합부동산세의 납세의무자가 비거주자인 개인으로서 국내사업장이 없고 국내원천소득이 발생하지 아니하는 1주택을 소유한 경우 주소지를 납세지로 정한다.

③ 거주자가 국내 상가건물을 양도한 경우 거주자의 주소지와 상가건물의 소재지가 다르다면 양도소득세 납세지는 상가건물의 소재지이다.

④ 비거주자가 국내 주택을 양도한 경우 양도소득세 납세지는 비거주자의 국내 주소지이다.

⑤ 부동산을 취득한 경우에 취득세의 납세지는 부동산 취득자의 주소지 관할 특별시・광역시・도이다.

출제 경향 세법 시험에서 "납세지"란 단일 문제로 출제된 적은 없으나, 부동산 관련 각 세목 문제별 지문 ①②③④⑤의 항목으로 출제되고 있으니, 각 세목별 비교학습으로 숙지하여야 한다.

출제 키워드
- 종합부동산세 납세지
- 양도소득세의 납세지
- 취득세의 납세지
- 등록면허세의 납세지
- 재산세의 납세지

핵심포인트

부동산 관련 세목별 납세지

1. 지방세법에 따른 부동산 관련 세목별 납세지

① 취득세의 납세지

부동산을 취득한 경우의 취득세의 납세지는 부동산 소재지 특별시・광역시・도이다(도세의 위임징수 규정에 따라 시・군・구에 납입한다).

② 등록면허세의 납세지

부동산에 대한 권리의 설정・변경 또는 소멸에 관한 사항을 공부에 등기・등록하는 경우 등록면허세의 납세지는 부동산 소재지의 도이다(도세의 위임징수 규정에 따라 시・군・구에 납입한다).

③ 재산세의 납세지

재산세의 납세지는 과세대상 재산의 소재지이다. 과세대상별로 구체적인 납세지는 다음과 같다.

㉠ 토지에 대한 재산세 납세지는 토지의 소재지를 관할하는 시・군・구이다.

㉡ 건축물에 대한 재산세 납세지는 건축물의 소재지를 관할하는 시・군・구이다.

㉢ 주택에 대한 재산세 납세지는 주택의 소재지를 관할하는 시・군・구이다.

2. 국세의 각 세법에 의한 납세지

① 종합부동산세법

㉠ 개인 또는 법인으로 보지 아니한 단체의 경우는 소득세법을 준용하여 거주자의 주소지 관할세무소로 납세지를 정한다.

㉡ 법인 또는 법인으로 보는 단체의 경우는 법인세법 규정을 준용하여 법인의 본점・주사무소의 소재지 관할 세무서로 납세지를 정한다.

㉢ 납세의무자가 비거주자인 개인 또는 외국법인으로서 국내사업장이 없고 국내원천소득이 발생하지 아니하는 주택 및 토지를 소유한 경우의 종합부동산세의 납세지는 그 주택 또는 토지의 소재지 관할세무서이다.

② 소득세법

㉠ 거주자인 경우는 거주자의 주소지 관할 세무서이다.

㉡ 비거주자인 경우는 국내 사업장 소재지 관할 세무서이다.

해설 정답 ≫ ①

① 같은 등록에 관계되는 재산이 둘 이상의 지방자치단체에 걸쳐있어 등록면허세를 지방자치단체별로 부과할 수 없을 때에는 등록관청 소재지를 납세지로 한다.
- 납세지가 분명하지 아니한 경우에는 등록관청 소재지

② 종합부동산세의 납세의무자가 비거주자인 개인으로서 국내사업장이 없고 국내원천소득이 발생하지 아니하는 1주택을 소유한 경우 ~~주소지~~를 납세지로 정한다.
└ 그 주택의 소재지 관할 세무서

③ 거주자가 국내 상가건물을 양도한 경우 거주자의 주소지와 상가건물의 소재지가 다르다면 양도소득세 납세지는 ~~상가건물의 소재지~~이다.
└ 거주자의 주소지 관할 세무서

④ 비거주자가 국내 주택을 양도한 경우 양도소득세 납세지는 ~~비거주자의 국내 주소지~~이다.
국내 사업장 소재지 관할 세무서┘

⑤ 부동산을 취득한 경우에 취득세의 납세지는 부동산 ~~취득자의 주소지~~ 관할 특별시 · 광역시 · 도이다.
└ 소재지(도의 위임징수규정에 따라 시 · 군 · 구에 납입)

| 출제영역 |
- 등록면허세 납세지 ★
- 재산세의 납세지 ★★
- 종합부동산세의 납세지 ★★
- 양도소득세의 납세지 ★★★

| 난 이 도 | 중

| 출제빈도 |
제13회, 제15회, 제17회, 제18회, 제19회, 제22회, 제25회, 제26회, 제27회, 제28회, 제29회, 제30회, 제31회, 제32회, 제33회, 제34회

유 | 사 | 문 | 제

1. 다음은 부동산 관련 세목의 취득세의 납세지 또는 등록면허세의 납세지에 관한 설명이다. 옳은 것은?

① 납세의무자가 법인으로 보지 않는 단체인 경우 주택에 대한 종합부동산세 납세지는 해당 주택의 소재지로 한다.
② 같은 채권의 담보를 위하여 설정하는 둘 이상의 저당권을 등록하는 경우에는 이를 하나의 등록으로 보아 그 등록에 관계되는 재산을 나중 등록하는 등록관청 소재지를 납세지로 한다.
③ 같은 취득물건이 둘 이상의 시 · 군 · 구에 걸쳐 있는 경우 각 시 · 군 · 구에 납부할 취득세를 산출할 때 그 과세표준은 취득 당시의 가액을 취득물건의 소재지별 시가표준액 비율로 나누어 계산한다.
④ 거주자인 개인 乙은 甲이 소유한 부동산(시가 6억원)에 전세기간 2년, 전세보증금 3억원으로 하는 전세계약을 체결하고, 전세권 설정등기를 하였다. 「지방세법」상 등록면허세의 납세지는 甲의 주소지이다.
⑤ 부동산 등기에 관한 등록면허세의 납세지는 원칙적으로 납세의무자의 주소지로 한다.

2. 서울특별시 중구에 주소를 둔 거주자인 甲이 나대지를 취득하여 소유권이전등기를 행하고 그 나대지를 3년간 보유한 후에 거주자인 乙에게 양도하였을 경우 甲이 납부할 세목의 납세지를 설명한 내용으로 옳은 것은?

① 종합부동산세의 납세지는 「소득세법」에 준용한다.
② 소유자인 甲이 비거주자로 국내사업장이 없고 국내원천소득이 발생하지 아니한 나대지를 소유한 경우일 때의 종합부동산세의 납세지는 비거주자의 주소지 관할 세무서이다.
③ 재산세의 납세지는 甲의 주소지인 서울특별시 중구이다.
④ 양도소득세의 과세관할은 양도한 물건인 나대지의 소재지 관할 세무서이다.
⑤ 종합소득세의 과세관할은 사업소득에 해당되는 경우 사업장 소재지 관할 세무서이다.

3. 다음은 부동산 관련 세목의 과세관할의 설명이다. 옳은 것은?

① 건축물을 보유한 경우의 재산세의 납세지는 건축물 소유자의 주소지 시 · 군 · 구이다.
② 거주자가 건물을 임대하고 대가를 받은 경우에는 다른 소득과 구분하여 종합소득세를 종합소득세의 납세지인 건물소재지 관할 세무서에 다음 연도 5월 1일 ~ 5월 31일까지 확정신고하고 납부하여야 한다.
③ 토지를 양도한 경우 양도소득세의 납세지인 토지 소재지 관할 세무서에 양도한 달의 말일로부터 2개월 내에 예정신고 · 납부하여야 한다.
④ 부동산을 취득한 경우에 취득세의 납세지는 부동산의 소재지를 관할하는 특별시 · 광역시 · 도이다.
⑤ 부동산 등기에 대한 등록면허세 납세지는 부동산 소유자의 주소지이다.

납세의무 성립

국세 및 지방세의 납세의무 성립시기에 관한 내용으로 옳은 것은? ▶ 제29회 변형

① 개인분 및 사업소분 주민세: 매년 7월 1일
② 거주자의 양도소득에 대한 지방소득세: 매년 3월 31일
③ 재산세에 부가되는 지방교육세: 매년 12월 31일
④ 중간예납하는 소득세: 매년 7월 25일
⑤ 예정신고하는 양도소득세: 예정신고하는 때

출제 경향 납세의무 성립시기는 납세의무의 확정과는 구별되어야 한다. 문제상 성립을 물어보았는가, 아니면 확정을 물어 보았는가를 정확히 살펴보고 문제를 풀기바란다.

• 납세의무 성립시기
• 과세기준일

핵심포인트

납세의무 성립시기

주요 세목	납세의무 성립시기
취득세	취득세 과세물건을 **취득하는 때**
등록에 대한 등록면허세	재산권 기타 권리를 등기 또는 **등록하는 때**
수시부과 하는 세목	**수시부과할 사유가 발생한 때**
재산세 · 종합부동산세 · 지역자원시설세	**과세기준일(매년 6월 1일)** 주의 **개인분 및 사업소분 주민세는 과세기준일로서 7월 1일**
소득세 (종합소득세 · 양도소득세)	**과세기간이 끝나는 때(중간예납의 경우는 중간예납기간이 끝나는 때: 6월 30일)** 주의 **예정신고 · 납부하는 양도소득세: 그 과세표준이 되는 금액이 발생한 달의 말일**
농어촌특별세	**본세의 납세의무가 성립하는 때**
지방교육세	**그 과세표준이 되는 세목의 납세의무가 성립하는 때**
지방소득세 (소득분)	**과세표준되는 소득세 · 법인세의 납세의무가 성립하는 때**
가산세	① 국세의 가산세: 이를 가산할 국세의 납세의무가 성립하는 때 ② 지방세의 가산세: 가산세를 가산할 사유가 발생하는 때
인지세	**과세문서를 작성하는 때**

핵심OX

1. 취득세는 취득세 과세물건을 취득하고 60일이 되는 때에 납세의무가 성립한다. (○, ×)
2. 국세에 가산되는 가산세는 신고 · 납부의무를 이행하지 아니한 때에 납세의무가 성립한다. (○, ×)
3. 양도소득세의 경우는 양도하는 때, 즉 소득을 지급받은 때에 납세의무가 성립한다. (○, ×)
4. 종합부동산세는 종업원분 주민세의 과세기준일에 납세의무가 성립된다. (○, ×)
5. 재산세는 공부에 등록하는 때에 납세의무가 성립된다. (○, ×)
6. 등록면허세는 등기일 또는 등록일로부터 60일 경과되는 때에 납세의무가 성립된다. (○, ×)

정답

1. × 취득세의 납세의무 성립시기는 취득하는 때이다.
2. × 국세에 가산되는 가산세의 납세의무 성립시기는 이를 가산할 국세의 납세의무가 성립하는 때이다.
3. × 양도소득세의 납세의무 성립시기는 과세기간이 끝나는 때이다.
4. × 종합부동산세의 납세의무의 성립시기는 재산세 납세의무 성립일인 과세기준일로 6월 1일이다. 종업원분 주민세의 납세의무의 성립시기는 종업원에게 급여 지급하는 때 납세의무가 성립되며, 개인분 및 사업소분 주민세는 과세기준일 7월 1일에 납세의무가 성립된다.
5. × 재산세의 납세의무 성립시기는 과세기준일로 6월 1일이다.
6. × 등록면허세는 등기 또는 등록하는 때에 납세의무가 성립된다.

해설 정답 ≫ ①

① 개인분 및 사업소분 주민세: 매년 7월 1일
- 개인분 및 사업소분 주민세의 성립은 과세기준일로 7월 1일, 재산세·종합부동산세·소방분 지역자원시설세의 납세의무 성립시기는 과세기준일로 매년 6월 1일이다.

② 거주자의 양도소득에 대한 지방소득세: ~~매년 3월 31일~~
→ 과세기간 끝나는 때로 매년 12월 31일
- 지방소득세의 납세의무 성립시기는 과세표준되는 소득세·법인세의 납세의무가 성립하는 때
→ 과세기간이 끝나는 때 납세의무가 성립된다는 의미

③ 재산세에 부가되는 지방교육세: ~~매년 12월 31일~~
→ 매년 6월 1일
- 지방교육세의 납세의무 성립시기는 그 과세표준이 되는 세목의 납세의무가 성립하는 때
→ 취득세·등록면허세·재산세 의미

④ 중간예납하는 소득세: ~~매년 7월 25일~~
→ 매년 6월 30일

⑤ 예정신고하는 양도소득세: ~~예정신고하는 때~~
→ 그 과세표준이 되는 금액이 발생한 달의 말일

| 출제영역 |
납세의무 성립시기 ★★
| 난 이 도 | 상
| 출제빈도 |
제13회, 제15회, 제15회 추가, 제16회, 제18회, 제21회, 제29회

유사문제

1. 납세의무의 성립시기에 관한 설명으로 옳은 것은?

① 종합소득세는 과세기간이 끝나는 때에 납세의무가 성립된다.
② 양도소득세는 양도하는 때에 납세의무가 성립된다.
③ 종합부동산세는 개인분 및 사업소분 주민세의 과세기준일에 납세의무가 성립된다.
④ 등록에 대한 등록면허세는 등기·등록일로부터 3개월이 경과되는 때에 납세의무가 성립된다.
⑤ 재산세는 공부에 등록하는 때에 납세의무가 성립된다.

2. 납세의무의 성립시기로 옳은 것으로만 묶으면? ▶ 제21회

㉠ 소득세: 소득이 발생하는 때
㉡ 농어촌특별세: 과세기간이 종료하는 때
㉢ 재산세: 과세기준일
㉣ 지방소득세: 그 과세표준이 되는 소득세의 납세의무가 성립하는 때
㉤ 국세의 가산세: 이를 가산할 국세의 납세의무가 성립하는 때

① ㉠, ㉡　② ㉠, ㉡, ㉣
③ ㉡, ㉣, ㉤　④ ㉢, ㉣, ㉤
⑤ ㉠, ㉡, ㉢, ㉣, ㉤

3. 국세 또는 지방세의 납세의무 성립시기로 옳지 않은 것은?

① 재산세: 소유부동산을 등기·등록하는 때
② 지방소비세: 「국세기본법」에 따른 부가가치세의 납세의무가 성립하는 때
③ 특별징수하는 지방소득세: 그 과세표준이 되는 소득세·법인세를 원천징수하는 때
④ 원천징수하는 소득세: 소득금액 또는 수입금액을 지급하는 때
⑤ 개인분 및 사업소분 주민세: 과세기준일(7월 1일)

4. 다음은 국세·지방세의 납세의무 성립시기 설명이다. 옳은 것은 몇 개인가?

㉠ 지방세에 가산되는 가산세: 가산세를 가산할 사유가 발생하는 때
㉡ 무신고 가산세, 과소신고 가산세: 법정신고기한이 경과한 때(국세, 지방세 동일)
㉢ 농어촌특별세: 본세의 납세의무가 성립하는 때
㉣ 재산세: 매년 6월 1일
㉤ 종합부동산세: 매년 12월 1일
㉥ 개인분 및 사업소분 주민세: 매년 6월 1일

① 0개　② 1개　③ 2개
④ 3개　⑤ 4개

납세의무 확정

다음 중 납세의무가 납세의무자 또는 세무관청의 일정한 행위나 절차를 거쳐서 구체적으로 확정되는 시기와 가장 옳게 연결된 것은? ▶ 제19회, 제32회, 제33회 변형

① 종합부동산세의 과세표준과 세액은 납세의무자가 지방자치단체에 신고함으로써 확정된다.

② 종합부동산세는 해당 종합부동산세의 납세의무자가 과세표준과 세액을 신고하고자 하는 때에도 정부가 결정하는 때 확정된다.

③ 양도소득세는 양도하는 달의 말일에 납세의무가 성립하고, 양도소득세의 예정신고만으로 양도소득세 납세의무가 확정되지 아니하고 정부가 결정하는 때에 확정된다.

④ 취득세를 취득일로부터 60일 내에 납세의무자가 신고·납부하지 아니한 경우에는 지방자치단체가 세액을 결정하는 때 확정된다.

⑤ 등록면허세는 재산을 취득하여 과세대장에 등재하여 과세기준일에 납세의무가 성립하고, 지방자치단체가 세액을 결정하는 때 확정된다.

출제 경향 세목별 부과·징수 방법으로 납세과정 중 하나인 납세의무 확정에 관한 문제이다. 납세의무 확정의 방법에 따라 부과·징수 방법을 같이 학습하여야 한다.

- 납세의무 확정
- 구체적으로 세액의 산정
- 부과·징수 방법
- 신고·납부
- 보통징수
- 부과과세

핵심포인트

납세의무 확정

납세의무의 확정이라 함은 세법이 정하는 바에 따라 납부할 세액을 **구체적으로 확정**하는 것을 말한다. 이러한 납세의무의 확정 방법은 ① **신고** ② **결정** ③ 납세의무의 성립과 동시에 확정되는 경우가 있다.

▌납세의무 확정시기

주요 세목	납세의무 확정시기
취득세	납세의무자가 **신고**하는 때
등록면허세	납세의무자가 **신고**하는 때
재산세	과세권자가 **결정**하는 때
종합부동산세	과세권자가 **결정**하는 때(예외로 **신고하고자 하는 자는 납부기간 12월 1일~12월 15일 내에 신고**한다. 이를 신고하는 때에는 정부의 결정이 없었던 것으로 본다)
양도소득세	납세의무자가 **신고**하는 때

납세의무 확정에 따른 부과·징수 방법

1. **신고·납부방법**: 세액을 신고와 동시에 납부한다.
   예 취득세·등록면허세·종합소득세·양도소득세
2. **보통징수**: 지방자치단체가 세액 산정하여 납세고지서로 징수하는 방법을 말한다.
   예 재산세, 소방분 지역자원시설세

핵심 OX

1. 양도소득세 납세의무의 확정은 납세의무자의 신고에 의하지 않고 관할세무서장의 결정에 의한다. (○, ×)
2. "보통징수"란 지방세를 징수할 때 편의상 징수할 여건이 좋은 자로 하여금 징수하게 하고 그 징수한 세금을 납부하게 하는 것을 말한다. (○, ×)
3. 취득세는 원칙적으로 보통징수 방법에 의한다. (○, ×)
4. 예정신고하는 양도소득세는 양도하는 달의 말일에 납세의무가 성립하고, 납세의무자의 신고에 의해 납세의무가 확정된다. (○, ×)
5. 취득세는 취득일로부터 60일 내에 납세의무자가 신고함으로 과세표준과 세액이 확정된다. (○, ×)

정답

1. × 양도소득세 납세의무의 확정은 납세의무자의 신고에 의해 세액이 확정된다.
2. × "보통징수"란 지방자치단체가 세액을 결정하여 고지서 발부로 징수하는 것을 말한다.
3. × 취득세의 부과·징수방법은 원칙적으로 신고·납부이다. 예외적으로 신고·납부를 불이행한 경우 가산세를 합한 세액으로 지방자치단체가 결정하여 고지서 발부로 징수하는 보통징수방법이다.
4. ○
5. ○

해설 정답 ≫ ④

① 종합부동산세의 과세표준과 세액은 납세의무자가 지방자치단체에 신고함으로써 확정된다.
종합부동산세는 원칙적으로 과세권자가(관할세무서장이) 과세표준과 세액을 결정하는 때 확정된다.

② 종합부동산세는 해당 종합부동산세의 납세의무자가 과세표준과 세액을 신고하고자 하는 때에도 정부가 결정하는 때 확정된다.

- 종합부동산세는 원칙적으로 과세권자가 과세표준과 세액을 결정하는 때 확정된다. 예외로 신고하고자 하는 자는 납부기간 즉 신고기간인 12월 1일~12월 15일 내에 신고한다. 이를 신고하는 때에는 정부의 결정이 없었던 것으로 본다.

③ 양도소득세는 ~~양도하는 달의 말일~~에 납세의무가 성립하고, 양도소득세의 예정신고만으로 양도소득세 납세의무가 ~~확정되지 아니하고 정부가 결정하는 때에 확정된다~~.
→ 과세기간 끝나는 때
→ 납세의무자가 신고하는 때 확정된다.

④ 취득세를 취득일로부터 60일 내에 납세의무자가 신고·납부하지 아니한 경우에는 지방자치단체가 세액을 결정하는 때 확정된다.

- 취득세의 부과·징수방법의 원칙은 신고·납부이다.
- 예외적으로 납세의무자가 신고·납부하지 아니한 경우에는 지방자치단체가 세액을 결정하는 때 확정되어 고지서발부로 징수하는 보통징수이다.

⑤ 등록면허세는 재산을 취득하여 과세대장에 등재하여 ~~과세기준일~~에 납세의무가 성립하고, 지방자치단체가 세액을 ~~결정~~하는 때 확정된다.
→ 등기 또는 등록하는 때
→ 납세의무자가 과세표준과 세액을 신고하는 때 확정된다.

| 출제영역 |
납세의무 확정 ★★

| 난 이 도 | 중

| 출제빈도 |
제15회, 제16회, 제19회, 제21회, 제23회, 제31회, 제32회, 제33회, 제34회

유사문제

1. 납세의무의 성립·확정시기에 대한 설명으로 옳은 것은?

① 종합소득세는 과세기간이 끝나는 때에 납세의무가 성립하고, 납세의무자가 과세표준과 세액을 정부에 신고하는 때에 확정된다.
② 양도소득세는 양도하는 때에 납세의무가 성립하고, 납세의무자가 과세표준과 세액을 정부에 신고하는 때에 확정된다.
③ 종합부동산세는 과세기간종료일에 납세의무가 성립하고, 납세의무자가 과세표준과 세액을 정부에 신고하는 때에 확정된다.
④ 등록에 대한 등록면허세는 재산권 등을 등기 또는 등록하는 때에 납세의무가 성립하고, 납세의무자가 신고가 있더라도 지방자치단체가 과세표준과 세액을 결정하는 때에 확정된다.
⑤ 재산세는 재산을 취득하는 때에 납세의무가 성립하고, 납세의무자가 과세표준과 세액을 지방자치단체에 신고하는 때에 확정된다.

2. 세액을 정부가 결정하는 때 세액이 확정됨이 원칙이나 납세의무자가 법정신고기간 내 이를 신고하는 때에는 정부의 결정이 없었던 것으로 보는 세목은? ▶ 제21회

① 종합부동산세 ② 양도소득세 ③ 등록면허세
④ 취득세 ⑤ 재산세

3. 다음 중 납세의무자가 과세표준과 세액을 신고함으로써 납세의무가 확정되는 세목이 아닌 것은?

① 양도소득세 ② 종합소득세 ③ 등록면허세
④ 종합부동산세 ⑤ 취득세

4. 다음 중 납세의무자가 과세표준과 세액을 과세권자에게 신고함으로써 납세의무가 확정되는 국세로 모두 묶인 것은?

㉠ 취득세	㉡ 재산세
㉢ 종합부동산세	㉣ 양도소득세
㉤ 재산세에 부가되는 지방교육세	

① ㉠ ② ㉣ ③ ㉠, ㉢
④ ㉠, ㉢, ㉣ ⑤ ㉠, ㉣, ㉤

가산세 · 제척기간

「지방세기본법」에 의한 가산세와 제척기간에 관한 설명으로 옳은 것은?

▶ 제22회, 제26회, 제32회 변형

① 사기나 그 밖의 부정한 행위로 인하지 않은 경우의 과세표준신고서를 제출하지 아니한 경우의 가산세는 납부세액의 100분의 20에 상당하는 금액이다.
② 납세자가 사기나 그 밖의 부정한 행위로 국세를 포탈(逋脫)하거나 환급 · 공제받은 경우에는 그 국세를 부과할 수 있는 날부터 7년이 경과하면 부과할 수 없다.
③ 납세자가 법정신고기한까지 과세표준신고서를 제출하지 아니한 경우의 제척기간은 해당 국세를 부과할 수 있는 날부터 10년간이다.
④ 납세자에게 부정행위가 없으며 특례제척기간에 해당하지 않는 경우 원칙적으로 납세의무 성립일부터 3년이 지나면 종합부동산세를 부과할 수 없다.
⑤ 상속을 원인으로 취득하는 경우로(증여 포함) 법정신고기한까지 과세표준신고서를 제출하지 아니한 경우에는 7년이 경과하면 납세의무는 소멸된다.

출제 경향 가산세는 출제자가 납세 절차의 흐름을 판단하고자 하는 문제로 제척기간까지 같이 숙지하여야 한다.

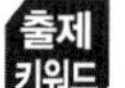

- 가산세
- 납부지연가산세
- 제척기간
- 부과할 수 있는 기간

핵 | 심 | 포 | 인 | 트

가산세

구 분	가산세
부과 목적	세무상 의무의 성실이행 확보
부과 금액	• 무신고 ⇨ 무신고납부세액의 20% • 부정 무신고 ⇨ 무신고납부세액의 40% • 적게 신고 ⇨ 과소신고 · 납부세액의 10%
조세 포함 여부	해당 본세가 지방세이면, 가산세도 지방세에 속한 세목으로 한다.

제척기간

제척기간이란 부과할 수 있는 권리의 존속기간이다. 제척기간이 경과하게 되면 당해 권리가 소멸한다.

1. 제척기간

구 분	대부분 국세	상속세, 증여세 부담부 증여에 따른 소득세
사기나 그 밖의 부정한 행위로 조세를 포탈하거나 환급 · 경감	10년	15년
법정신고기한까지 과세표준신고서를 제출하지 아니한 경우	7년	15년
그 밖의 경우(과소신고, 종합부동산세)	5년	일반 : 10년

2. 지방세 제척기간(「지방세기본법」 제38조 제1항)

사 유	제척 기간
① 사기나 그 밖의 부정한 행위로 지방세를 포탈하거나 환급 · 경감 ② 상속 또는 증여를 원인으로 취득하는 경우로서 법정신고기한까지 과세표준신고서를 제출하지 아니한 경우	10년
위 ①과 ② 이외의 경우로서 납세자가 법정신고기한까지 과세표준신고서를 제출하지 아니한 경우	7년
그 밖의 경우(과소신고, 재산세 · 지역자원시설세)	5년

해설 정답 ≫ ①

① 사기나 그 밖의 부정한 행위로 인하지 않은 경우의 과세표준신고서를 제출하지 아니한 경우의 가산세는 납부세액의 100분의 20에 상당하는 금액이다.
• 무신고 가산세의 경우는 납부세액의 100분의 20이다.

② 납세자가 사기나 그 밖의 부정한 행위로 국세를 포탈(逋脫)하거나 환급·공제받은 경우에는 그 국세를 부과할 수 있는 날부터 ~~7년이~~ 경과하면 부과할 수 없다
└• 10년이 경과하면 부과할 수 없다.

③ 납세자가 법정신고기한까지 과세표준신고서를 제출하지 아니한 경우의 제척기간은 해당 국세를 부과할 수 있는 날부터 ~~10년간이다~~.
└• 7년간이다.

④ 납세자에게 부정행위가 없으며 특례제척기간에 해당하지 않는 경우 원칙적으로 납세의무 성립일부터 ~~3년이 지나면~~ 종합부동산세를 부과할 수 없다.
└• 5년이 지나면 종합부동산세를 부과할 수 없다.

⑤ 상속을 원인으로 취득하는 경우로(증여 포함) 법정신고기한까지 과세표준신고서를 제출하지 아니한 경우에는 ~~7년이~~ 경과하면 납세의무는 소멸된다.
└• 10년이 경과하면 납세의무는 소멸된다.

| 출제영역 |
가산세 ★
제척기간 ★

| 난 이 도 | 상

| 출제빈도 |
제21회, 제22회, 제23회, 제24회, 제25회, 제26회, 제27회, 제29회, 제32회, 제33회, 제34회

유사문제

1. 국세 또는 지방세 부과의 제척기간의 설명이다. 틀린 것은?

① 부담부증여에 따라 증여세와 함께 양도소득세가 과세되는 경우는: 10년
② 납세자가 사기나 그 밖의 부정한 행위로 국세 또는 지방세를 포탈하거나 환급·공제받은 경우: 10년
③ 납세자에게 부정행위가 없으며 특례제척기간에 해당하지 않는 경우 원칙적으로 사유발생일로부터 3년이 지나면 종합부동산세를 부과할 수 없다.
④ 상속을 원인으로 취득하는 경우로 납세자가 법정신고기한까지 지방세의 과세표준신고서를 제출하지 아니한 경우: 10년
⑤ 증여를 원인으로 취득하는 경우로 납세자가 법정신고기한까지 지방세의 과세표준신고서를 제출하지 아니한 경우: 10년

2. 「지방세기본법」 또는 지방세관계법에서 보통징수하도록 규정된 지방세의 경우의 제척기간의 기산일은?

① 해당 지방세에 대한 신고기한의 다음 날(이 경우 예정신고기한, 중간예납기한 및 수정신고기한은 신고기한에 포함되지 아니함)
② 해당 지방세의 납세의무성립일
③ 해당 지방세에 대한 신고기한일
④ 해당 지방세의 납세의무성립일의 다음 날
⑤ 고지서상 납부기한의 다음 날

3. 다음 중 무신고가산세가 부가되어 결정되는 조세로서 옳은 것은?

① 종합소득세
② 재산세
③ 종합부동산세
④ 소방분 지역자원시설세
⑤ 재산세에 부가되는 지방교육세

4. 「지방세기본법」상 지방세 과세표준신고서를 법정신고기한까지 제출하지 아니한 경우 지방세부과의 제척기간은 이를 부과할 수 있는 날부터 몇 년간인가?

① 3년
② 5년
③ 7년
④ 10년
⑤ 15년

납세의무 소멸

「지방세기본법」상 지방자치단체의 징수금을 납부할 의무가 소멸되는 것은 모두 몇 개인가? ▶ 제28회

㉠ 납부·충당되었을 때
㉡ 지방세 징수권의 소멸시효가 완성되었을 때
㉢ 법인이 합병한 때
㉣ 지방세부과의 제척기간이 만료되었을 때
㉤ 납세의무자의 사망으로 상속이 개시된 때

① 1개 ② 2개 ③ 3개 ④ 4개 ⑤ 5개

출제 경향 납세의무는 세의 원천이 발생하는 때에 성립하며, 성립된 납세의무는 그 이후 과세표준과 세액이 구체적으로 확정되고 납부 등의 방법으로 소멸한다. 납세의무의 소멸은 납세의무 승계와 구별해야 한다.

출제 키워드
- 소멸시효
- 제척기간의 기산일
- 납세의무 승계

핵심포인트

납세의무 소멸사유

구 분	소멸사유	개 념
조세 채권의 실현	납 부	세액을 정부에 납부하는 것
	충 당	국세 등을 국세환급금과 상계하는 것, 「국세징수법」상 공매대금으로 체납액을 충당하는 것
조세 채권의 미실현	부과의 취소	유효하게 행해진 부과처분을 당초의 처분시점으로 소급하여 효력을 상실시키는 과세관청의 처분
	제척기간 만료	국세부과권의 존속기간이 만료
	소멸시효 완성	국세징수권을 일정기간 동안 미행사하는 경우 납세의무 소멸 ① 일반적 경우 국세·지방세: 5년 ② 5억원 이상의 국세: 10년 ③ 가산세를 제외한 지방세의 금액이 5천만원 이상: 10년 ④ 소멸시효의 기산일 ㉠ 과세표준과 세액의 신고에 의하여 납세의무가 확정되는 경우는 국세·지방세 징수권을 행사할 수 있는 때는 납세의무자가 확정신고한 법정 신고납부기한의 다음 날이다. ㉡ 과세표준과 세액을 정부가 결정하는 경우는 정부가 납세고지한 세액에 대한 국세·지방세징수권을 행사할 수 있는 때는 그 납세고지서에 따른 납부기한의 다음 날이다.

- 납세의무의 승계로는 상속과 법인의 합병이 있다.
- 제2차 납세의무자로는 무한책임사원과 과점주주(주주 또는 유한책임사원 1명과 그의 특수관계인으로서 그들의 소유주식의 합계 또는 출자액의 합계가 해당 법인의 발행주식 총수 또는 출자총액의 100분의 50을 **초과**하면서 그에 관한 권리를 실질적으로 행사하는 자)가 있다.

핵심OX

1. 납세자가 법정신고 기한까지 취득세의 과세표준 신고서를 제출하지 아니한 경우 취득세 신고기한 다음 날로부터 7년이 지나면 해당 취득세를 부과할 수 없다. (○, ×)
2. 지방자치단체의 징수금의 징수를 목적으로 하는 지방자치단체의 권리(이하 "지방세징수권"이라 한다)는 그 권리를 행사할 수 있는 때부터 5년간 행사하지 아니하면 시효(時效)로 인하여 소멸한다. (○, ×)
3. 증여로 취득하여 취득세의 법정신고기한까지 신고하지 아니한 경우의 지방세의 제척기간은 7년이다. (○, ×)
4. 「지방세법」상 납세자가 법정신고기한까지 과세표준신고서를 제출하지 아니한 경우에 지방세 부과제척기간은 5년이다. (○, ×)
5. 과세기간별로 이미 납부한 확정신고세액이 관할세무서장이 결정한 양도소득 총결정세액을 초과한 경우 다른 국세에 충당할 수 없다. (○, ×)

정답

1. ○ 2. ○
3. × 10년 4. × 7년
5. × 충당할 수 있다.

해설 정답 ≫ ③

㉠ 납부·충당되었을 때
└• 납부·충당은 납세의무 소멸사유에 해당한다.
㉡ 지방세 징수권의 소멸시효가 완성되었을 때
└• 소멸시효의 완성은 납세의무 소멸사유에 해당한다.
㉢ ~~법인이 합병~~한 때
└• 법인의 합병은 납세의무 승계사유이다.
㉣ 지방세부과의 제척기간이 만료되었을 때
└• 납세의무 소멸사유에 해당한다.
㉤ 납세의무자의 ~~사망~~으로 상속이 개시된 때
└• 사망은 납세의무 승계사유이다.

① 1개 ② 2개 ③ 3개 ④ 4개 ⑤ 5개

| 출제영역 |
소멸시효 ★★
| 난 이 도 | 하
| 출제빈도 |
제21회, 제23회, 제26회, 제28회, 제29회, 제33회, 제35회

유사문제

1. 거주자인 개인 甲이 乙로부터 부동산을 취득하여 보유하고 있다가 丙에게 양도하였다. 甲의 부동산 관련 조세의 납세의무에 관한 설명으로 틀린 것은? (단, 주어진 조건 외에는 고려하지 않음) ▶ 제32회

① 甲이 乙로부터 증여받은 것이라면 그 계약일에 취득세 납세의무가 성립한다.
② 甲이 乙로부터 부동산을 취득 후 재산세 과세기준일까지 등기하지 않았다면 재산세와 관련하여 乙은 부동산소재지 관할 지방자치단체의 장에게 소유권변동사실을 신고할 의무가 있다.
③ 甲이 종합부동산세를 신고·납부방식으로 납부하고자 하는 경우 과세표준과 세액을 해당 연도 12월 1일부터 12월 15일까지 관할 세무서장에게 신고하는 때에 종합부동산세 납세의무는 확정된다.
④ 甲이 乙로부터 부동산을 40만원에 취득한 경우 등록면허세 납세의무가 있다.
⑤ 양도소득세의 예정신고만으로 甲의 양도소득세 납세의무가 확정되지 아니한다.

2. 「지방세기본법」에서 신고납부로 규정된 지방세의 경우의 제척기간의 기산일은?

① 해당 지방세에 대한 신고기한의 다음 날
② 해당 지방세의 납세의무 성립일
③ 해당 지방세에 대한 신고기한일
④ 해당 지방세의 납세의무 성립일의 다음 날
⑤ 고지서상 납부기한의 다음 날

3. 다음은 제척기간과 소멸시효의 설명이다. 틀린 것은? ▶ 제35회 변형

① 납세자에게 부정행위가 없으며 특례제척기간에 해당하지 아니한 경우, 원칙적으로 납세의무성립일부터 5년이 지나면 종합부동산세를 부과할 수 없다.
② 「지방세기본법」상 납세자가 법정신고기한까지 과세표준신고서를 제출하지 아니한 경우에는 제척기간은 7년이다.
③ 「지방세기본법」상 납세자가 사기나 그 밖의 부정한 행위로 지방세를 포탈하거나 환급 또는 경감 받은 경우의 제척기간은 10년이다.
④ 납세의무자가 양도소득세를 확정신고하였으나 정부가 경정하는 경우, 국세징수권을 행사할 수 있는 때는 납세의무자가 확정신고한 법정 신고납부기한의 다음 날이다.
⑤ 납세의무자가 취득세를 신고하였으나 지방자치단체의 장이 경정하는 경우, 납세고지한 세액에 대한 지방세징수권을 행사할 수 있는 때는 그 납세고지서에 따른 납부기한의 다음 날이다.

물납 · 분납

「지방세법」상 재산세의 물납 · 분납에 관한 설명으로 틀린 것은? ▶ 제28회 변형, 제31회, 제33회

① 「지방세법」상 재산세 · 재산세의 분납을 신청한 지역자원시설세는 납부세액이 250만원을 초과한 경우 일부금액을 납부기한이 경과한 날로부터 3개월 내에 분납할 수 있다.
② 서울특별시 강남구와 경기도 평택시에 부동산을 소유하고 있는 자의 평택시 소재 부동산에 대하여 부과된 재산세의 물납은 평택시 내에 소재하는 부동산만 가능하다.
③ 지방자치단체의 장은 재산세의 납부할 세액이 500만원을 초과한 경우 당해 세액의 50% 이하의 금액을 일부금액으로 납부기한이 지난 날부터 3개월 이내 분할납부하게 할 수 있다.
④ 물납하려는 자는 행정안전부령으로 정하는 서류를 갖추어 그 납부기한 10일 전까지 납세지를 관할하는 시장 · 군수 · 구청장에서 신청하여야 한다.
⑤ 물납신청 후 불허가 통지를 받은 경우에 해당 시 · 군 · 구의 다른 부동산으로의 변경신청은 허용되지 않으며 금전으로만 납부하여야 한다.

출제경향 시험범위 내의 각 세목별 물납 또는 분납의 비교 정리 문제가 최근 자주 출제 되었으므로 각 세목별 물납요건, 분납요건을 종합적으로 정리학습하여야 한다.

출제키워드
• 물 납
• 분 납
• 재산세의 물납
• 재산세의 분납
• 종합부동산세
• 양도소득세의 분납

핵심포인트

물 납

1. 시험범위 내의 세목 중 물납이 인정되는 세목은 재산세 뿐이다.

세 목	물납요건	물납가능물건
재산세	납부할 세액 1천만원 초과	**관할구역** 내 부동산
물납신청기한 ⇨ 납부기한 10일 전까지		

⑩ 재산세에서 물납 허가하는 부동산의 가액은 재산세 **과세기준일**의 시가에 의한다.

2. 「지방세법 시행령」에 의하면 시가란 토지의 경우 개별공시지가, 건물의 경우는 시가표준액, 상속세 및 증여세법률 규정에 의해 부동산 평가 방법이 따로 있어 국세청장이 고시한 가액이 입증되는 경우는 그 고시된 가액을 시가로 본다.
3. 물납허가 받은 부동산을 행정안전부령으로 정하는 바에 따라 물납하였을 때에는 납부기한 내에 납부한 것으로 본다.
4. 시장 · 군수는 물납신청 받은 부동산이 **관리 · 처분하기가 부적당하다고 인정되는 경우에는 허가하지 아니할** 수 있다.
5. 시장 · 군수는 불허가 통지받은 납세의무자가 그 통지를 받은 날로부터 10일 내에 해당 시 · 군의 관할구역에 있는 부동산으로서 **관리처분 가능한 다른 부동산으로 변경신청한 경우 변경허가를 할** 수 있다.

분 납

세 목	분납요건	분납기간
재산세	납부할 세액: 2백 5십만원 초과	납부기한이 경과한 날부터 일부금액을 3개월 이내 분납
	⑩ 재산세의 납부할 세액이 5백만원 이하이면 일부금액은 2백 5십만원을 초과하는 금액으로 분납할 수 있으며, 납부할 세액이 5백만원을 초과하면 당해 세액의 50% 이하의 금액을 일부금액으로 분납할 수 있다.	
종합부동산세	납부할 세액: 2백 5십만원 초과	납부기한이 경과한 날부터 일부금액을 6개월 이내 분납
	⑩ 종합부동산세의 납부할 세액이 5백만원 이하이면 2백 5십만원을 초과하는 금액을 일부금액으로 분납할 수 있으며, 납부할 세액이 5백만원을 초과하면 당해 세액의 50% 이하의 금액을 일부금액으로 분납할 수 있다.	
양도소득세	납부할 세액: 1천만원 초과	납부기한이 경과한 날부터 일부금액을 2개월 이내 분납
	⑩ 거주자로서 양도소득세로 납부할 세액이 1천만원을 초과하는 자는 다음의 금액(= 일부)을 납부기한 경과 후 2개월 이내에 분납할 수 있다. ① 납부할 세액이 2천만원 이하인 때: 1천만원을 초과하는 금액 ② 납부할 세액이 2천만원을 초과하는 때: 그 세액의 50% 이하	

해설 정답 ≫ ⑤

① 「지방세법」상 재산세·재산세의 분납을 신청한 지역자원시설세는 납부세액이 250만원을 초과한 경우 일부금액을 납부기한이 경과한 날로부터 3개월 내에 분납할 수 있다.
• 비교: 지방자치단체의 장은 재산세 납부세액이 1천만원을 초과하는 경우 납세의무자의 신청을 받아 관할구역 내 해당 납세자의 부동산에 대하여 법령으로 정하는 바에 따라 물납을 허가할 수 있다.

② 서울특별시 강남구와 경기도 평택시에 부동산을 소유하고 있는 자의 평택시 소재 부동산에 대하여 부과된 재산세의 물납은 평택시 내에 소재하는 부동산만 가능하다.
└• 관할구역 내 부동산이므로 맞다.

③ 지방자치단체의 장은 재산세의 납부할 세액이 500만원을 초과인 경우 당해 세액의 50% 이하 금액을 일부금액으로 납부기한이 지난 날부터 3개월 이내 분할납부하게 할 수 있다.
비교: 재산세의 분납은 납부세액 250만원 초과한 경우 일부 금액(납부세액이 500만원 미만이면 일부금액은 250만원 초과금액)을 납부기한이 지난 날부터 3개월 이내 분할납부하게 할 수 있다.

④ 물납하려는 자는 행정안전부령으로 정하는 서류를 갖추어 그 납부기한 10일 전까지 납세지를 관할하는 시장·군수·구청장에서 신청하여야 한다.

⑤ 물납신청 후 불허가 통지를 받은 경우에 ~~해당 시·군·구의 다른 부동산으로의 변경신청은 허용되지 않으며 금전으로만 납부~~하여야 한다.
└• 관리·처분이 가능한 다른 부동산으로 변경신청하는 경우 변경하여 허가할 수 있다.

| 출제영역 |
물납·분납 ★★★
| 난 이 도 | 중
| 출제빈도 |
제13회, 제17회, 제20회, 제21회, 제24회, 제25회, 제27회, 제28회, 제29회, 제30회, 제31회, 제32회, 제33회, 제35회

유사문제

1. 부동산 관련 세목의 물납·분납의 설명이다. 옳은 것은?

① 양도소득세의 예정신고납부할 세액이 1천 5백만원인 자는 그 세액의 100분의 50의 금액을 납부기한이 지난 후 2개월 이내에 분할납부할 수 있다.
② 지방자치단체의 장은 재산세 납부세액이 1천만원을 초과하는 경우 납세의무자의 신청을 받아 관할구역에 관계없이 해당 납세자의 부동산에 대하여 법령으로 정하는 바에 따라 물납을 허가할 수 있다.
③ 재산세 납부세액이 1천만원을 초과하여 재산세를 물납하려는 자는 법령으로 정하는 서류를 갖추어 그 납부기한 경과하여 10일 내까지 납세지를 관할하는 시장·군수에게 신청하여야 한다.
④ 거주자가 양도소득세 확정신고에 따라 납부할 세액이 3천 600만원인 경우 최대 3천 600만원까지 분할납부할 수 있다.
⑤ 납부기한이 7월 31일인 재산세 800만원의 고지서를 받은 경우, 납부세액 4백만원을 8월 1일부터 10월 31일까지 분할납부할 수 있다.

2. 「지방세법」상 재산세의 물납·분납에 관한 설명으로 옳은 것은? ▶ 제32회 변형

① 물납 및 분납 신청할 지방세는 납부기한 10일 전까지 물납 및 분납을 신청하고 허가받아야 한다.
② 물납을 허가하는 부동산의 가액은 재산세 납부개시일 현재의 시가에 의한다.
③ 재산세에 병기 고지되는 소방분 지역자원시설세는 물납 대상에 포함된다.
④ 시장·군수는 이미 고지한 납세고지서를 납부기한 내에 납부하여야 할 납세고지서와 분할납부기간 내에 납부하여야 할 납세고지서로 구분하여 수정고지하여야 한다.
⑤ 재산세의 납세의무자는 재산세의 납부세액이 5백만원을 초과하는 경우, 납부할 세액의 전부를 분납할 수 있다.

3. 지방세법령상 재산세의 물납에 관한 설명으로 옳은 것을 모두 고른 것은? ▶ 제35회

ㄱ 지방자치단체의 장은 재산세의 납부세액이 1천만원을 초과하는 경우에는 납세의무자의 신청을 받아 해당 지방자치단체의 관할구역에 있는 부동산에 대하여만 대통령령으로 정하는 바에 따라 물납을 허가할 수 있다.
ㄴ 시장·군수·구청장은 법령에 따라 불허가 통지를 받은 납세의무자가 그 통지를 받은 날부터 10일 이내에 해당 시·군·구의 관할구역에 있는 부동산으로서 관리·처분이 가능한 다른 부동산으로 변경 신청하는 경우에는 변경하여 허가할 수 있다.
ㄷ 물납을 허가하는 부동산의 가액은 물납 허가일 현재의 시가로 한다.

① ㄱ ② ㄷ ③ ㄱ, ㄴ ④ ㄴ, ㄷ ⑤ ㄱ, ㄴ, ㄷ

조세 우선권

「국세기본법」 및 「지방세기본법」상 조세채권과 일반채권과의 관계에 관한 설명으로 틀린 것은? ▶ 제29회

① 납세담보물 매각시 압류에 관계되는 조세채권은 담보 있는 조세채권보다 우선한다.
② 재산의 매각대금 배분시 당해 재산에 부과된 종합부동산세는 당해 재산에 설정된 저당권에 따라 담보된 채권보다 우선하여 징수한다.
③ 취득세신고서를 납세지 지방자치단체장에게 제출하기 전날에 저당권 설정등기 사실이 증명되는 재산을 매각하여 그 매각 대금에서 취득세를 징수하는 경우, 저당권에 담보된 채권은 취득세에 우선하여 징수한다.
④ 강제집행으로 부동산을 매각할 때 그 매각금액 중에 국세를 징수하는 경우, 강제집행비용은 국세에 우선한다.
⑤ 재산의 매각대금 배분시 당해 재산에 부과된 재산세는 당해 재산에 설정된 저당권에 따라 담보된 채권보다 우선하여 징수한다.

출제 경향 피담보채권의 설정과 그 재산의 우선 순위를 묻는 문제로 당해 재산에 부과된 세목을 숙지하여야 한다.

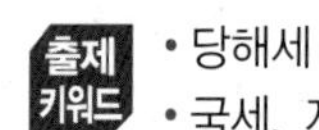

출제 키워드
- 당해세
- 국세, 지방세의 우선권

핵심포인트

징수금의 징수순서

1. 지방자치단체의 징수금은 다른 공과금과 그 밖의 채권에 우선하여 징수한다.
2. 지방자치단체의 징수금에 대한 징수순서는 체납처분비 · 지방세, 가산세의 순서로 한다. 이때 징수가 위임된 도세에 대하여는 징수순위에도 불구하고 시 · 군세에 우선하여 징수한다.

1순위 : 체납처분비 ⇨ 2순위 : 지방세 ⇨ 3순위 : 가산세

조세 상호 간 우선순위

조세 상호 간의 우선순위는 납세담보된 국세 · 지방세 ⇨ 압류한 국세와 지방세 ⇨ 교부청구된 국세와 지방세 순이다.

피담보 채권과의 우선순위

1. 법정기일 전에 전세권 · 질권 · 저당권의 설정을 등기 · 등록한 사실 또는 「주택임대차보호법」 및 「상가건물 임대차보호법」 규정에 따른 대항요건과 임대차계약증서상의 확정일자를 갖춘 사실이 증명되는 재산의 매각에서 그 매각금액 중 지방세(그 재산에 대하여 부과된 지방세는 제외한다)를 징수하는 경우의 그 전세권 · 질권 · 저당권에 따라 담보된 채권, 등기 또는 확정일자를 갖춘 임대차계약증서상의 보증금에 대하여는 우선하지 못한다(「국세기본법」 제35조 제1항 제3호 및 「지방세기본법」 제99조 제1항 제3호).
2. 이때 법정기일 전에 담보된 피담보채권은 지방세(또는 국세)에는 우선하여 징수되지만 체납처분비에는 우선하지 못한다.
3. 법정기일 전에 저당권의 설정을 등기한 담보채권은 국세 또는 지방세보다 우선하는 권리를 가진다.
4. 당해 재산에 부과된 **재산세 · 종합부동산세 · 지역자원시설세 · 상속세 · 증여세**는 설정시기를 불문하고 **피담보채권보다 우선**하여 징수한다.
5. 4.에 해당되지 아니한 세목은 피담보채권의 설정시기에 따라 다르다.

① 4. 외 세목의 법정기일 전에 피담보채권이 설정등기되었으면 피담보채권이 우선한다.
② 4. 외 세목의 법정기일 후에 피담보채권이 설정등기되었으면 4. 외 세목이 우선한다.

해설 정답 ≫ ①

① 납세담보물 매각시 압류에 관계되는 조세채권은 담보있는 조세채권보다 우선한다.
- 납세담보물 매각시 조세 상호 간의 우선순위는 납세담보된 국세 · 지방세 ⇨ 압류한 국세와 지방세 ⇨ 교부청구된 국세와 지방세 순이다.

② 재산의 매각대금 배분시 당해 재산에 부과된 종합부동산세는 당해 재산에 설정된 저당권에 따라 담보된 채권보다 우선하여 징수한다.
- 피담보채권은 국세 · 지방세에 우선하여 징수하나, 당해 재산에 부과된 재산세 · 종합부동산세 · 지역자원시설세 · 상속세 · 증여세는 설정시기에 불구하고 피담보채권보다 우선하여 징수한다.

③ 취득세신고서를 납세지 지방자치단체장에게 제출하기 전날에 저당권 설정등기 사실이 증명되는 재산을 매각하여 그 매각 대금에서 취득세를 징수하는 경우, 저당권에 담보된 채권은 취득세에 우선하여 징수한다.
- 법정기간 전에 등기 경우는 저당권 설정등기가 우선한다.

④ 강제집행으로 부동산을 매각할 때 그 매각금액 중에 국세를 징수하는 경우, 강제 집행비용은 국세에 우선한다.
- 강제집행 · 경매 또는 파산절차에 따른 재산의 매각의 경우로 우선순위는 강제집행 · 경매 또는 파산절차에 소요된 비용 ⇨ 체납처분비 ⇨ 국세(지방세) 순으로 한다.

⑤ 재산의 매각대금 배분시 당해 재산에 부과된 재산세는 당해 재산에 설정된 저당권에 따라 담보된 채권보다 우선하여 징수한다.

| 출제영역 |
우선권 ★

| 난 이 도 | 중

| 출제빈도 |
제13회, 제19회, 제22회, 제29회, 제30회, 제35회

유사문제

1. 법정기일 전에 저당권 설정이 등기된 재산의 매각에 있어 그 저당권에 의하여 담보된 채권은 국세 또는 지방세에 우선한다. 다만, 그 재산에 대하여 부과된 국세 또는 지방세에는 우선하지 못한다. 그에 해당하는 세목은? ▶ 제13회

① 양도소득세 ② 종합소득세 ③ 종합부동산세
④ 취득세 ⑤ 등록면허세

2. 법정기일 전에 저당권의 설정을 등기한 사실이 등기사항증명서(부동산등기부 등본)에 따라 증명되는 재산을 매각하여, 그 매각금액에서 국세 또는 지방세를 징수하는 경우, 그 재산에 대하여 부과되는 다음의 국세 또는 지방세 중 저당권에 따라 담보된 채권에 우선하여 징수하는 것은 모두 몇 개인가? ▶ 제30회

- 종합부동산세
- 취득세에 부가되는 지방교육세
- 등록면허세
- 부동산 임대에 따른 종합소득세
- 소방분 지역자원시설세

① 1개 ② 2개 ③ 3개
④ 4개 ⑤ 5개

3. 국세기본법령 및 지방세기본법령상 조세채권과 일반채권의 우선관계에 관한 설명으로 틀린 것은? (단, 납세의무자의 신고는 적법한 것으로 가정함) ▶ 제35회

① 취득세의 법정기일은 과세표준과 세액을 신고한 경우 그 신고일이다.
② 토지를 양도한 거주자가 양도소득세 과세표준과 세액을 예정신고한 경우 양도소득세의 법정기일은 그 예정신고일이다.
③ 법정기일 전에 전세권이 설정된 사실은 양도소득세의 경우 부동산등기부 등본 또는 공증인의 증명으로 증명한다.
④ 주택의 직전 소유자가 국세의 체납 없이 전세권이 설정된 주택을 양도하였으나, 양도 후 현재 소유자의 소득세가 체납되어 해당 주택의 매각으로 그 매각금액에서 소득세를 강제징수하는 경우 그 소득세는 해당 주택의 전세권담보채권에 우선한다.
⑤ 「주택임대차보호법」 제8조가 적용되는 임대차관계에 있는 주택을 매각하여 그 매각금액에서 지방세를 강제징수하는 경우에는 임대차에 관한 보증금 중 일정액으로서 같은 법에 따라 임차인이 우선하여 변제받을 수 있는 금액에 관한 채권이 지방세에 우선한다.

취득세 과세여부

다음 자료에서 취득세가 과세되는 항목은 몇 개인가? ▶ 제31회 변형

> ㉠ 토지를 취득한 자가 그 취득한 날부터 1년 이내에 그에 인접한 토지를 취득한 경우 그 전후의 취득에 관한 토지의 취득을 1건의 토지 취득으로 보아 취득가액이 50만원 이하인 경우
> ㉡ 상속에 의해 임야 취득
> ㉢ 이혼시 위자료로 부동산소유권을 이전받은 경우
> ㉣ 토지의 지목이 전(田)에서 대지로 변경되어 가액이 증가된 경우
> ㉤ 건축물의 이전으로 인한 취득(이전한 건축물의 가액이 종전 건축물의 가액을 초과하지 아니함)
> ㉥ 재산의 분할이 이루어지는 경우

① 2개 ② 3개 ③ 4개 ④ 5개 ⑤ 6개

출제경향 취득세는 2011년부터 재산의 증가력에 취득으로 이루어지는 등기·등록을 포함하여 과세된다. 시험은 취득의 개념과 사실과세의 개념을 확인하고자 출제된다.

출제키워드
- 취 득
- 사실과세(실질과세)
- 취득세 과세대상물

핵심포인트

취득세

1. 취득세란 재산의 증가력이라는 취득행위(**취득으로 이루어지는 등기등록을 포함**)를 갖추었을 때 부과·징수하는 **지방세로서 특·광·도세이고 보통세**이다.

> "취득"이란 **유상·무상의 모든 취득**을 말한다.

2. 취득세는 부동산 등 소유권의 변동 과정에서 소유권 취득하는 자의 **등기·등록에 관계없이 사실상의 재산의 증가에 대하여 부과하므로 사실과세**이다.
3. 취득세의 면세점은 취득가액이 50만원 이하인 경우로서, (취득한 날부터 1년 이내에 인접한 토지를 취득한 경우 그 전후의 취득을 1건의 토지 취득으로 보아)**취득가액이 50만원 이하인 경우에는 취득세를 부과하지 아니한다**.

취득세 과세대상물

• 부동산(**토지·건축물**)	• 차량
• 선박	• 항공기
• **어업권**	• 종합체육시설물 회원권
• 골프장 회원권	• 콘도미니엄 회원권
• 승마 회원권	• 요트 회원권
• 입목	• 양식업권
• 기계장비	• **광업권**

핵심OX

1. 취득세에서 사용하는 용어 중 "부동산"이란 토지 및 건축물을 말한다. (○, ×)
2. 등기를 이행하지 아니한 경우 부동산 등을 사실상으로 취득한 때에는 취득한 것으로 보아 취득세를 부과한다. (○, ×)
3. 토지의 지목을 사실상 변경함으로써 그 가액이 증가된 경우 그 증가분에 대한 취득이 있는 것으로 본다. (○, ×)
4. 개수란 「건축법」 규정에 따른 대수선과 건축물에 딸린 시설물을 한 종류 이상 설치하는 것을 말한다. 가액의 증가가 있는 경우에 증가분에 대해 과세한다. (○, ×)
5. 국민주택규모의 주택으로서 대수선으로 인한 취득 당시 주택의 시가표준액이 9억원 이하인 주택과 관련된 대수선으로 인한 취득은 취득세를 과세하지 아니한다. (○ ×)
6. 생산에 관여된 기계장치를 매매에 의해 취득한 경우 취득세를 과세하지 아니한다. (○, ×)
7. 아파트분양권을 매매에 의해 취득한 경우 취득세를 과세하지 아니한다. (○, ×)

정답

1. ○
2. ○
3. ○
4. ○
5. × 대수선은 과세한다.
6. ○
7. ○

해설 정답 ≫ ④

㉠ 토지를 취득한 자가 그 취득한 날부터 1년 이내에 그에 인접한 토지를 취득한 경우 그 전후의 취득에 관한 토지의 취득을 1건의 토지 취득으로 보아 취득가액이 50만원 이하인 경우
- 취득가액이 50만원 이하인 경우에는 취득세를 부과하지 아니한다.

㉡ 상속에 의해 임야 취득
- 상속에 의한 표준세율로 과세

㉢ 이혼시 위자료로 부동산소유권을 이전받은 경우
- 대물변제에 의한 유상 취득으로 과세

㉣ 토지의 지목이 전(田)에서 대지로 변경되어 가액이 증가된 경우
- 재산의 증가로 세율의 특례인 중과기준세율로 과세

㉤ 건축물의 이전으로 인한 취득(이전한 건축물의 가액이 종전 건축물의 가액을 초과하지 아니함)
- 취득으로 이루어지는 등기·등록에 대해 과세: 세율의 특례인 표준세율에서 중과기준세율을 뺀 세율로 과세

㉥ 재산의 분할이 이루어지는 경우
- 취득으로 이루어지는 등기·등록에 대해 과세: 세율의 특례인 표준세율에서 중과기준세율을 뺀 세율로 과세

① 2개 ② 3개 ③ 4개 ④ 5개 ⑤ 6개

| 출제영역 |
취득세 과세여부 ★★

| 난 이 도 | 중

| 출제빈도 |
제4회, 제8회, 제13회, 제17회, 제22회, 제31회, 제32회

유사문제

1. 다음 취득세의 본질에 관한 설명 중 옳지 않은 것은? ▶ 제4회

① 취득세는 과세대상물건의 소유권이 이동되는 과정에서 담세력을 포착한 응능과세이다.
② 소유권의 취득행위에 대하여 과세하게 되므로 유통세로 분류된다.
③ 소유권의 취득행위에 과세하는 행위세이다.
④ 부동산의 취득은 「민법」 등 관계 법령에 따른 등기·등록 등을 하지 아니한 경우라도 사실상 취득하면 취득한 것으로 본다.
⑤ 취득세는 취득하는 재산이 내장하고 있는 수익력에 착안하여 과세한다.

2. 「지방세법」상 취득세의 과세객체가 되는 취득의 목적물이 아닌 것은? ▶ 제17회 변형

① 콘도미니엄 회원권
② 시가표준액이 1억인인 업무용 선박
③ 고급주택
④ 고급오락장
⑤ 등기된 부동산 임차권

3. 「지방세법」상 취득세 납세의무에 관한 설명으로 옳은 것은? ▶ 제32회

① 토지의 지목을 사실상 변경함으로써 그 가액이 증가한 경우에는 취득으로 보지 아니한다.
② 상속회복청구의 소에 의한 법원의 확정판결에 의하여 특정 상속인이 당초 상속분을 초과하여 취득하게 되는 재산가액은 상속분이 감소한 상속인으로부터 증여받아 취득한 것으로 본다.
③ 권리의 이전이나 행사에 등기 또는 등록이 필요한 부동산을 직계존속과 서로 교환한 경우에는 무상으로 취득한 것으로 본다.
④ 증여로 인한 승계취득의 경우 해당 취득물건을 등기·등록하더라도 취득일부터 60일 이내에 공증받은 공정증서에 의하여 계약이 해제된 사실이 입증되는 경우에는 취득한 것으로 본다.
⑤ 증여자가 배우자 또는 직계존비속이 아닌 경우 증여자의 채무를 인수하는 부담부 증여의 경우에는 그 채무액에 상당하는 부분은 부동산 등을 유상으로 취득하는 것으로 본다.

취득세 비과세

「지방세법」상 신탁(신탁법에 따른 신탁으로서 신탁등기가 병행된 것임)**으로 인한 신탁재산의 취득으로서 취득세 부과하는 경우는 모두 몇 개인가?**

㉠ 위탁자로부터 수탁자에게 신탁재산을 이전하는 경우
㉡ 신탁의 종료 또는 해지로 인하여 수탁자로부터 위탁자에게 신탁재산을 이전하는 경우
㉢ 수탁자가 변경되어 신수탁자에게 신탁재산을 이전하는 경우
㉣ 「주택법」에 따른 주택조합이 비조합원용 부동산을 취득하는 경우

① 0개 ② 1개 ③ 2개 ④ 3개 ⑤ 4개

출제 경향 취득세의 비과세에 해당하지 아니한 취득으로 재산증가가 이루어진 거래(취득으로 이루어지는 등기 포함)는 과세됨을 숙지되었는지 여부를 알아보는 내용으로 비과세와 과세를 비교하여 개념을 정리한다.

출제 키워드
- 취득세 비과세
- 「신탁법」에 따른 신탁재산
- 사치성 재산
- 공동주택의 개수

핵심포인트

취득세의 비과세

1. **국가 · 지방자치단체 또는 지방자치단체조합에 귀속 또는 기부채납을 조건으로 취득하는 부동산에 대하여는 취득세**를 부과하지 아니한다. 다만, 다음 ①②의 어느 하나에 해당하는 경우 그 해당 부분에 대해서는 취득세를 부과한다.
① 국가 등에 **귀속 등의 조건을 이행하지 아니하고** 타인에게 매각 · 증여하거나 귀속 등을 이행하지 아니하는 것으로 조건이 변경된 경우
② 국가 등에 **귀속 등의 반대급부로 국가 등이 소유하고** 있는 부동산 및 사회기반시설을 무상으로 양여받거나 기부채납 대상물의 무상사용권을 제공받는 경우
2. 신탁(「신탁법」에 따른 신탁으로서 신탁등기가 병행되는 것만 해당한다)으로 인한 신탁재산의 취득으로서 다음 ①②③ 어느 하나에 해당하는 경우에는 취득세를 부과하지 아니한다. **신탁재산의 취득 중 주택조합 등과 조합원 간의 부동산 취득 및 주택조합 등의 비조합용 부동산 취득은 취득세를 과세한다.**
① 위탁자로부터 수탁자에게 신탁재산을 이전하는 경우
② 신탁의 종료로 인하여 수탁자로부터 위탁자에게 신탁재산을 이전하는 경우
③ 수탁자가 변경되어 신수탁자에게 신탁재산을 이전하는 경우

핵심OX

1. 국가 및 외국정부의 취득에 대해서는 취득세를 부과한다. (○, ×)
2. 임시흥행장, 공사현장사무소 등 존속기간 1년을 초과하지 아니한 임시건축물의 취득(사치성재산 제외)에 대하여는 취득세를 부과하지 아니한다. (○, ×)
3. 공동주택의 개수로 인한 취득 중 국민주택규모의 주택으로서 개수(대수선은 제외)로 인한 취득 당시 주택의 시가표준액이 9억원 이하인 주택과 관련된 개수로 인한 취득에 대하여는 취득세를 과세하지 아니한다.(○, ×)
4. 지방자치단체에 기부채납을 조건으로 부동산을 취득하는 경우로 기부채납 대상물의 무상사용권을 제공받는 경우에는 취득세를 과세하지 아니한다. (○, ×)
5. 국가 · 지방자치단체 또는 지방자치단체조합에 귀속 또는 기부채납을 조건으로 취득하는 부동산에 대하여는 취득세를 부과하지 아니한다. (○, ×)
6. 「신탁법」 제10조에 따라 신탁재산의 위탁자 지위의 이전이 있는 경우에는 새로운 위탁자가 해당 신탁재산을 취득한 것으로 본다. (○, ×)

정답

1. × 국가의 취득은 비과세, 외국정부는 상호면세주의
2. ○
3. ○
4. × 취득세를 과세한다.
5. ○
6. ○

해설 정답 ≫ ②

㉠ 위탁자로부터 수탁자에게 신탁재산을 이전하는 경우
└ 실질적 소유권이 이루어지지 않은 경우로 비과세

㉡ 신탁의 종료 또는 해지로 인하여 수탁자로부터 위탁자에게 신탁재산을 이전하는 경우
└ 원 소유자에게 환원된 경우로 비과세

㉢ 수탁자가 변경되어 신수탁자에게 신탁재산을 이전하는 경우
└ 실질적 소유권이 이루어지지 않은 경우로 비과세

㉣ 「주택법」에 따른 주택조합이 비조합원용 부동산을 취득하는 경우
└ 실질적 소유권 이전된 것으로 재산 증가력으로 과세

| 출제영역 |
취득세 과세여부 ★★

| 난 이 도 | 중

| 출제빈도 |
제16회, 제19회, 제23회, 제28회, 제29회, 제30회, 제31회, 제32회, 제33회, 제34회, 제35회

유 사 문 제

1. 「지방세법」상 취득세의 과세여부에 관한 설명으로 옳은 것은? ▶ 제20회, 제28회, 제32회, 제33회, 제34회, 제35회 변형

① 공사현장사무소 등 임시건축물의 취득에 대하여는 그 존속기간에 관계없이 취득세를 부과하지 아니한다.
② 「민법」상 이혼을 원인으로 하는 재산분할로 인하여 부동산을 취득하는 경우 취득세는 과세된다.
③ 신탁(「신탁법」에 따른 신탁으로서 신탁등기가 병행되는 것만 해당한다)으로 인한 신탁재산의 취득 중 주택조합등과 조합원 간의 부동산 취득에 대해서는 취득세를 부과하지 아니한다.
④ 지방자치단체에 기부채납을 조건으로 부동산을 취득하는 경우라도 그 반대급부로 기부채납 대상물의 무상사용권을 제공받는 경우에는 그 해당 부분에 대해서는 취득세를 부과하지 아니 한다.
⑤ 상속으로 인하여 법령이 정하는 1가구 1주택(고급주택 제외) 및 그 부속토지를 취득하는 경우, 취득세는 비과세된다.

2. 다음 중 취득세 비과세 대상이 아닌 것은? ▶ 제16회 변형

① 국가, 지방자치단체(다른 법률에서 국가 또는 지방자치단체로 의제되는 법인은 제외한다. 이하 같다), 지방자치단체조합의 취득
② 재산의 분할로 인한 취득
③ 「징발재산 정리에 관한 특별조치법」 또는 국가보위에 관한 특별조치법 폐지법률 부칙 제2항에 따른 동원대상지역 내의 토지의 수용·사용에 관한 환매권의 행사로 매수하는 부동산의 취득
④ 「신탁법」에 따른 신탁으로서 신탁등기가 병행되는 신탁재산의 취득으로 수탁자가 변경되어 신수탁자에게 신탁재산을 이전하는 경우의 취득
⑤ 국가·지방자치단체 또는 지방자치단체조합에 귀속 또는 기부채납을 조건으로 취득하는 부동산

3. 「지방세법」상 취득세에 관한 설명으로 틀린 것은? ▶ 제28회 변형

① 「징발재산정리에 관한 특별조치법」 또는 「국가보위에 관한 특별조치법 폐지법률」 부칙 제2항에 따른 동원대상지역 내의 토지의 수용·사용에 관한 환매권의 행사로 매수하는 부동산의 취득은 취득세를 과세하지 아니한다.
② 「주택법」 제2조 제3호에 따른 공동주택의 개수(「건축법」 제2조 제1항 제9호에 따른 대수선은 제외함)로 인한 취득 중 개수로 인한 취득 당시 「지방세법」 제4조에 따른 주택의 시가표준액이 9억원 이하인 주택과 관련된 개수로 인한 취득에 대해서는 취득세를 부과하지 아니한다.
③ 국가, 지방자치단체 또는 지방자치단체조합에 귀속 또는 기부채납(사회기반시설에 대한 민간투자법에 따른 방식으로 귀속되는 경우를 포함한다)을 조건으로 취득하는 부동산 및 사회기반시설에 대한 민간투자법에 해당하는 사회기반시설에 대해서는 취득세를 부과하지 아니한다
④ 법령이 정하는 고급오락장에 해당하는 임시건축물의 취득에 대하여는 존속기간에 상관없이 취득세를 부과하지 아니한다.
⑤ 외국정부 및 주한국제기구의 취득에 대해서는 취득세를 부과하지 아니한다. 다만, 대한민국 정부기관의 취득에 대하여 과세하는 외국정부의 취득에 대해서는 취득세를 부과한다.

4. 「지방세법」상 취득세가 부과되지 않는 것은? ▶ 제30회

① 「주택법」에 따른 공동주택의 개수(「건축법」에 따른 대수선 제외)로 인한 취득 중 개수로 인한 취득 당시 주택의 시가표준액이 9억원 이하인 경우
② 형제 간에 부동산을 상호교환한 경우
③ 직계존속으로부터 거주하는 주택을 증여받은 경우
④ 파산선고로 인하여 처분되는 부동산을 취득한 경우
⑤ 「주택법」에 따른 주택조합이 해당 조합원용으로 조합주택용 부동산을 취득한 경우

Thema 011 취득세 납세의무자

「지방세법」상 취득세의 납세의무자 등에 관한 설명으로 옳은 것은?

▶ 제26회 변형, 제33회 변형

① 주택조합이 해당 조합원용으로 취득하는 조합주택용 부동산은 그 주택조합이 취득한 것으로 본다.

② 건축물 중 조작설비로서 그 주체구조부와 하나가 되어 건축물로서의 효용가치를 이루고 있는 것에 대하여는 주체구조부 취득자 외의 자가 가설한 경우에도 주체구조부의 취득자가 함께 취득한 것으로 본다.

③ 법인설립시 발행하는 주식을 취득함으로써 지방세기본법에 따른 과점주주가 되었을 때에는 그 과점주주가 해당 법인의 부동산 등을 취득한 것으로 본다.

④ 토지의 지목을 사실상 변경함으로써 그 가액이 증가한 경우에 취득으로 보지 아니한다.

⑤ 증여자의 채무를 인수하는 부담부증여의 경우에 그 채무액에 상당하는 부분은 부동산 등을 유상취득한 것으로 보지 아니한다.

출제경향 취득세 납세의무에 관한 상황에 따라 납세의무자가 달리 표현되므로, 문장상의 상황을 잘 이해하고 키워드를 빼 내어 연결된 키워드를 색출하여 문제를 풀기 바란다.

출제키워드
- 취득세 납세의무자
- 부담부증여
- 조합원 취득

핵심포인트

취득세의 납세의무자

1. 건축물 중 조작(造作) 설비, 그 밖의 부대설비에 속하는 부분으로서 그 주체구조부(主體構造部)와 하나가 되어 건축물로서의 효용가치를 이루고 있는 것에 대하여는 주체구조부 취득자 외의 자가 가설한 경우 ⇨ 주체구조부의 취득자가 함께 취득한 것으로 본다.
2. 선박, 차량과 기계장비의 종류를 변경하거나 토지의 지목을 사실상 변경함으로써 그 가액이 증가한 경우 ⇨ 소유자가 취득한 것으로 본다.
3. 외국인 소유의 취득세 과세대상 물건(차량, 기계장비, 항공기 및 선박만 해당한다)을 직접 사용하거나 국내의 대여시설 이용자에게 대여하기 위하여 임차하여 수입하는 경우 ⇨ 수입하는 자가 취득한 것으로 본다.
4. 상속(유증 및 포괄유증과 신탁재산의 상속을 포함한다)으로 인하여 취득하는 경우에는 상속인 각자가 상속받는 취득물건을 취득한 것으로 본다. 이 경우 상속인은 연대납세의무를 진다.
5. 주택조합이 해당 조합원용으로 취득하는 조합주택용 부동산은 그 조합원이 취득한 것으로 본다.
6. 과밀억제권역 내에서 공장 신설·증설의 경우에 사업용 과세물건의 소유자와 공장 신설·증설한 자가 다른 때에는 그 사업용 과세물건의 소유자가 공장을 신설·증설한 것으로 보아 중과세한다.
7. 「도시개발법」에 따른 도시개발사업(환지방식만 해당한다)의 시행으로 토지의 지목이 사실상 변경된 때에는 그 환지계획에 따라 공급되는 환지는 조합원이, 체비지 또는 보류지는 사업시행자가 각각 취득한 것으로 본다.

핵심OX

1. 건축물의 조작 기타 부대설비에 속하는 부분으로서 그 주체구조부와 하나가 되어 건축물의 효용가치를 이루고 있는 것이라 하더라도 주체구조부 취득자 이외의 자가 가설한 경우에는 이를 가설한 자가 납세의무를 진다. (○, ×)
2. 외국인 소유의 선박을 직접 사용할 목적으로 임차하여 수입하는 경우 소유자가 이를 취득한 것으로 본다. (○, ×)
3. 「주택법」에 의한 주택조합이 조합원용으로 취득하는 조합주택용 부동산은 그 조합원이 취득한 것으로 본다. (○, ×)
4. 과밀억제권역 내에서 공장 신설·증설의 경우에 사업용 과세물건의 소유자와 공장 신설·증설한 자가 다른 때에는 공장을 신설·증설한 자가 취득세 납세의무를 진다. (○, ×)

정답

1. × 이를 가설한 자가 아니라 주체구조부취득자가 납세의무자이다.
2. × 외국인 소유의 선박을 직접 사용할 목적으로 임차하여 수입하는 경우는 수입자가 이를 취득한 것으로 본다.
3. ○
4. × 사업용 과세물건 소유자가 취득한 것으로 본다.

해설 정답 ≫ ②

① 주택조합이 해당 조합원용으로 취득하는 조합주택용 부동산은 ~~그 주택조합~~이 취득한 것으로 본다.
그 조합원이 취득한 것으로 본다.

② 건축물 중 조작설비로서 그 주체구조부와 하나가 되어 건축물로서의 효용가치를 이루고 있는 것에 대하여는 주체구조부 취득자 외의 자가 가설한 경우에도 주체구조부의 취득자가 함께 취득한 것으로 본다.

③ 법인설립시 발행하는 주식을 취득함으로써 지방세기본법에 따른 과점주주가 되었을 때에는 그 과점주주가 해당 법인의 부동산 등을 ~~취득한 것으로 본다~~.
- 법인설립시에 과점주주가 된 경우에는 취득으로 보지 아니한다.

④ 토지의 지목을 사실상 변경함으로써 그 가액이 증가한 경우에 ~~취득으로 보지 아니한다~~.
지목을 변경하여 그 가액이 증가한 경우는 재산의 증가로 취득세 과세한다.

⑤ 증여자의 채무를 인수하는 부담부증여의 경우에 그 채무액에 상당하는 부분은 부동산 등을 유상 취득한 것으로 ~~보지 아니한다~~.
- 증여자의 채무를 인수하는 부담부(負擔附)증여의 경우에는 그 채무액에 상당하는 부분은 부동산 등을 유상으로 취득하는 것으로 본다. ⇨ 증여자의 채무를 인수하는 부담부(負擔附)증여의 경우에는 채무 이외 나머지 금액은 증여취득하는 것으로 본다.

| 출제영역 |
취득세 납세의무자 ★★
| 난 이 도 | 중
| 출제빈도 |
제15회, 제19회, 제24회, 제25회, 제26회, 제27회, 제33회, 제34회

유|사|문|제

1. 지방세법령상 취득세에 관한 설명으로 틀린 것은? ▶ 제25회

① 건축물 중 조작 설비에 속하는 부분으로서 그 주체구조부와 하나가 되어 건축물로서의 효용가치를 이루고 있는 것에 대하여는 주체구조부 취득자 외의 자가 가설한 경우에도 주체구조부의 취득자가 함께 취득한 것으로 본다.
② 「도시개발법」에 따른 환지방식에 의한 도시개발사업의 시행으로 토지의 지목이 사실상 변경됨으로써 그 가액이 증가한 경우에는 그 환지계획에 따라 공급되는 환지는 사업시행자가, 체비지 또는 보류지는 조합원이 각각 취득한 것으로 본다.
③ 경매를 통하여 배우자의 부동산을 취득하는 경우에는 유상으로 취득한 것으로 본다.
④ 형제자매인 증여자의 채무를 인수하는 부동산의 부담부증여의 경우에는 그 채무액에 상당하는 부분은 부동산을 유상으로 취득하는 것으로 본다.
⑤ 부동산의 승계취득은 「민법」 등 관계 법령에 따른 등기를 하지 아니한 경우라도 사실상 취득하면 취득한 것으로 보고 그 부동산의 양수인을 취득자로 한다.

2. 「지방세법」상 부동산의 유상취득으로 보지 않는 것은? ▶ 제25회

① 공매를 통하여 배우자의 부동산을 취득한 경우
② 파산선고로 인하여 처분되는 직계비속의 부동산을 취득한 경우
③ 배우자의 부동산을 취득한 경우로서 그 취득대가를 지급한 사실을 증명한 경우
④ 권리의 이전이나 행사에 등기가 필요한 부동산을 직계존속과 서로 교환한 경우
⑤ 증여자의 채무를 인수하는 부담부증여로 취득한 경우로서 그 채무액에 상당하는 부분을 제외한 나머지 부분의 경우

3. 「지방세법」상 취득세의 납세의무에 관한 설명으로 옳은 것은?

① 직계비속이 직계존속의 부동산을 매매로 취득하는 때에 해당 직계비속의 다른 재산으로 그 대가를 지급한 사실이 입증되는 경우 유상으로 취득한 것으로 본다.
② 직계비속이 권리의 이전에 등기가 필요한 직계존속의 부동산을 서로 교환한 경우 무상으로 취득한 것으로 본다.
③ 직계비속이 공매를 통하여 직계존속의 부동산을 취득하는 경우 증여취득한 것으로 본다.
④ 증여자의 채무를 인수하는 부담부증여의 경우에 그 채무액에 상당하는 부분은 부동산 등을 증여취득한 것으로 본다.
⑤ 배우자 또는 직계존비속으로부터의 부동산 등의 부담부증여의 경우에는 유상취득을 적용한다.

Thema 012

취득세 과점주주

「지방세법」상 과점주주의 취득세의 납세의무에 관한 설명으로 옳은 것은? ▶ 제20회 변형

① 과점주주란 상장법인의 주식을 50% 이상 소유한 자를 말한다.

② 법인의 과점주주가 아닌 주주 또는 유한책임사원이 다른 주주 또는 유한책임사원의 주식 또는 지분을 취득하거나 증자 등으로 최초로 과점주주가 된 경우에 과점주주가 된 날 현재 해당 과점주주가 소유하고 있는 법인의 주식 등을 모두 취득한 것으로 보아 취득세를 부과한다.

③ 이미 과점주주가 된 주주 또는 유한책임사원이 해당 법인의 주식 등을 취득하여 해당 법인의 주식 등의 총액에 대한 과점주주가 가진 주식 등의 비율이 증가된 경우에는 해당 과점주주가 소유하고 있는 법인의 주식 등을 모두 취득한 것으로 보아 취득세를 부과한다.

④ 증가된 후의 주식 등의 비율이 해당 과점주주가 이전에 가지고 있던 주식 등의 최고비율보다 증가되지 아니한 경우에도 증가분을 취득으로 보아 취득세를 부과한다.

⑤ 법인설립시 발행하는 주식을 취득함으로써 지방세기본법에 따른 과점주주가 되었을 때에는 그 과점주주가 해당 법인의 부동산 등을 취득한 것으로 본다.

출제 경향 과점주주의 뜻과 과점주주의 지분율이 변동하였을 때, 과세여부에 대한 문제가 출제되고 있다. 이에 대한 지문은 길게 출제되니, 이해와 더불어 문장의 키워드로 문제푸는 게 요령이다.

- 취득세 납세의무
- 과점주주
- 제2차 납세의무

핵심포인트

취득세의 과점주주의 간주취득

1. 과점주주란 법인(유가증권시장에 상장한 법인은 제외)의 발행주식 총수 또는 출자총액의 100분의 50을 초과하면서 그에 관한 권리를 실질적으로 행사하는 자를 말한다.

지방세법 제7조 제5항 【납세의무자 등】
- 법인의 주식 또는 지분을 취득함으로써 과점주주가 되었을 때에는 그 과점주주가 해당 법인의 부동산 등을 취득한 것으로 본다.
- 법인이 「신탁법」에 따라 신탁한 재산으로서 수탁자 명의로 등기·등록이 되어 있는 부동산 등을 포함한다.
- 법인**설립시에** 발행하는 주식 또는 지분을 취득함으로써 과점주주가 된 경우에는 **취득으로 보지 아니**한다.

2. 과세대상물은 과점주주가 된 당시 해당 법인이 소유하고 있는 취득세 과세대상물이다.

핵심OX

1. 과점주주된 이후에 해당 법인이 취득하는 재산에 대하여는 지분이 증가하지 않는 경우 과점주주의 취득세 납세의무는 발생하지 아니한다. (○, ×)
2. 지방자치단체의 징수금의 과세기준일 또는 납세의무 성립일 현재 무한책임사원 또는 과점주주는 그 출자자가 납부할 지방자치단체의 징수금에 충당하여도 부족한 경우에는 그 부족액에 대하여 제2차 납세의무를 진다. (○, ×)
3. 과점주주 집단 내부에서 주식이 이전되었으나, 과점주주 집단이 소유한 총주식의 비율에 변동이 없는 경우에도 법인의 주식 등을 모두 취득한 것으로 보아 취득세를 부과한다. (○, ×)

정답

1. ○
2. ○
3. × 종전 과점주주의 비율보다 증가되지 아니하여 취득세를 부과하지 아니한다.

해설 정답 ≫ ②

① 과점주주란 ~~상장법인~~의 주식을 50% ~~이상~~ 소유한 자를 말한다.
└• 유가증권 시장에서의 상장법인은 제외 └• 초과

② 법인의 과점주주가 아닌 주주 또는 유한책임사원이 다른 주주 또는 유한책임사원의 주식 또는 지분을 취득하거나 증자 등으로 최초로 과점주주가 된 경우에 과점주주가 된 날 현재 해당 과점주주가 소유하고 있는 법인의 주식 등을 모두 취득한 것으로 보아 취득세를 부과한다.
└• 과점주주 현재 지분율 모두를 의미

③ 이미 과점주주가 된 주주 또는 유한책임사원이 해당 법인의 주식 등을 취득하여 해당 법인의 주식 등의 총액에 대한 과점주주가 가진 주식 등의 비율이 증가된 경우에는 해당 과점주주가 소유하고 있는 법인의 주식 등을 ~~모두 취득한 것~~으로 보아 취득세를 부과한다.
└• 증가된 지분율에 대해서만 취득세를 부과한다.

④ 증가된 후의 주식 등의 비율이 해당 과점주주가 이전에 가지고 있던 주식 등의 최고비율보다 증가되지 아니한 경우에도 ~~증가분을 취득~~으로 보아 취득세를 ~~부과한다.~~
└• 종전 과점주주의 비율보다 증가되지 아니하여 취득세를 부과하지 아니한다.

⑤ 법인설립시 발행하는 주식을 취득함으로써 지방세기본법에 따른 과점주주가 되었을 때에는
└• 설립시는 취득세 과세대상물이 없는 것으로 보아 과세하지 아니한다.
그 과점주주가 해당 법인의 부동산 등을 취득한 것으로 본다.

| 출제영역 |
취득세 과점주주 ★★

| 난 이 도 | 상

| 출제빈도 |
제15회, 제18회, 제20회, 제23회, 제24회, 제26회, 제29회

유|사|문|제

1. 「지방세법」상 과점주주의 간주취득세가 과세되는 경우는 모두 몇 개인가? ▶ 제29회 변형

㉠ 비상장법인 설립시에 발행하는 주식을 취득함으로써 과점주주가 된 경우
㉡ 과점주주가 아닌 주주가 다른 주주로부터 주식을 취득함으로써 최초로 과점주주가 된 경우
㉢ 이미 과점주주가 된 주주가 해당 비상장법인의 주식을 취득하여 해당법인의 주식 총액에 대한 과점주주가 가진 주식의 비율이 증가된 경우
㉣ 과점주주 집단 내부에서 주식이 이전되었으나, 과점주주 집단이 소유한 총주식의 비율에 변동이 없는 경우

① 0개 ② 1개 ③ 2개 ④ 3개 ⑤ 4개

2. 아래의 자료를 기초로 제조업을 영위하고 있는 비상장 A법인의 주주인 甲이 과점주주가 됨으로써 과세되는 취득세(비과세 또는 감면은 고려하지 않음)**의 과세표준은 얼마인가?** ▶ 제18회

1. A법인의 증자 전 자산가액 및 주식발행 현황
 – 증자 전 자산가액(「지방세법」상 취득세 과세표준임)
 • 건물: 4억원 • 토지: 5억원 • 차량: 1억원
 – 주식발행 현황
 • 2005. 3. 10. 설립시 발행주식총수: 50,000주
 • 2025. 10. 5. 증자 후 발행주식총수: 100,000주
2. 甲의 A법인 주식취득 현황
 • 2005. 3. 10. A설립시 20,000주 취득
 • 2025. 10. 5. 증자로 40,000주 추가 취득

① 2억원 ② 4억원 ③ 5억 1천만원
④ 6억원 ⑤ 10억원

3. 거주자 甲의 A비상장법인에 대한 주식보유 현황은 아래와 같다. 2025년 9월 15일 주식 취득시 「지방세법」상 A법인 보유 부동산 등에 대한 甲의 취득세 과세표준을 계산하는 경우, 취득으로 간주되는 지분비율은? (다만, A법인 보유 자산 중 취득세가 비과세 · 감면되는 부분은 없으며, 甲과 특수관계에 있는 다른 주주는 없음) ▶ 제20회

구 분	발행주식수	보유주식수
㉠ 2009년 1월 1일 설립시	10,000주	5,000주
㉡ 2011년 4월 29일 주식 취득 후	10,000주	6,000주
㉢ 2012년 7월 18일 주식 양도 후	10,000주	3,000주
㉣ 2025년 9월 15일 주식 취득시	10,000주	7,000주

① 10% ② 20% ③ 40% ④ 60% ⑤ 70%

Thema 013

취득세 취득시기

「지방세법」상 취득세의 취득시기에 관한 설명으로 틀린 것은? ▶ 제31회 변형

① 토지의 지목변경에 따른 취득은 토지의 지목이 사실상 변경된 날을 취득일로 본다.
② 개인 간의 매매로 건축물의 유상승계취득으로 계약상에 잔금지급일이 명시되지 아니한 경우에는 그 계약일로부터 60일이 경과되는 날과 등기일 중 빠른 날이 취득시기이다.
③ 개인 간의 매매로 건축물의 유상승계취득으로 계약상에 잔금지급일이 명시되지 아니한 경우에서 계약 후 55일이 되는 날에 그 대금지급이 없이 소유권이 이전등기를 마쳤다면 그 등기일이 취득시기이다.
④ 개인 간의 증여계약에 의하여 부동산을 취득한 경우에는 그 계약일과 등기일 중 빠른 날을 취득의 시기로 본다.
⑤ 상속으로 인한 취득의 경우에는 상속개시일에 취득한 것으로 본다.

취득세의 취득시기는 법률취지로 「지방세법」은 빠른 날 개념으로 규정되어 있다. 유상취득의 경우 계약서상 잔급일과 사실상 잔금지급일을 구별하여야 한다.

출제키워드
• 취득세 취득시기
• 취득세 납세의무 성립
• 계약해제

핵|심|포|인|트

취득세의 취득시기 – 유상승계취득의 경우

유상승계취득: 사실상 잔금지급일과 등기일 중 빠른 날
① 사실상 잔금지급일을 알 수 없는 경우: 계약상의 잔금지급일
② **계약상 잔금지급일이 명시되지 않은** 경우: 계약일로부터 **60일이 경과되는 날**
③ 연부로 취득하는 것(취득가액의 총액이 면세점의 적용을 받는 것은 제외): 그 사실상의 연부금지급일과 등기일 중 빠른 날

핵|심|O|X

1. 연부로 취득하는 것(취득가액의 총액이 면세점의 적용을 받는 것은 제외)은 그 사실상의 잔금지급일과 등기일 중 빠른 날에 취득한 것으로 본다. (○, ×)
2. 해당 취득물건을 등기·등록하지 아니하고 다음 각 화해조서·인낙조서·공정증서·계약해제신고서의 어느 하나에 해당하는 서류에 의하여 취득일부터 60일 이내에 계약이 해제된 사실이 입증되는 경우에는 취득한 것으로 보지 아니한다. (○, ×)
3. 「부동산 거래신고 등에 관한 법률」에 의해 신고서 제출하고 검증이 이루어진 유상승계취득의 경우 취득시기는 계약서상의 잔금지급일이 취득시기이다. (○, ×)

정답

1. × 연부취득의 경우 취득시기는 사실상 연부금 지급일과 등기일 중 빠른 날이다.
2. ○
3. × 사실상잔금지급일과 등기일 중 빠른 날이다.

해설 정답 ≫ ①

① 토지의 지목변경에 따른 취득은 토지의 지목이 ~~사실상 변경된 날~~을 취득일로 본다.
사실상 변경된 날과 공부상 변경일 중 빠른 날

- 변경일 전에 사용한 경우는 사용일이 취득시기이다.

② 개인 간의 매매로 건축물의 유상승계취득으로 계약상에 잔금지급일이 명시되지 아니한 경우에는 그 계약일로부터 60일이 경과되는 날과 등기일 중 빠른 날이 취득시기이다.
③ 개인 간의 매매로 건축물의 유상승계취득으로 계약상에 잔금지급일이 명시되지 아니한 경우에서 계약 후 55일이 되는 날에 그 대금지급이 없이 소유권이 이전등기를 마쳤다면 그 등기일이 취득시기이다.
- 계약일로부터 60일이 경과되지 아니한 경우로

④ 개인 간의 증여계약에 의하여 부동산을 취득한 경우에는 그 계약일과 등기일 중 빠른 날을 취득의 시기로 본다.
- 상속의 경우 취득세 취득시기는 상속개시일이다.

⑤ 상속으로 인한 취득의 경우에는 상속개시일에 취득한 것으로 본다.

| 출제영역 |
취득세 취득시기 ★★

| 난 이 도 | 중

| 출제빈도 |
제14회, 제15회, 제16회, 제24회, 제28회, 제30회, 제31회, 제32회, 제34회

유 | 사 | 문 | 제

1. 개인이 아파트를 다음과 같이 취득하였을 때, 각각의 경우 취득세 취득시기는? ▶ 제14회

구 분	㉠ 개인으로부터 취득	㉡ 법인으로부터 취득
계약서상 잔금지급일	2025년 9월 30일	2025년 9월 30일
사실상 잔금지급일	2025년 11월 20일	2025년 11월 20일
입주일	2025년 11월 26일	2025년 11월 26일
등기접수일	2025년 12월 18일	2025년 12월 18일

	㉠ 개인으로부터 취득	㉡ 법인으로부터 취득
①	2025년 9월 30일	2025년 9월 30일
②	2025년 11월 26일	2025년 11월 26일
③	2025년 11월 20일	2025년 11월 20일
④	2025년 11월 26일	2025년 12월 18일
⑤	2025년 11월 20일	2025년 12월 18일

2. 취득세의 납세의무 성립일인 취득시기의 설명으로 옳은 것은?

① 공매방법에 의하여 취득하는 경우에는 소유권이전등기일이다.
② 개인 간의 유상승계취득의 경우로서 계약서상의 잔금지급일 이전에 사실상 잔금을 지급한 때에도 계약서상 잔금지급일이다.
③ 화해조서 등에 의하여 취득사실이 입증되는 유상취득 경우에는 계약서상 잔금지급일을 취득시기로 본다.
④ 유상승계취득의 경우로서 사실상 잔금지급일을 알 수 없고 계약서상 잔금지급일이 명시되지 아니한 경우에는 계약일로부터 30일이 경과한 날을 계약서상 잔금지급일로 본다.
⑤ 연부로 취득하는 것(취득가액의 총액이 50만원 이하인 것은 제외)은 그 사실상의 연부금 지급일을 취득일로 본다. 단, 취득일 전에 등기 또는 등록한 경우에는 그 등기일 또는 등록일에 취득한 것으로 본다.

3. 「지방세법」상 취득의 시기에 관한 설명으로 틀린 것은? ▶ 제30회

① 상속으로 인한 취득의 경우: 상속개시일
② 공매방법에 의한 취득의 경우: 그 사실상의 잔금지급일과 등기일 또는 등록일 중 빠른 날
③ 건축물(주택 아님)을 건축하여 취득하는 경우로서 사용승인서를 내주기 전에 임시사용승인을 받은 경우: 그 임시사용승인일과 사실상의 사용일 중 빠른 날
④ 「민법」 제839조의2에 따른 재산분할로 인한 취득의 경우: 취득물건의 등기일 또는 등록일
⑤ 관계 법령에 따라 매립으로 토지를 원시취득하는 경우: 취득물건의 등기일

Thema 014

취득세 취득시기 – 원시 · 의제 취득의 경우

「지방세법」상 취득세의 취득시기에 관한 설명으로 옳은 것은? ▶ 제28회 변형

① 「주택법」 제11조에 따른 주택조합이 주택 건설사업을 하면서 조합원으로부터 취득하는 토지 중 조합원에게 귀속되지 아니하는 토지를 취득하는 경우에는 「주택법」 제49조에 따른 사용검사를 받은 날에 그 토지를 취득한 것으로 본다.

② 「도시 및 주거환경정비법」 제16조 제2항에 따른 주택재건축조합이 주택재건축사업을 하면서 조합원으로부터 취득하는 토지 중 조합원에게 귀속되지 아니하는 토지를 취득하는 경우에는 「도시 및 주거환경정비법」 제54조 제2항에 따른 소유권 이전 고시일에 그 토지를 취득한 것으로 본다.

③ 「민법」 제839조의2 및 제843조에 따른 재산분할로 인한 취득의 경우에는 취득물건의 당초 취득일을 취득일로 본다.

④ 토지의 지목변경에 따른 취득은 지목변경일 이전에 그 사용 여부와 관계없이 사실상 변경된 날과 공부상 변경된 날 중 빠른 날을 취득일로 본다.

⑤ 관계 법령에 따라 매립 · 간척 등으로 토지를 원시취득하는 경우로서 공사준공인가일 전에 사실상 사용하면서 사용허가를 받은 경우에는 사용허가일을 취득일로 본다.

출제 경향 취득세의 취득시기로 원시취득의 경우, 간주취득의 경우 취득시기는 이론적으로 빠른 날 개념이다. 법률의 제정 목적으로 정리 학습하여야 한다.

출제 키워드
- 취득세 취득시기
- 주택법 · 주거환경정비법
- 토지지목변경의 취득시기 · 환지처분

핵심포인트

취득세의 취득시기 – 원시취득의 경우

1. **건축물을 건축** 또는 개수하여 취득하는 경우에는 **사용승인서를 내주는 날과 사실상의 사용일 중 빠른 날**을 취득일로 본다.
2. 관계 법령에 따라 **매립 · 간척** 등으로 토지를 원시취득하는 경우에는 **공사준공인가일을 취득일**로 본다. 다만, 공사준공인가일 전에 사용승낙 · 허가를 받거나 사실상 사용하는 경우에는 사용승낙일 · 허가일 또는 사실상 사용일 중 빠른 날을 취득일로 본다.

취득세의 취득시기 – 간주취득 또는 기타의 경우

1. **토지의 지목변경에 따른 취득**은 토지의 지목이 **사실상 변경된 날과 공부상 변경된 날 중 빠른 날**을 취득일로 본다. 다만, **토지의 지목변경일 이전에 사용하는 부분에 대해서는 그 사실상의 사용일**을 취득일로 본다.
2. 「민법」 제839조의2 및 제843조에 따른 **재산분할**로 인한 취득의 경우에는 취득물건의 **등기일 또는 등록일**을 취득일로 본다.

핵심OX

1. 토지의 지목변경일 이전에 사용하는 부분에 대해서는 그 사실상의 사용일을 취득일로 본다. (○, ×)
2. 부동산을 연부로 취득하는 것은 등기일에 관계없이 그 사실상의 최종연부금 지급일을 취득일로 본다. (○, ×)
3. 건축물을 건축 또는 개수하여 취득하는 경우에는 사실상 사용일에 관계없이 사용승인서 내주는 날을 취득일로 본다. (○, ×)

정답

1. ○
2. × 연부취득의 경우 취득시기는 사실상 연부금 지급일, 사실상 연부금 지급일 전에 등기한 경우에는 등기일이다.
3. × 사용승인서를 내주는 날과 사실상의 사용일 중 빠른 날을 취득일로 본다.

해설 정답 ≫ ①

① 「주택법」 제11조에 따른 주택조합이 주택 건설사업을 하면서 조합원으로부터 취득하는 토지 중 조합원에게 귀속되지 아니하는 토지를 취득하는 경우에는 「주택법」 제49조에 따른 사용검사를 받은 날에 그 토지를 취득한 것으로 본다.
(└• 주거목적으로 제정된 법률)

② 「도시 및 주거환경정비법」 제16조 제2항에 따른 주택재건축조합이 주택재건축사업을 하면서 조합원으로부터 취득하는 토지 중 조합원에게 귀속되지 아니하는 토지를 취득하는 경우에는 「도시 및 주거환경정비법」 제54조 제2항에 따른 ~~소유권 이전 고시일~~에 그 토지를 취득한 것으로 본다.
(└• 주거환경정비를 목적으로 제정된 법률)
(└• 소유권 이전 고시일의 다음 날)

③ 「민법」 제839조의2 및 제843조에 따른 재산분할로 인한 취득의 경우에는 취득물건의 ~~당초 취득일~~을 취득일로 본다. 재산 분할은 소유권등기로 과세하므로 등기·등록일이 취득시기이다. •┘

④ 토지의 지목변경에 따른 취득은 지목~~변경일 이전에 그 사용 여부와 관계없이~~ 사실상 변경된 날과 공부상 변경된 날 중 빠른 날을 취득일로 본다.
(변경일 전에 사용한 경우에는 사실상 사용일이 취득시기이다. •┘)

⑤ 관계 법령에 따라 매립·간척 등으로 토지를 원시취득하는 경우로서 공사준공인가일 전에 사실상 사용하면서 사용허가를 받은 경우에는 ~~사용허가일을 취득일~~로 본다.
(공사준공인가일 전에 사실상 사용한 경우는 •┘ 사실상 사용일이 취득일이다.)

| 출제영역 |
취득세 취득시기 ★★

| 난 이 도 | 상

| 출제빈도 |
제14회, 제15회, 제16회, 제24회, 제28회, 제30회, 제32회, 제34회

유사문제

1. 취득세의 납세의무 성립일인 취득시기의 설명으로 틀린 것은?

① 개인 간의 증여계약에 의하여 부동산을 취득한 경우에는 그 계약일을 취득의 시기로 본다.
② 「민법」 제839조의2 및 제843조에 따른 재산분할로 인한 취득의 경우에는 민사소송에 의한 판결일을 취득일로 본다.
③ 토지의 지목변경에 따른 취득은 토지의 지목이 사실상 변경된 날과 공부상 변경된 날 중 빠른 날을 취득일로 본다.
④ 관계 법령에 따라 매립·간척 등으로 토지를 원시취득하는 경우에는 공사준공인가일을 취득일로 본다.
⑤ 「민법」 제245조 및 247조에 따른 점유로 인한 취득의 경우에는 취득물건의 등기일 또는 등록일을 취득일로 본다.

2. 지방세기본법령 및 지방세법령상 취득세 납세의무의 성립에 관한 설명으로 틀린 것은? ▶ 제34회

① 상속으로 인한 취득의 경우에는 상속개시일이 납세의무의 성립시기이다.
② 부동산의 증여계약으로 인한 취득에 있어서 소유권이전등기를 하지 않고 계약일부터 60일 이내에 공증받은 공정증서로 계약이 해제된 사실이 입증되는 경우에는 취득한 것으로 보지 않는다.
③ 유상승계취득의 경우 사실상의 잔금지급일을 확인할 수 있는 때에는 사실상의 잔금지급일과 등기일 중 빠른 날이 납세의무의 성립시기이다.
④ 「민법」에 따른 이혼시 재산분할로 인한 부동산 취득의 경우에는 취득물건의 등기일이 납세의무의 성립시기이다.
⑤ 「도시 및 주거환경정비법」에 따른 재건축조합이 재건축사업을 하면서 조합원으로부터 취득하는 토지 중 조합원에게 귀속되지 아니하는 토지를 취득하는 경우에는 같은 법에 따른 준공인가 고시일의 다음 날이 납세의무의 성립시기이다.

Thema 015 취득세 과세표준

「지방세법」상 취득세의 과세표준에 대한 설명 중 옳은 것은?

▶ 제11회 · 제12회 · 제16회 · 제24회 · 제25회 · 제26회 · 제27회 · 제31회 · 제35회 변형

① 「부동산 거래신고 등에 관한 법률」에 따른 신고서를 제출하여 같은 법에 따라 검증이 이루어진 유상취득에 대하여는 취득세의 과세표준을 시가표준액으로 한다.

② 취득세의 과세표준은 취득 당시의 가액으로 한다. 다만, 연부로 취득하는 경우의 과세표준은 매회 사실상 지급되는 금액을 말하여, 취득금액에 포함되는 계약보증금을 포함한다(단, 신고가액은 시가표준액보다 큼).

③ 법인이 아닌 자가 건축물을 건축하여 취득하는 경우 취득가격 중 100분의 80 이상이 법인장부에 따라 입증되는 경우 그 취득가격을 과세표준으로 한다.

④ 법인과의 거래로 유상취득의 경우는 사실상 취득가액과 관계없이 시가표준액으로 과세한다.

⑤ 법인장부로 토지의 지목변경에 든 비용이 입증되는 경우 토지의 지목변경에 대한 과세표준은 지목변경 전의 시가표준액에 그 비용을 더한 금액으로 한다.

출제 경향 취득세의 과세표준은 2022년에 개정되어 2023년 1월부터 시행되는 내용이다. 예전부터 자주 출제되는 중요부분이므로 정리를 잘 해야 한다.

출제 키워드
- 취득세 과세표준
- 신고가액 · 시가표준액
- 사실상 취득가액

핵심포인트

취득세의 과세표준

1. 취득세의 과세표준은 **취득 당시의 가액**으로 한다. 다만, **연부(年賦)로 취득하는 경우**에는 **연부금액**(매회 사실상 지급되는 금액을 말하며, 취득금액에 포함되는 계약보증금을 포함한다)으로 한다.

2. **취득의 구분에 다른 취득세 과세표준**

구 분			과세표준
무상취득	상 속		시가표준액
	증 여	원칙	시가인정액
		예 외	시가인정액을 산정하기 어려운 경우: 시가표준액
			취득물건에 대한 시가표준액이 1억 이하인 부동산: 시가인정액과 시가표준액 중 납세자가 정하는 가액
유상취득	사실상 취득가		특수 관계인과의 거래로서 부당행위계산: 지자체장이 시가인정액을 취득당시가액으로 인정할 수 있다.
			부담부증여로 채무상당액은 사실상 취득가액을 적용하고 나머지 부문은 증여취득으로 과세표준을 정한다.

구분		과세표준
원시취득, 건축물의 개수	사실상 취득가	법인이 아닌 자가 건축물을 건축하는 경우로서 사실상 취득가액을 확인할 수 없는 경우에는 시가표준액으로 한다.
대물변제		대물변제액(다만, 대물변제액이 시가인정액을 초과하는 경우에는 시가인정액으로 한다)
교 환		교환을 원인으로 이전 받는 부동산 등의 시가인정액과 이전하는 이전하는 부동산 등의 시가인정액 중 높은 가액
양도담보		양도담보에 따른 채무액(다만, 채무액이시가인정액을 초과하는 경우는 시가인정액으로 한다)
법인합병 · 분할 · 조직 변경원인으로 한 취득		시가인정액. 다만, 시가인정액을 산정하기 어려운 경우 시가표준액으로 한다.
토지 지목변경		변경으로 증가한 가액에 해당하는 사실상 취득가액
		사실상 취득가액을 알 수 없을 때에는 변경 후 시가표준액에서 변경 전 시가표준액을 뺀 가액으로 한다.

해설 정답 ≫ ②

① 「부동산 거래신고 등에 관한 법률」에 따른 신고서를 제출하여 같은 법에 따라 검증이 이루어진 유상취득에 대하여는 취득세의 과세표준을 ~~시가표준액~~으로 한다.
└• 사실상 취득가액

② 취득세의 과세표준은 취득 당시의 가액으로 한다. 다만, 연부로 취득하는 경우의 과세표준은 연부취득의 취득시기가 연부금 지급일이므로 연부취득의 과세표준은 •┘
연부금 지급일 시점의 금액으로 매년 지급되는 금액이 과세표준이다.
매회 사실상 지급되는 금액을 말하여, 취득금액에 포함되는 계약보증금을 포함한다(단, 신고가액은 시가표준액보다 큼).

③ 법인이 아닌 자가 건축물을 건축하여 취득하는 경우 ~~취득가격 중 100분의 80 이상이 법인장부에 따라 입증되는 경우 그 취득가격을~~ 과세표준으로 한다.
사실상 취득가액(사실상 취득가액을 알 수 없는 경우에는 시가표준액) •┘

④ 법인과의 거래로 유상취득의 경우는 사실상 취득가액과 ~~관계없이 시가표준액~~으로 과세한다.
유상취득의 경우는 사실상 취득가액을 과세표준으로 한다.•┘

⑤ 법인장부로 토지의 지목변경에 든 비용이 입증되는 경우 토지의 지목변경에 대한 과세표준은 ~~지목변경 전의 시가표준액에 그 비용을 더한 금액~~으로 한다.
└• 변경으로 증가한 가액에 해당하는 사실상 취득가액으로한다. 단, 사실상 취득가액을 알 수 없을 때에는 변경 후 시가표준액에서 변경 전 시가표준액을 뺀 가액으로 한다.

| 출제영역 |
취득세 과세표준 ★★★

| 난 이 도 | 상

| 출제빈도 |
제11회, 제12회, 제14회, 제16회, 제18회, 제20회, 제25회, 제26회, 제27회, 제29회, 제31회, 제35회

| 용어해설 | **연부(年賦)**
매매계약서상 연부계약 형식을 갖추고 일시에 완납할 수 없는 대금을 2년 이상에 걸쳐 일정액씩 분할하여 지급하는 것을 말한다.

유사문제

1. 취득세 과세표준에 대한 내용이다. 가장 옳은 것은?

▶ 제11회 변형

① 취득세 과세표준결정의 원칙이 취득자의 신고가액이므로 취득의 구분없이 사실상 취득가로 일정하다.
② 토지의 지목변경시 사실상 취득가액을 알 수 없는 경우의 과세표준은 지목변경 후 시가표준액에서 지목변경 전 시가표준액을 뺀 금액을 말한다.
③ 개인 간의 매매에 의한 거래시 시가인정액을 기준으로 과세한다.
④ 부동산 등을 원시취득하는 경우 취득당시가액은 시가인정액으로 한다.
⑤ 국가로부터 유상취득하는 경우에는 시가표준액을 과세표준으로 한다.

2. 지방세법령상 취득세의 취득당시가액에 관한 설명으로 옳은 것은? (단, 주어진 조건 외에는 고려하지 않음)

① 건축물을 교환으로 취득하는 경우에는 교환으로 이전받는 건축물의 시가표준액과 이전하는 건축물의 시가표준액 중 낮은 가액을 취득당시가액으로 한다.
② 상속에 따른 건축물 무상취득의 경우에는 「지방세법」 제4조에 따른 시가표준액을 취득당시가액으로 한다.
③ 대물변제에 따른 건축물 취득의 경우에는 대물변제액(대물변제액 외에 추가로 지급한 금액이 있는 경우에는 그 금액을 제외한다)을 취득당시가액으로 한다.
④ 법인이 아닌 자가 건축물을 건축하여 취득하는 경우로서 사실상취득가격을 확인할 수 없는 경우에는 시가인정액을 취득당시가액으로 한다.
⑤ 법인이 아닌 자가 건축물을 매매로 승계취득하는 경우에는 그 건축물을 취득하기 위하여 「공인중개사법」에 따른 공인중개사에게 지급한 중개보수를 취득당시가액에 포함한다.

사실상 취득가액

개인이 국가로부터 유상취득하기 위하여 취득시기 이전에 지급하였던 금액으로 부동산의 취득세 과세표준을 사실상의 취득가격으로 하는 경우 이에 포함될 수 있는 항목을 모두 고르면? ▶ 제22회

㉠ 취득대금을 일시급으로 지불하여 일정액을 할인 받은 경우 그 할인받은 금액
㉡ 부동산의 건설자금에 충당한 차입금의 이자
㉢ 연불조건부 계약에 따른 이자상당액 및 연체료
㉣ 취득대금 외에 당사자 약정에 의한 취득자 채무인수액

① ㉠, ㉡　② ㉠, ㉢　③ ㉡, ㉢　④ ㉣　⑤ ㉢, ㉣

출제경향 사실상 취득가액 문제의 출제경향은 사실상 취득가액의 포함여부를 정하는 문제가 출제되니, 개인 취득인지 법인 취득인지 구별하여 문제를 풀기 바란다.

출제키워드
• 취득세과세표준
• 사실상 취득가액 · 중개보수
• 할부이자

핵심포인트

사실상 취득가액

취득가격은 **취득시기를 기준**으로 그 **이전**에 해당 물건을 취득하기 위하여 **거래 상대방 또는 제3자에게 지급하였거나 지급하여야 할 직접비용과 다음 1.~6.의 어느 하나에 해당하는 간접비용의 합계액**으로 한다. 다만, 취득대금을 **일시급** 등으로 지급하여 일정액을 할인받은 경우에는 **그 할인된 금액**으로 한다. ⇨ **할인받은 금액은 취득가액에 포함되지 않음에 유념하길 바란다.**

1. **건설자금에 충당한 차입금의 이자** 또는 이와 유사한 금융비용 다만, 법인이 아닌 자가 취득하는 경우는 취득가격에서 제외한다.
2. 할부 또는 연부(年賦) 계약에 따른 이자 상당액 및 연체료 · 공인중개사에게 지급한 중개보수. 다만, 법인이 아닌 자가 취득하는 경우는 취득가격에서 제외한다.

구 분	취득세(취득가액)	
	개인 취득자	법인 취득자
할부이자 · 연부이자 · 건설자금이자 · 연체료 · 중개보수	불포함	포함

3. 「농지법」에 따른 농지보전부담금, 「산지관리법」에 따른 대체산림자원조성비
4. 취득에 필요한 용역을 제공받은 대가로 지급하는 **용역비 · 수수료**
5. **취득대금 외에 당사자의 약정에 따른 취득자 조건 부담액과 채무인수액**
6. 부동산을 취득하는 경우 「주택법」에 따라 매입한 국민주택채권을 해당 부동산의 취득 이전에 양도함으로써 발생하는 매각차손

핵심OX

1. 취득대금을 일시급 등으로 지급하여 일정액을 할인받은 경우에는 계약서상의 약정금액을 사실상 취득가액으로 한다. (○, ×)
2. 「공인중개사법」에 따른 공인중개사에게 지급한 중개보수는 사실상 취득가액에 포함한다. 다만, 법인이 아닌 자가 취득하는 경우는 취득가격 또는 연부금액에서 제외한다. (○, ×)
3. 「농지법」에 따른 농지보전부담금, 「산지관리법」에 따른 대체산림자원조성비는 개인 또는 법인 취득에 관계없이 사실상 취득가액에 포함한다. (○, ×)
4. 개인 · 법인에게 관계없이 할부 또는 연부(年賦) 계약에 따른 이자 상당액 및 연체료, 공인중개사에 지급한 중개보수는 사실상 취득가액에 포함한다. (○, ×)

정답

1. × 할인받은 금액을 공제한 금액으로 사실상 취득가액은 할인된 금액이다.
2. ○
3. ○
4. × 법인이 아닌 자가 취득하는 경우는 취득가격에서 제외한다.

해설

정답 ≫ ④

㉠ 취득대금을 일시급으로 지불하여 일정액을 할인 받은 경우 ~~그 할인받은 금액~~
할인받은 금액을 공제한 금액을 취득가액으로 한다.

㉡ 부동산의 ~~건설자금에 충당한 차입금의 이자~~
개인 취득의 경우는 취득가액에 불포함하며, 법인 취득의 경우는 취득가액에 포함한다.

㉢ 연불조건부 ~~계약에 따른 이자상당액 및 연체료~~
개인 취득의 경우는 취득가액에 불포함하며, 법인 취득의 경우는 취득가액에 포함한다.

㉣ 취득대금 외에 당사자 약정에 의한 취득자 채무인수액
채무를 인수하는 조건으로 취득하는 경우로
채무인수액은 취득가액에 포함한다.

① ㉠, ㉡　② ㉠, ㉢　③ ㉡, ㉢　④ ㉣　⑤ ㉢, ㉣

| 출제영역 |
취득세 과세표준 ★★★

| 난 이 도 | 상

| 출제빈도 |
제22회, 제27회, 제29회, 제35회

| 용어해설 | 건설자금이자
유형 고정 자산의 건설과 관련해 발생한 이자를 자본화하여 유형 고정 자산의 원가로 처리하는 경우, 이때의 부채에 대한 이자를 이르는 말로 현재는 건설자금에 충당한 차입금의 이자라고 한다.

유사문제

1. 甲은 특수관계없는 乙로부터 다음과 같은 내용으로 주택을 취득하였다. 취득세 과세표준 금액으로 옳은 것은? ▶ 제29회

- 아래의 계약내용은 부동산 거래신고 등에 관한 법률 제3조에 따른 신고서를 제출하여 같은 법 제 5조에 따라 검증이 이루어짐
- 계약내용
  - 총매매대금 500,000,000원
    2024년 7월 2일 계약금　50,000,000원
    2024년 8월 2일 중도금 150,000,000원
    2025년 9월 2일 잔금　300,000,000원
- 甲의 주택취득과 관련 비용
  - 총매매대금 외에 당사자약정에 의하여 乙의 은행채무를 甲이 대신 변제한 금액 10,000,000원
  - 법령에 따라 매입한 국민 주택채권을 해당 주택의 취득 이전에 금융회사에 양도함으로써 발생한 매각 차손 1,000,000원

① 500,000,000원　② 501,000,000원
③ 509,000,000원　④ 510,000,000원
⑤ 511,000,000원

2. 세법상 사실상의 취득가격 또는 연부금액을 취득세 과세표준으로 하는 경우 취득가격 또는 연부금액에 포함되지 <u>않는</u> 것은? (단, 특수관계인과의 거래가 아니며, 비용 등은 취득시기 이전에 지급되었음) ▶ 제27회

① 「전기사업법」에 따라 전기를 사용하는 자가분담하는 비용
② 법인의 건설자금에 충당한 차입금의 이자
③ 법인이 연부로 취득하는 경우 연부 계약에 따른 이자상당액
④ 취득에 필요한 용역을 제공받은 대가로 지급하는 용역비
⑤ 취득대금 외에 당사자의 약정에 따른 취득자 조건 부담액

3. 박문각 법인이 이태호 씨의 상가 건축물을 다음과 같이 취득하였을 때 박문각 법인이 신고하여야 할 취득세의 과세표준은?

㉠ 건축물 취득가액 : 1억원	㉡ 부가가치세 : 1천만원
㉡ 건설자금이자 : 500만원	㉣ 할부이자 : 300만원

① 1억 5백만원　② 1억 8백만원
③ 1억 1천 8백만원　④ 1억 3백만원
⑤ 1억원

4. 다음은 취득세 과세표준에 대한 설명이다. 옳은 것은?

① 취득시기 이전의 할부이자 · 연체이자는 법인 · 개인 모두 취득가액에 포함한다.
② 매매계약서상의 약정금액을 일시급 등의 조건으로 할인받은 경우 할인받은 금액을 취득세 과세표준으로 한다.
③ 연부취득의 경우 취득세의 과세표준은 연부금액이다.
④ 법인의 경우 부가가치세 등 취득에 소요된 직접 · 간접비용을 포함한다.
⑤ 「공인중개사법」에 따른 공인중개사에게 지급한 중개보수는 법인 · 개인 모두 취득가액에 포함한다.

Thema 017

취득세의 표준세율

「지방세법」상 부동산 취득시 취득세 과세표준에 적용되는 표준세율로 옳은 것을 모두 고른 것은? ▶ 제23회 · 제26회 · 제27회 변형

> ㉠ 상속으로 인한 농지취득 : 1천분의 23
> ㉡ 합유물 및 총유물의 분할로 인한 취득 : 1천분의 23
> ㉢ 원시취득 : 1천분의 28
> ㉣ 법령으로 정한 비영리사업자의 상속 외의 무상취득 : 1천분의 28
> ㉤ 매매에 의한 농지 이외(주택 제외)의 취득 : 1천분의 40
> ㉥ 증여에 의한 주택의 취득(취득가액 6억원) : 1천분의 10

① ㉠, ㉡　　② ㉠, ㉢　　③ ㉡, ㉢
④ ㉡, ㉢, ㉣　　⑤ ㉠, ㉡, ㉢, ㉣, ㉤

출제 경향 취득세의 세율은 2011년에 개정되어 이때부터 출제되는 이론인데 이를 문제상 표준세율로 물어보는지 아니면 세율의 특례로 물어보는지를 구별하여 문제를 풀기 바란다.

출제 키워드
- 취득세 표준세율
- 탄력세율
- 중복 적용 세율

핵심포인트

취득세의 표준세율

1. 조례에 의해 표준세율의 100분의 50의 범위 내에서 가감할 수 있다.
2. 중복 적용되는 세율적용의 원칙은 동일 물건에 대해 2 이상의 세율이 적용되는 경우 그중 높은 세율이 적용된다.
3. **취득세의 표준세율**

① 상속으로 인한 농지의 취득 : **1천분의 23**
② 상속으로 인한 농지 이외의 취득 : **1천분의 28**
③ 유상으로 인한 농지의 취득 : **1천분의 30**
④ 유상으로 인한 농지 이외의 취득 : **1천분의 40**
⑤ 증여, 유증, 그 밖의 무상취득 : **1천분의 35. 다만, 비영리사업자의 취득**은 **1천분의** 28로 한다.
⑥ 원시취득 : **1천분의 28**
⑦ ④에도 불구하고 유상거래를 원인으로 주택취득의 경우로 **취득 당시의 가액이 6억원 이하인 주택을 취득하는 경우에는 1천분의** 10의 세율을, **6억원 초과 9억원 이하의 주택을 취득하는 경우에는 [(해당 주택의 취득 당시 가액** $\times \frac{2}{3억원} - 3) \times \frac{1}{100}$**]의** 세율을, **9억원 초과 주택을 취득하는 경우에는 1천분의 30의 세율**을 각각 적용한다.
⑧ 법인합병으로 인한 농지취득 : 1천분의 30
⑨ 법인합병으로 인한 농지 이외의 토지취득 : 1천분의 40

핵심OX

1. 교환의 원인으로 주택 취득한 경우로서 취득 당시 가액이 6억원 이하인 경우의 취득세의 표준세율은 1,000분의 10이다(단, 쌍방 모두 무주택자임). (○, ×)
2. 농지를 상속 원인으로 취득한 경우의 취득세 표준세율은 증여 원인으로 농지를 취득한 경우의 취득세 표준세율과 동일하다. (○, ×)
3. 주택을 신축한 후에 해당 주거용 건축물의 소유자가 해당 주택의 부속토지 취득으로 취득가액이 6억원인 경우 취득세의 표준세율은 1,000분의 10의 세율이 적용된다. (○, ×)
4. 유상거래 원인으로 취득한 주택이란 「주택법」에 따른 주택으로서 「건축법」에 따른 건축물대장, 등기부에 주택으로 기재되고, 건축물의 용도가 주거용으로 사용 하는 건축물과 그 부속토지를 말한다. (○, ×)
5. 매매의 원인으로 나대지를 취득한 경우의 취득세 표준세율은 1,000분의 40이다. (○, ×)
6. 상가 건물을 신축한 경우의 취득세 표준세율은 1,000분의 28이다. (○, ×)

정답

1. ○
2. × 상속 − 농지취득 = $\frac{23}{1,000}$, 증여 − 농지취득 = $\frac{35}{1,000}$
3. × 주택 신축 후에 취득하였으므로 해당 주택부수토지는 나대지로 1,000분의 40의 표준세율이 적용된다.
4. ○
5. ○
6. ○

해설 정답 ≫ ⑤

㉠ 상속으로 인한 농지취득: 1천분의 23
└• 상속으로 인한 농지 이외 취득은 1천분의 28
㉡ 합유물 및 총유물의 분할로 인한 취득: 1천분의 23
└• 공유물의 분할의 경우도 표준세율은 1,000분의 23
㉢ 원시취득: 1천분의 28
└• 건축물 원시취득으로 1,000분의 28
㉣ 법령으로 정한 비영리사업자의 상속 외의 무상취득: 1천분의 28
└• 증여의 의미
㉤ 매매에 의한 농지 이외(주택 제외)의 취득: 1천분의 40
㉥ 증여에 의한 주택의 취득(취득가액 6억원): ~~1천분의 10~~
└• 증여의 경우 취득가액에 관계없이 일률적으로 농지, 농지 이외를 포함하여 1,000분의 35

① ㉠, ㉡ ② ㉠, ㉢ ③ ㉡, ㉢
④ ㉡, ㉢, ㉣ ⑤ ㉠, ㉡, ㉢, ㉣, ㉤

| 출제영역 |
취득세 세율 중 표준세율 ★★★
| 난 이 도 | 하
| 출제빈도 |
제16회, 제17회, 제18회, 제23회, 제24회, 제26회, 제27회, 제30회, 제35회
| 용어해설 | 탄력세율
정부가 법률로 정한 표준세율(=일반적 기본세율)을 탄력적으로 변경하여 운영하는 세율을 말한다. 현행 시험범위 내 지방세는 표준세율의 100분의 50의 범위 내에서 가감조정된다. 이는 해당연도만 적용된다.

유사문제

1. 「지방세법」상 공유농지를 분할로 취득하는 경우 자기소유 지분에 대한 취득세 과세표준의 표준세율은? ▶제27회

① 1천분의 23 ② 1천분의 28 ③ 1천분의 30
④ 1천분의 35 ⑤ 1천분의 40

2. 「지방세법」상 부동산 취득의 표준세율로 틀린 것은? ▶제23회

① 원시취득: 1천분의 28
② 상속으로 인한 농지의 취득: 1천분의 23
③ 상속으로 농지 외의 토지 취득: 1천분의 28
④ 매매로 농지 외의 토지 취득: 1천분의 30
⑤ 총유물의 분할로 인한 취득: 1천분의 23

3. 다음은 취득세의 표준세율에 설명이다. 틀린 것은 몇 개인가?

㉠ 매매에 의한 농지의 취득은 1,000분의 20
㉡ 신축·증축으로 인한 원시취득은 1,000분의 10
㉢ 상속으로 인한 농지의 취득은 1,000분의 28
㉣ 매매의 원인으로 취득된 주택으로 취득가액이 9억원을 초과한 경우의 취득세의 표준세율은 1,000분의 4이다.
㉤ 경매의 원인으로 주택 취득한 경우로서 취득 당시 가액이 6억원 이하인 경우의 취득세의 표준세율은 1,000분의 10이다.

① 1개 ② 2개 ③ 3개 ④ 4개 ⑤ 5개

4. 지방세법령상 부동산 취득에 대한 취득세의 표준세율로 옳은 것을 모두 고른 것은? (단, 조례에 의한 세율조정, 지방세관계법령상 특례 및 감면은 고려하지 않음) ▶제35회

㉠ 상속으로 인한 농지의 취득: 1천분의 23
㉡ 법인의 합병으로 인한 농지 외의 토지 취득: 1천분의 40
㉢ 공유물의 분할로 인한 취득: 1천분의 17
㉣ 매매로 인한 농지 외의 토지 취득: 1천분의 19

① ㉠, ㉡ ② ㉡, ㉢ ③ ㉢, ㉣
④ ㉠, ㉡, ㉢ ⑤ ㉡, ㉢, ㉣

5. 「지방세법」상 취득세의 표준세율이 가장 높은 것은? (단, 「지방세특례제한법」은 고려하지 않음) ▶제30회

① 상속으로 건물(주택 아님)을 취득한 경우
② 「사회복지사업법」에 따라 설립된 사회복지 법인이 독지가의 기부에 의하여 건물을 취득한 경우
③ 영리법인이 공유수면을 매립하여 농지를 취득한 경우
④ 유상거래를 원인으로 「지방세법」 제10조에 따른 취득 당시의 가액이 6억원인 주택(「주택법」에 의한 주택으로서 등기부에 주택으로 기재된 주거용 건축물과 그 부속토지)을 취득한 경우
⑤ 유상거래를 원인으로 농지를 취득한 경우

Thema 018 취득세의 세율 중 세율의 특례

「지방세법」상 취득세 표준세율에서 중과기준세율을 뺀 세율로 산출한 금액을 그 세액으로 하는 것으로만 모두 묶은 것은? (단, 취득물건은 「지방세법」 제11조 제1항 제8호에 따른 주택 외의 부동산이며 취득세 중과대상이 아님) ▶ 제28회

㉠ 환매등기를 병행하는 부동산의 매매로서 환매기간 내에 매도자가 환매한 경우의 그 매도자와 매수자의 취득
㉡ 존속기간이 1년을 초과하는 임시건축물의 취득
㉢ 「민법」 제839조의2에 따라 이혼시 재산분할로 인한 취득
㉣ 등기부등본상의 본인 지분을 초과하지 않는 공유물의 분할로 인한 취득

① ㉠, ㉡ ② ㉡, ㉣ ③ ㉢, ㉣
④ ㉠, ㉡, ㉢ ⑤ ㉠, ㉢, ㉣

출제 경향 취득세의 세율은 2011년에 개정되었고, 세율의 특례에 관한 문제인 경우 문장의 표현을 보고 재산의 증가 여부로 판단하면 된다.

출제 키워드
- 취득세의 중과기준세율
- 취득세 표준세율에서 중과기준세율을 뺀 세율

핵심포인트

취득세의 세율의 특례

1. 표준세율에서 중과기준세율을 뺀 세율을 적용하는 경우

구 분		재산의 증가	소유권 등기	비 고
환매등기를 병행하는 부동산의 매매로서 환매기간 내에 매도자가 환매한 경우		×	○	–
상속	1가구 1주택의 취득	×	○	–
	취득세 감면되는 농지의 취득	–	–	–
공유물 · 합유물의 분할로 인한 취득	지분 변동 없음	×	○	–
	종전 지분 초과	○	○	유상
건축물의 이전	종전 가액과 동일	×	○	–
	종전가액의 초과	○	○	증축
「민법」에 따른 재산 분할로 인한 취득		×	○	–

2. 중과기준세율(1,000분의 20)을 적용하는 경우

구 분		재산의 증가	소유권 등기	비 고
건축물의 개수	가액의 증가	○	×	–
	면적 증가	○	○	증축
토지지목변경으로 인한 가액의 증가		○	×	–
과점주주의 주식 취득		○	×	–
임시 사용 건축물의 취득	존속기간 1년 이하	×	×	비과세
	존속기간 1년 초과	○	×	–

핵심 OX

1. 환매등기를 병행하는 부동산의 매매로서 환매기간 내에 매도자가 환매한 경우의 그 매도자와 매수자의 취득에 대한 취득세는 표준세율에 중과기준세율(100분의 200)을 합한 세율로 산출한 금액으로 한다. (○, ×)
2. 「민법」 제834조, 제839조의2 및 제840조에 따른 재산분할로 인한 취득에 대한 취득세는 표준세율에 중과기준세율(100분의 200)을 합한 세율로 산출한 금액으로 한다. (○, ×)
3. 무덤과 이에 접속된 부속시설물의 부지로 사용되는 토지로서 지적공부상 지목이 묘지인 토지의 취득에 대한 취득세는 표준세율에 중과기준세율(100분의 200)을 뺀 세율로 산출한 금액으로 한다. (○, ×)
4. 존속기간이 1년 초과하지 아니한 임시건축물의 취득은 취득세 비과세대상이나, 존속기간이 1년 초과한 임시건축물의 취득은 과세표준에 중과기준세율을 적용한 세액으로 과세한다. (○, ×)

정답

1. × 표준세율에 중과기준세율(100분의 200)을 뺀 세율로 한다.
2. × 표준세율에 중과기준세율(100분의 200)을 뺀 세율로 한다.
3. × 중과기준세율을 적용한 세액으로 한다.
4. ○

해설 정답 ≫ ⑤

㉠ 환매등기를 병행하는 부동산의 매매로서 환매기간 내에 매도자가 환매한 경우의 그 매도자와 매수자의 취득
└• 환매의 경우는 표준세율에서 중과기준세율을 뺀 세율을 적용하여 취득세가 부과된다.

㉡ 존속기간이 1년을 초과하는 임시건축물의 취득
└• 중과기준세율이 적용되어 과세된다.

㉢ 「민법」 제839조의2에 따라 이혼시 재산분할로 인한 취득
└• 재산분할의 경우는 표준세율에서 중과기준세율을 뺀 세율을 적용하여 취득세가 부과된다.

㉣ 등기부등본상의 본인 지분을 초과하지 않는 공유물의 분할로 인한 취득
공유물 분할의 경우는 표준세율에서 중과기준세율을 뺀 세율을 적용하여 취득세가 부과된다.

① ㉠, ㉡ ② ㉡, ㉣ ③ ㉢, ㉣
④ ㉠, ㉡, ㉢ ⑤ ㉠, ㉢, ㉣

| 출제영역 |
취득세 세율 중 세율의 특례 ★★★
| 난 이 도 | 상
| 출제빈도 |
제22회, 제24회, 제26회, 제28회

유|사|문|제

1. 「지방세법」상 취득세액을 계산할 때 중과기준세율만을 적용하는 경우를 고르면 모두 몇 개인가? ▶ 제24회

㉠ 개수로 인하여 건축물 면적이 증가하는 경우 그 증가된 부분
㉡ 토지의 지목을 사실상 변경함으로써 가액이 증가한 경우
㉢ 법인설립 후 유상증자시에 주식을 취득하여 최초로 과점주주가 된 경우
㉣ 상속으로 농지를 취득한 경우

① 없다. ② 1개 ③ 2개
④ 3개 ⑤ 4개

2. 「지방세법」상 취득세 표준세율에서 중과기준세율을 뺀 세율로 산출한 금액을 취득세액으로 하는 경우가 아닌 것은? (단, 취득물건은 취득세 중과대상이 아님) ▶ 제22회

① 상속으로 인한 취득 중 법령으로 정하는 1가구 1주택 및 그 부속토지의 취득
② 공유물의 분할로 인한 취득(등기부등본상 본인지분을 초과하지 아니함)
③ 건축물의 이전으로 인한 취득(이전한 건축물의 가액이 종전 건축물의 가액을 초과하지 아니함)
④ 「민법」에 따른 재산분할로 인한 취득
⑤ 개수로 인한 취득(개수로 인하여 건축물 면적이 증가하지 아니함)

3. 다음은 취득세의 표준세율에서 중과기준세율인 2%를 뺀 세율로 세액을 산출하는 취득세 과세대상이다. 이에 해당되지 않는 것은?

① 환매등기를 병행하는 부동산의 매매로서 환매기간 내에 매도자가 환매한 경우의 그 매도자와 매수자의 취득
② 상속으로 인한 1가구 1주택(단, 고급주택 제외)
③ 상속으로 인한 취득세의 감면 대상이 되는 농지의 취득
④ 공유물의 분할 또는 「부동산 실권리자명의 등기에 관한 법률」에서 규정하고 있는 부동산의 공유권 해소를 위한 지분이전으로 인한 취득
⑤ 무덤과 이에 접속된 부속시설물의 부지로 사용되는 토지로서 지적공부상 지목이 묘지인 토지의 취득

취득세의 중과세율

「지방세법」상 아래의 부동산 등을 신(증)축하는 경우 취득세가 중과(重課)되는 것을 모두 고르면 몇 개인가? (단, 「지방세법」상 중과요건을 충족하는 것으로 가정함)

▶ 제23회

> ㉠ 병원의 병실
> ㉡ 골프장
> ㉢ 고급주택
> ㉣ 백화점의 영업장
> ㉤ 과밀억제권역 내 법인 본점의 사무소전용 주차타워

① 1개 ② 2개 ③ 3개
④ 4개 ⑤ 5개

출제 경향 취득세의 세율은 2011년에 개정되었고, 예전부터 사치성 재산에 대한 내용의 이론이 자주 출제되었으나, 점차적으로 수도권지역의 인구 밀집 방지를 위한 과밀억제권역 내와 대도시 내로 출제범위를 확대하고 있어 이를 구별하여 학습하여야 한다.

• 취득세의 중과세율
• 사치성 재산
• 대도시 내
• 과밀억제권역 내

핵심포인트

취득세의 중과 세율

취득세의 중과

중과 대상	세 율	
① 사치성재산의 중과 사치성 재산(**고급주택 · 고급오락장 · 고급선박 · 골프장**)	**표준세율에 중과기준세율의 100분의 400을 합한 세율** ⇨ 표준세율 + 8%	
② 과밀억제권역 내에서의 중과세 • 「수도권정비계획법」 **과밀억제권역**(산업단지 · 유치지역 및 공업지역은 제외한다)에서 공장을 신설하거나 증설하기 위하여 사업용 과세물건을 취득하는 경우 • 「수도권정비계획법」 **과밀억제권역**에서 대통령령으로 정하는 본점이나 주사무소의 사업용 부동산(본점이나 주사무소용 건축물을 신축하거나 증축하는 경우와 그 부속토지만 해당한다)을 취득하는 경우	표준세율에 **중과기준세율(1,000분의 20)의 100분의 200을 합한 세율을 적용한다.** ⇨ 표준세율 + 4%	과밀억제권역과 대도시에 중복되는 경우에는 표준세율의 100분의 300(표준세율의 3배)으로 한다.
③ 대도시 내에서의 중과세 • **대도시**에서 법인을 설립(휴면(休眠)법인 포함)하거나 지점 또는 분사무소를 설치하는 경우 및 법인의 본점 · 주사무소 · 지점 또는 분사무소를 대도시로 전입함에 따라 대도시의 부동산을 취득(그 설립 · 설치 · 전입 이후의 부동산 취득을 포함한다)하는 경우 • **대도시**(유치지역 및 공업지역은 제외)에서 공장을 신설하거나 증설함에 따라 부동산을 취득하는 경우	표준세율의 100분의 300에서 중과기준세율(1,000분의 20)의 100분의 200을 뺀 세율을 적용한다. ⇨ (표준세율 × 3) − 4%	

①의 사치성 재산에 대한 중과와 ③의 대도시 내에서의 중과가 중복되는 경우(동시에 적용되는 경우)는 표준세율의 100분의 300에 중과기준세율의 100분의 200을 합한 세율을 적용한다. 다만, 유상 + 주택을 취득하는 경우에는 해당 세율에 중과기준세율의 100분의 600을 합한 세율을 적용한다.

해설 정답 ≫ ③

㉠ 병원의 병실
└• 중과 제외 업종(도시형업종)으로 중과 제외

㉡ 골프장
└• 회원제골프장으로 승계취득한 경우로 이는 사치성 재산으로 표준세율과 중과기준세율의 100분의 400을 합한 세율로 중과한다.

㉢ 고급주택
└• 사치성 재산으로 표준세율과 중과기준세율의 100분의 400을 합한 세율로 중과한다.

㉣ 백화점의 영업장
└• 중과 제외 업종(도시형업종)으로 중과 제외

㉤ 과밀억제권역 내 법인 본점의 사무소전용 주차타워
└• 수도권지역의 인구밀집 방지목적으로 본점(주사무소)의 신설·증설의 경우 표준세율과 중과기준세율의 100분의 200을 합한 세율로 중과한다.

① 1개 ② 2개 ③ 3개
④ 4개 ⑤ 5개

| 출제영역 |
취득세의 중과세율 ★★

| 난 이 도 | 상

| 출제빈도 |
제9회, 제11회, 제12회, 제15회, 제21회, 제23회, 제25회, 제33회

유사문제

1. 다음은 취득세의 세율에 관한 설명이다. 옳은 것은?

① 대도시에서 법인이 사원에 대한 임대용으로 직접 사용할 목적으로 사원거주용 목적의 공동주택(1구의 건축물의 연면적이 60제곱미터 이하임)을 취득하는 경우에는 중과세율을 적용한다.
② 세대별 소유주택 수에 따른 중과세율을 적용함에 있어 주택으로 재산세를 과세하는 오피스텔(2025년 취득)은 해당 오피스텔을 소유한 자의 주택 수에 가산하지 아니한다.
③ 고급주택을 취득한 경우의 취득세 세율은 8%로 한다.
④ 과밀억제권역 내에서 법인의 본점의 사업용 부동산의 신축할 경우에는 부동산 취득세율에 중과기준세율(1,000분의 20)의 100분의 200을 합한 세율을 적용한다.
⑤ 「부동산 거래신고 등에 관한 법률」 제3조 제1항 제2호에 따른 “부동산에 대한 공급계약”을 통하여 주택을 공급받는 자로 선정된 지위(“주택분양권”으로 해당 지위를 매매 또는 증여 등의 방법으로 취득한 것을 포함)는 해당 주택분양권을 소유한 자의 주택 수에 가산하지 아니한다.

2. 다음은 취득세 중과세대상을 열거한 것이다. 다음 중 세율이 가장 낮은 것은? ▶ 제12회

① 고급선박 ② 골프장
③ 고급주택 ④ 고급오락장
⑤ 수도권정비계획법에 의한 과밀억제권역 안에서 신설한 공장

3. 「지방세법」상 취득세 표준세율에 중과기준세율(1천분의 20)의 100분의 400을 가산한 세율이 적용되는 취득세 과세대상은 다음 중 모두 몇 개인가? (다만, 「지방세법」상 중과세율의 적용요건을 모두 충족하는 것으로 가정함) ▶ 제21회

- 임·직원 등이 사용하는 법인 소유의 고급선박
- 골프장
- 고급주택
- 고급오락장
- 과밀억제권역 안에서 법인 본점으로 사용하는 사업용부동산

① 1개 ② 2개 ③ 3개
④ 4개 ⑤ 5개

Thema 020 취득세의 부과 · 징수

「지방세법」상의 취득세의 부과 · 징수의 설명으로 옳은 것은? ▶ 제25회, 제31회, 제32회, 제33회 변형

① 상속으로 취득세 과세물건을 취득한 자는 상속개시일로부터 6개월 이내에 과세표준과 세액을 신고 · 납부하여야 한다.
② 취득세 납세의무가 있는 법인이 장부 등의 작성과 보존의무를 이행하지 아니하는 경우 산출세액의 100분의 20에 상당하는 가산세가 부과된다.
③ 납세의무자가 취득세 과세물건을 사실상 취득한 후 취득세 신고를 하지 아니하고 매각하는 경우에는 산출세액에 100분의 50을 가산한 금액을 세액으로 하여 보통징수의 방법으로 징수한다.
④ 취득세 과세물건을 취득한 후 중과세 세율 적용대상이 되었을 경우 60일 이내에 산출세액에서 이미 납부한 세액(가산세 포함)을 공제하여 신고 · 납부하여야 한다.
⑤ 부동산을 증여의 원인으로 취득한 경우에 취득일(계약일)이 속한 달의 말일로부터 3개월 이내 신고 · 납부한다.

출제 경향 취득세의 부과 · 징수 방법은 신고 · 납부로 법정신고 · 납부기간을 정하여주고, 그 기간 내 신고 · 납부를 이행하지 아니한 경우는 보통징수로 징수된다. 이 때 가산세의 내용을 비교학습하여야 한다.

출제 키워드
• 취득세의 부과 · 징수
• 취득세의 신고 · 납부
• 추가신고(후발적 사유의 경우)
• 등기 · 등록
• 중가산세

핵심포인트

취득세의 부과 · 징수

1. 원칙: 신고 · 납부

<table>
<tr><th colspan="3">구 분</th><th colspan="2">신고 · 납부기간</th></tr>
<tr><td colspan="3">일반적인 경우</td><td colspan="2">취득일 ~ 60일 내 신고 · 납부</td></tr>
<tr><td colspan="3">토지허가구역 내에서 허가받기 전에 대금완납</td><td colspan="2">허가일 ~ 60일 내 신고 · 납부</td></tr>
<tr><td rowspan="5">예외</td><td colspan="2">상속으로 인한 취득</td><td colspan="2">상속개시일이 속하는 달의 말일 ~ 6개월 내 신고 · 납부</td></tr>
<tr><td colspan="2">증여로 인한 취득(부담부증여 포함)</td><td colspan="2">취득일이 속한 달의 말일~ 3개월 내 신고 · 납부</td></tr>
<tr><td rowspan="2">추가신고 · 납부</td><td>취득 후 중과세율 적용</td><td>중과세율적용 대상된 날~60일 내 신고 · 납부</td><td rowspan="2">주의 가산세 제외</td></tr>
<tr><td>비과세 · 감면 적용 후 과세된 · 추가징수된 경우</td><td>사유발생일 ~ 60일 내 신고 · 납부</td></tr>
<tr><td colspan="2">신고 · 납부기한 내에 공부(公簿)에 등기하거나 등록[등재(登載)를 포함] 하려는 경우</td><td colspan="2">등기 또는 등록 신청서를 등기 · 등록관서에 접수하는 날까지 취득세를 신고 · 납부</td></tr>
</table>

2. 중가산세

취득세 납세의무자가 취득세 과세물건을 사실상 취득한 후 신고를 하지 않고 매각하는 경우에는 산출세액에 80%를 가산한 세액을 보통징수방법에 의하여 부과 · 징수한다.

핵심OX

1. 취득세 납세의무자가 신고 또는 납부의무를 다하지 아니하면 산출세액 또는 그 부족세액에 「지방세기본법」의 규정에 따라 산출한 가산세를 합한 금액을 세액으로 하여 보통징수의 방법으로 징수한다. (○, ×)
2. 취득세 과세물건을 취득한 후 중과세 세율 적용대상이 되었을 경우 60일 이내에 산출세액에서 이미 납부한 세액(가산세 포함)을 공제하여 신고 · 납부하여야 한다. (○, ×)
3. 취득세 과세물건을 취득한 자가 재산권의 취득에 관한 사항을 등기하는 경우 등기한 후 60일 내에 취득세를 신고 · 납부하여야 한다. (○, ×)
4. 부동산을 취득한 경우로 취득세를 신고하고자 하는 자는 납세의무자의 주소지를 관할하는 시장 · 군수에게 신고하고 납부하여야 한다. (○, ×)

정답

1. ○
2. × 가산세 제외한다.
3. × 등기 또는 등록 신청서를 등기 · 등록관서에 접수하는 날까지 취득세를 신고 · 납부한다.
4. × 취득물건 소재지를 관할하는 시장 · 군수에게 신고하고 납부한다.

해설 정답 ≫ ⑤

① 상속으로 취득세 과세물건을 취득한 자는 ~~상속개시일로부터 6개월 이내에~~ 과세표준과 세액을 신고·납부하여야 한다.
→ 상속개시일이 속하는 달의 말일로부터 6개월

② 취득세 납세의무가 있는 법인이 장부 등의 작성과 보존의무를 이행하지 아니하는 경우 산출세액의 ~~100분의 20~~에 상당하는 가산세가 부과된다.
→ 지방자치단체의 장은 취득세 납세의무가 있는 법인이 장부와 관련 증거서류를 작성하여 갖춰 두어야 하는 의무를 이행하지 아니하는 경우는 산출된 세액 또는 부족세액의 100분의 10에 상당하는 금액을 징수하여야 할 세액에 가산한다.

③ 납세의무자가 취득세 과세물건을 사실상 취득한 후 취득세 신고를 하지 아니하고 매각하는 경우에는 산출세액에 ~~100분의 50~~을 가산한 금액을 세액으로 하여 보통징수의 방법으로 징수한다.
→ 산출세액의 100분의 80

④ 취득세 과세물건을 취득한 후 중과세 세율 적용대상이 되었을 경우 60일 이내에 산출세액에서 이미 납부한 세액(~~가산세 포함~~)을 공제하여 신고·납부하여야 한다.
→ 추가신고에 대한 법정신고 기간은 사유발생일로부터 60일 내에 신고·납부한다.
→ 가산세 제외

⑤ 부동산을 증여의 원인으로 취득한 경우에 취득일(계약일)이 속한 달의 말일로부터 3개월 이내 신고·납부한다.

| 출제영역 |
취득세의 신고·납부 ★★★

| 난 이 도 | 중

| 출제빈도 |
제16회, 제17회, 제18회, 제20회, 제22회, 제24회, 제25회, 제31회, 제32회, 제33회

유사문제

1. 다음은 취득세의 신고·납부에 대한 설명이다. 옳은 것은?

① 취득세 과세물건을 취득한 자는 그 취득한 날로부터 60일(상속으로 인한 경우에는 상속개시일로부터 6개월로 하되, 상속인 중 1인 이상이 외국에 주소를 둔 경우에는 9개월) 이내에 과세표준과 세액을 신고하고 당해 세액을 납부하여야 한다.
② 취득세 신고기한 내에 자진신고를 하지 않는 경우에는 무신고가산세를 그 무신고납부세액에 10%를 가산한 세액을 보통징수방법에 의하여 징수한다.
③ 취득세액이 500만원 이하인 경우에는 취득세를 부과하지 않는다.
④ 납세지가 분명하지 아니한 경우의 취득세납세지는 취득물건의 소유자 주소지이다.
⑤ 일반세율이 적용되는 취득세 과세물건을 취득한 후 당해 과세물건이 중과세율 적용대상된 때 중과세율 적용대상이 된 날부터 60일 이내에 중과세율을 적용하여 산출한 세액에서 이미 납부한 세액(가산세를 제외한다)을 공제한 금액을 세액으로 하여 신고하고 납부하여야 한다.

2. 「지방세법」상 취득세의 부과·징수에 관한 설명으로 옳은 것은?

① 취득세가 경감된 과세물건이 추징대상이 된 때에 그 사유발생일부터 60일 이내에 그 산출세액에서 이미 납부한 세액(가산세 포함)을 공제한 세액을 신고·납부하여야 한다.
② 취득세 납세의무자가 부동산을 취득하여 신고한 후 매각하는 경우, 산출세액에 100분의 80을 가산한 금액을 세액으로 하여 징수한다.
③ 토지의 지목변경에 따라 사실상 그 가액이 증가된 경우, 취득세의 신고·납부를 하지 않고 매각하더라도 취득세 중가산세규정은 적용되지 아니한다.
④ 「지방세법」의 규정에 의하여 기한 후 신고를 한 경우, 납부불성실가산세의 100분의 50을 경감한다.
⑤ 취득세의 기한 후 신고는 법정신고기한까지 신고한 경우에 한하여 할 수 있다.

3. 다음 취득세의 부과·징수에 관한 설명으로 바르지 않은 것은?

① 취득가액이 50만원 이하인 경우에는 취득세를 부과하지 아니한다.
② 법정신고기한이 지난 후 6개월 이내에 수정신고한 경우에는 과소신고가산세에서 100분의 50에 상당하는 금액을 감면한다.
③ 법정신고기한이 지난 후 1개월 이내에 기한 후 신고를 한 경우는 무신고에 따른 가산세에서 100분의 50에 상당하는 금액을 감면한다.
④ 수정신고는 법정신고 기한 내에 신고하지 아니한 경우만 할 수 있다.
⑤ 토지거래계약에 관한 허가구역에 있는 토지를 취득하는 경우로서 토지거래계약에 관한 허가를 받기 전에 거래대금을 완납한 경우에는 허가일로부터 60일 이내에 과세표준에 세율을 적용하여 산출한 세액을 신고하고 납부해야 한다.

Thema 021

취득세 비과세

「지방세법」상 신탁(신탁법에 따른 신탁으로서 신탁등기가 병행된 것임)으로 인한 신탁재산의 취득으로서 취득세 부과하는 경우는 모두 몇 개인가? ▶ 제29회

㉠ 위탁자로부터 수탁자에게 신탁재산을 이전하는 경우
㉡ 신탁의 종료 또는 해지로 인하여 수탁자로부터 위탁자에게 신탁재산을 이전하는 경우
㉢ 수탁자가 변경되어 신수탁자에게 신탁재산을 이전하는 경우
㉣ 주택법에 따른 주택조합이 비조합원용 부동산을 취득하는 경우

① 0개 ② 1개 ③ 2개 ④ 3개 ⑤ 4개

재산 증가력(취득으로 이루어지는 등기·등록을 포함)이 이루어진 경우에도 취득세가 비과세되는 경우가 있다. 이는 문장상의 지문이 길어 혼동되니 정확히 이해하고 강의 시간에 알려준 키워드로 문제를 풀면 된다.

출제 키워드
- 취득세 비과세
- 「신탁법」에 의한 신탁등기가 병행된 신탁재산
- 공동 주택의 개수
- 기부채납
- 존속기간 1년 초과하지 아니한 임시 건축물

핵심포인트

취득세의 비과세

1. 국가·지방자치단체 또는 지방자치단체조합에 **귀속 또는 기부채납을 조건으로** 취득하는 부동산에 대하여는 취득세를 부과하지 아니한다.

다만, 다음 ①②의 어느 하나에 해당하는 경우 그 해당 부분에 대해서는 취득세를 부과한다.
① 국가 등에 **귀속 등의 조건을 이행하지 아니하고** 타인에게 매각·증여하거나 귀속 등을 이행하지 아니하는 것으로 조건이 변경된 경우 ⇨ **취득세 과세**
② 국가 등에 **귀속 등의 반대급부로** 국가 등이 소유하고 있는 부동산 및 사회기반시설을 무상으로 양여받거나 기부채납 대상물의 **무상사용권을 제공받는** 경우 ⇨ **취득세 과세**

2. 신탁(「신탁법」에 따른 신탁으로서 신탁등기가 병행되는 것만 해당한다)으로 인한 신탁재산의 취득으로서 다음 ①②③의 어느 하나에 해당하는 경우에는 취득세를 부과하지 아니한다.
① 위탁자로부터 수탁자에게 신탁재산을 이전하는 경우
② 신탁의 종료 또는 해지로 인하여 수탁자로부터 위탁자에게 신탁재산을 이전하는 경우
③ 수탁자가 변경되어 신수탁자에게 신탁재산을 이전하는 경우

다만, 다음 ㉠㉡의 어느 하나에 해당하는 경우 그 해당 부분에 대해서는 취득세를 부과한다.
㉠ **신탁재산의 취득 중 주택조합 등과 조합원 간의 부동산 취득 및 주택조합 등의 비조합용 부동산 취득** ⇨ 취득세 과세
㉡ 「신탁법」 제10조에 따라 신탁재산의 **위탁자 지위의 이전이 있는 경우**에는 새로운 위탁자가 해당 신탁재산을 취득한 것으로 본다. ⇨ 취득세 과세

3. 임시흥행장, 공사현장사무소 등 임시건축물의 취득(**사치성재산 제외**)에 대하여는 취득세를 부과하지 아니한다. 다만, **존속기간이 1년을 초과하는 경우에는 취득세를 부과한다**.
4. **공동주택의 개수**로 인한 취득 중 국민주택규모의 주택으로서 개수(**대수선은 과세**)로 인한 취득 당시 주택의 시가표준액이 9억원 이하인 주택과 관련된 개수로 인한 취득에 대하여는 취득세를 과세하지 아니한다.
5. 「징발재산정리에 관한 특별조치법」 또는 「국가보위에 관한 특별조치법 폐지법률」 부칙 제2항에 따른 동원대상지역 내의 토지의 수용·사용에 관한 **환매권의 행사**로 매수하는 부동산의 취득에 대하여는 취득세를 부과하지 아니한다.

해설 정답 ≫ ②

> ㉠ 위탁자로부터 수탁자에게 신탁재산을 이전하는 경우
> └• 형식상의 소유권이전으로 실질적 소유권 이전이 아니므로 비과세
>
> ㉡ 신탁의 종료 또는 해지로 인하여 수탁자로부터 위탁자에게 신탁재산을 이전하는 경우
> └• 원소유자인 위탁자의 취득으로 소유권 이전이 아니므로 비과세
>
> ㉢ 수탁자가 변경되어 신수탁자에게 신탁재산을 이전하는 경우
> └• 형식상의 소유권 이전으로 실질적 소유권 이전이 아니므로 비과세
>
> ㉣ 주택법에 따른 주택조합이 비조합원용 부동산을 취득하는 경우
> └• 소유권의 이전으로 보아 과세

① 0개 ② 1개 ③ 2개
④ 3개 ⑤ 4개

| 출제영역 |
취득세 비과세 ★

| 난 이 도 | 중

| 출제빈도 |
제16회, 제19회, 제23회, 제28회, 제29회, 제33회

| 주 의 |
명의신탁에 의한 취득은 그 명의자가 실제소유자로부터 증여받은 것으로 보므로 무상취득으로 명의신탁 개시에 의한 취득과 명의신탁 해지에 의한 취득 모두 취득에 해당된다.

유사문제

1. 「지방세법」상 취득세 비과세 대상이 아닌 것은? ▶ 제16회

① 국가, 지방자치단체(다른 법률에서 국가 또는 지방자치단체로 의제되는 법인은 제외한다. 이하 같다), 지방자치단체조합의 자기를 위한 취득
② 공유권의 분할로 인한 취득
③ 「주택법」 제2조 제3호에 따른 공동주택의 개수(「건축법」 제2조 제1항 제9호에 따른 대수선은 제외함)로 인한 취득 중 개수로 인한 취득 당시 「지방세법」 제4조에 따른 주택의 시가표준액이 9억원 이하인 주택과 관련된 개수로 인한 취득
④ 공사현장사무소로서 존속기간이 1년을 초과하지 아니하는 임시용 건축물의 취득
⑤ 「신탁법」에 따른 신탁으로서 신탁등기가 병행되는 신탁재산의 취득으로 위탁자로부터 수탁자에게 신탁재산을 이전하는 경우의 취득

2. 다음 자료에서 취득세가 과세되는 항목은 몇 개인가?

> ㉠ 증여에 의한 농지의 무상취득
> ㉡ 상속에 의한 임야 취득
> ㉢ 차량의 제조
> ㉣ 비상장법인의 주주가 주식을 취득함으로써 과점주주가 된 경우
> ㉤ 비상장법인의 주주가 설립시 과점주주가 된 경우
> ㉥ 토지를 양도한 경우
> ㉦ 이혼시 위자료로 부동산소유권을 이전받은 경우
> ㉧ 상속에 의하여 취득하는 1가구 1주택
> ㉨ 환매등기를 병행하는 부동산의 매매로서 환매기간 내에 매도자가 환매한 경우의 그 매도자와 매수자의 취득
> ㉩ 이전한 건축물의 가액이 종전 건축물의 가액을 초과하지 아니한 건축물의 이전으로 인한 취득
> ㉪ 개수로 인한 취득
> ㉫ 개수로 인하여 건축물 면적이 증가한 경우의 취득

① 9개 ② 10개 ③ 11개
④ 7개 ⑤ 6개

3. 「지방세법」상 취득세의 과세여부에 관한 설명으로 옳은 것은? ▶ 제20회

① 지방자치단체의 기부채납을 조건으로 부동산을 취득하는 경우 취득세는 과세된다.
② 존속기간이 1년을 초과하지 아니하는 임시용 건축물을 취득하는 경우 취득세는 과세된다.
③ 「민법」상 이혼을 원인으로 하는 재산분할로 인하여 부동산을 취득하는 경우 취득세는 특례세율(표준세율－중과기준세율)을 적용하여 과세된다.
④ 공동주택의 개수로 인한 취득 중 국민주택규모의 주택으로서 개수(대수선은 제외)로 인한 취득 당시 주택의 시가표준액이 9억원 이하인 주택과 관련된 개수로 인한 취득에 대하여는 취득세를 과세한다.
⑤ 상속으로 인하여 법령이 정하는 1가구 1주택(고급주택 제외) 및 그 부속토지를 취득하는 경우 취득세는 비과세된다.

Thema 022

등록면허세

「지방세법」상 등록면허세가 과세되는 등록 또는 등기가 아닌 것은? ▶ 제29회

① 어업권의 취득에 따른 등록
② 외국인 소유의 선박을 직접 사용하기 위하여 연부 취득조건으로 수입하는 선박의 등록
③ 취득세 부과제척기간이 경과한 주택의 등기
④ 취득가액이 50만원 이하인 차량의 등록
⑤ 계약서상 잔금지급일을 2025년 10월 30일로 하는 부동산(취득가액이 1억원)의 소유권이전 등기

출제 경향 등록면허세는 등록 행위를 갖추었을 때 징수하는 세목으로 등록행위와 납세의무자의 문제는 "공부상 등록 행위를 이행한 자"라고 생각하며 문제를 풀면 해결이 가능하다.

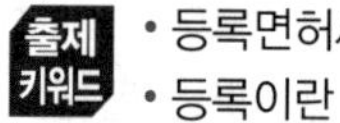

• 등록면허세의 납세의무자
• 등록면허세의 납세지

핵심포인트

등록면허세

1. "등록"이란 재산권과 그 밖의 권리의 설정·변경 또는 소멸에 관한 사항을 공부에 등기하거나 등록하는 것을 말한다. 다만, 취득세에 따른 **취득을 원인으로 이루어지는 등기 또는 등록은 제외**하되, 다음 ①~④ 어느 하나에 해당하는 등기나 등록은 포함한다(「지방세법」 제23조).
① 광업권 및 어업권의 취득에 따른 등록
② 외국인 소유의 취득세 과세대상 물건(차량, 기계장비, 항공기 및 선박만 해당한다)의 연부 취득에 따른 등기 또는 등록
③ 「지방세기본법」 제38조에 따른 취득세 부과제척기간이 경과한 물건의 등기 또는 등록
④ 「지방세법」 제17조(취득가액이 50만원 이하일 때에는 취득세를 부과하지 아니한다)에 해당하는 물건의 등기 또는 등록

> ⓞ 등록면허세는 형식적 요건인 등기·등록을 과세요건으로 하여 그 명의자에게 등록면허세를 부과하는 엄격한 형식주의 또는 명의자과세원칙을 취하고 있다.
> ⓞ 등기·등록 후 등기·등록의 원인이 무효 또는 취소되어 그 등기·등록이 말소되는 경우에는 이미 성립된 납세의무에는 아무런 영향을 미치지 않는다.

2. **등록면허세의 납세의무자**
등록에 대한 등록면허세의 납세의무자: **등록을 하는 자**
① 甲 소유의 미등기 건물에 대해 乙이 채권확보를 위해 법원의 판결에 의한 소유권이전등기를 甲의 명의로 등기할 경우의 등록면허세의 납세의무는 甲에게 있다.
② 법원의 가압류결정에 의한 가압류등기의 촉탁에 의하여 그 전제로 소유권 보존등기가 선행된 경우 등록면허세 미납부에 대한 가산세의 납세의무자는 소유권보존등기자이다.
③ 은행으로부터 융자를 받고 자기 소유 주택에 저당권을 설정한 경우 ⇨ 저당권자인 은행
④ 지방자치단체로 소유권이 이전되는 경우에 있어 그 전제가 되는 전세권, 가등기, 압류등기 등의 해제는 물론 성명의 복구나 소유권의 보존 등 **일체의 채권자 대위적 등기**에 대하여는 그 **소유자가 등록면허세를 납부하여야 한다.**

해설 정답 ≫ ⑤

① 어업권의 취득에 따른 등록
└• 등록면허세로 과세한다.

② 외국인 소유의 선박을 직접 사용하기 위하여 연부 취득조건으로 수입하는 선박의 등록
외국인 소유로 취득으로 이루어지는 등기는 이행되지 않아 취득세는 과세될 수 없고, •┘
수입하는 선박 등록의 경우는 등록면허세로 과세한다.

③ 취득세 부과제척기간이 경과한 주택의 등기
└• 등록하는 경우 등록면허세로 과세한다.

④ 취득가액이 50만원 이하인 차량의 등록
└• 등록면허세로 과세한다.

⑤ 계약서상 잔금지급일을 2025년 10월 30일로 하는 부동산(취득가액이 1억원)의 소유권이전 등기
취득으로 이루어지는 등기는 취득세로 과세한다. •┘

| 출제영역 |
등록면허세의 과세여부 및 납세의무자 ★★

| 난 이 도 | 하

| 출제빈도 |
제2회, 제12회, 제15회, 제17회, 제18회, 제19회, 제23회, 제24회, 제28회, 제29회, 제32회, 제33회 제34회

| 주 의 |
등록면허세는 납세의무자가 사실상의 권리자라 하더라도 등기·등록을 받지 않는 경우에는 등록면허세를 부과하지 않는다.

유|사|문|제

1. 「지방세법」상 등록면허세의 설명으로 옳은 것은?
▶ 제23회 · 제27회 · 제29회 혼합

① 甲명의 주택에 대해 乙이 전세권 설정등기를 하는 경우 전세권설정등기에 대한 등록면허세의 납세의무자는 전세권자인 乙이다.
② 甲 소유의 미등기 건물에 대해 乙이 채권확보를 위해 법원의 판결에 의한 소유권이전등기를 甲의 명의로 등기할 경우의 등록면허세의 납세의무는 乙에게 있다.
③ 무덤과 이에 접속된 부속시설물의 부지로 사용되는 토지로서 지적공부상 지목이 묘지인 토지에 관한 등기에 대하여는 등록면허세를 부과한다.
④ 지방자치단체로 소유권이 이전되는 경우에 있어 그 전제가 되는 전세권, 가등기, 압류등기 등의 해제는 물론 성명의 복구나 소유권의 보존 등 일체의 채권자 대위적 등기에 대하여는 등록면허세를 과세하지 아니한다.
⑤ 丙이 甲으로부터 전세권을 이전받아 등기하는 경우라면 등록면허세의 납세의무자는 甲이다.

2. 甲이 은행으로부터 융자를 받기 위해 乙소유의 주택을 은행에 담보로 제공하였다. 이 경우 은행이 행하는 저당권 설정등기에 따른 등록면허세의 납세의무자는?

① 甲　　② 乙
③ 은행　　④ 甲과 乙 공동으로 납세의무
⑤ 납세의무가 없다.

3. 지방세법령상 등록에 대한 등록면허세가 비과세되는 경우로 틀린 것은? ▶ 제34회

① 지방자치단체조합이 자기를 위하여 받는 등록
② 무덤과 이에 접속된 부속시설물의 부지로 사용되는 토지로서 지적공부상 지목이 묘지인 토지에 관한 등기
③ 「채무자 회생 및 파산에 관한 법률」에 따라 파산 신고한 경우의 법원의 촉탁으로 인한 등기
④ 대한민국 정부기관의 등록에 대하여 과세하는 외국정부의 등록
⑤ 등기 담당 공무원의 착오로 인한 주소 등의 단순한 표시변경 등기

4. 등록면허세의 납세의무자에 대한 다음 설명 중 틀린 것은?
▶ 제14회 변형

① 지방세의 체납으로 그 소유권이 지방자치단체 명의로 이전하는 경우, 채권자 대위권에 의한 등기에 대해서는 비과세한다.
② 甲소유의 미등기 건물에 대하여 채권자인 乙이 채권확보를 위하여 법원의 판결을 받아 甲의 명의로 등기할 경우 등록면허세 납세의무는 甲에게 있다.
③ 부동산 등기에 따른 등록면허세는 부동산 소재지를 관할하는 도에서 부과한다.
④ 재산권 기타 권리의 설정·변경 또는 소멸에 관한 사항을 공부에 등기 또는 등록을 받는 등기·등록부상에 기재된 명의자는 등록면허세를 납부할 의무를 진다.
⑤ 법원의 가압류결정에 의한 가압류 등기를 시행하기 위하여 소유권 보존등기가 선행된 경우, 등록면허세 미납부에 대한 가산세 납세의무자는 소유권보존등기자이다.

등록면허세의 과세표준

「지방세법」상 등록면허세에 관한 설명으로 옳은 것은? ▶ 제24회 · 제31회 변형

① 등록 당시에 감가상각의 사유로 가액이 달라진 경우 그 가액에 대한 증명여부에 관계없이 변경 전 가액을 과세표준으로 한다.
② 근저당권 말소등기의 경우 등록면허세의 납세의무자는 근저당권자이다.
③ 부동산 등기에 대한 등록면허세의 납세지는 부동산 소재지로 하며, 납세지가 분명하지 아니한 경우에는 등록관청 소재지로 한다.
④ 등록 당시에 자산재평가의 사유로 그 가액이 달라진 때에는 자산재평가 전의 가액을 과세표준으로 한다.
⑤ 부동산 등록에 대한 등록면허세의 과세표준은 취득 당시의 가액으로 신고가액으로 한다.

출제 경향 등록면허세의 납세의무의 성립은 등록하는 때로, 등록면허세의 과세표준은 등록 당시 가액으로 취득세와 비교 학습하면 쉽게 문제가 해결된다.

출제 키워드
- 등록면허세
- 등록면허세의 과세표준
- 등록면허세의 납세지

핵심포인트

등록면허세 과세표준

부동산, 선박, 항공기, 자동차 및 건설기계의 등록에 대한 등록면허세의 과세표준은 **등록 당시의 가액**으로 한다. 이는 등록자의 신고에 따른다.

1. **시가표준액으로 하는 경우**
   신고가 없거나 신고가액이 시가표준액에 미달하는 경우에는 그 **등록당시의 시가표준액**에 의한다.
2. **자산재평가 또는 감가상각으로 가액이 달라진 경우**
   자산재평가 또는 감가상각 등의 사유로 **변경된 가액을 과세표준**액으로 할 경우에는 등기·등록일 현재의 법인장부 또는 결산서 등에 의하여 입증되는 가액을 과세표준액으로 한다.
3. **건수에 의한 과세표준**
   말소등기·지목**변경**등기·토지의 합병(합필)등기·건물의 구조**변경**등기 등은 **건수를 과세표준으로** 한다. 이때 매 1건이란 등기 또는 등록대상 건수 1건을 말한다.

핵심OX

1. 등록면허세 신고서상 금액과 시가표준액이 다를 경우로 신고가액이 시가표준액보다 적은 경우에는 시가표준액을 과세표준으로 한다. (○, ×)
2. 소유권 외의 물권과 임차권의 설정 및 이전등기에 관한 등록면허세의 세액이 6천원 미만일 때에는 부과하지 아니한다. (○, ×)
3. 저당권 등(가압류·가처분·경매신청)의 권리를 설정하거나 이전하는 경우에는 채권금액을 과세표준으로 한다. 채권금액에 의해 과세액을 정하는 경우에 일정한 채권금액이 없을 때에는 채권의 목적이 된 것 또는 처분의 제한의 목적이 된 금액을 그 채권금액으로 본다. (○, ×)
4. 등록면허세에서 저당권 설정등기의 경우는 채권금액의 1,000분의 2로 세액 산정되나, 저당권 말소 등기의 경우는 건당 6,000원으로 과세한다. (○, ×)

정답

1. ○
2. × 소유권 외의 물권과 임차권의 설정 및 이전등기에 관한 세액이 6천원 미만일 때에는 6천원으로 한다.
3. ○
4. ○

해설 정답 ≫ ③

① 등록 당시에 감가상각의 사유로 가액이 달라진 경우 그 가액에 대한 ~~증명여부에 관계없이~~ 변경 전 가액을 과세표준으로 한다.
등기·등록일 현재의 법인장부 또는 결산서 등에 의하여 입증되는 경우 변경된 가액을 과세표준으로 한다.

② 근저당권 말소등기의 경우 등록면허세의 납세의무자는 ~~근저당권자~~이다.
근저당권 설정자인 소유자가 등록면허세의 납세의무자이다.

- 근저당권 말소등기의 경우 등록면허세의 납세의무자는 근저당권설정자 또는 말소대상 부동산의 현재 소유자이다.

③ 부동산 등기에 대한 등록면허세의 납세지는 부동산 소재지로 하며, 납세지가 분명하지 아니한 경우에는 등록관청 소재지로 한다.

④ 등록 당시에 자산재평가의 사유로 그 가액이 달라진 때에는 ~~자산재평가 전의 가액~~을 과세표준으로 한다.
변경된 가액을 과세표준으로 한다.

⑤ 부동산 등록에 대한 등록면허세의 과세표준은 ~~취득 당시~~의 가액으로 신고가액으로 한다.
등록 당시 가액을 등록면허세의 과세표준으로 이는 신고가액이다.

| 출제영역 |
등록면허세 ★★
| 난 이 도 | 하
| 출제빈도 |
제13회, 제14회, 제15회, 제18회, 제19회, 제20회, 제24회, 제28회, 제31회, 제32회, 제33회, 제34회

유|사|문|제

1. 등록에 대한 등록면허세의 과세표준에 대한 설명으로서 옳은 것은?

① 전세권설정등기시 전세금액이 과세표준이다.
② 저당권설정등기시 담보물건의 가액이 과세표준이다.
③ 지역권설정등기시 승역지의 가액이 과세표준이다.
④ 임차권설정등기시 승역지의 가액이 과세표준이다.
⑤ 지상권설정등기시 지료가 과세표준이 된다.

2. 등록면허세의 과세표준에 관한 다음 설명 중 잘못된 것은? ▶ 제31회 변형

① 부동산에 대한 등록면허세 과세표준은 원칙적으로 등기·등록 당시의 가격이다.
② 공매방법에 의한 지상권취득에 따른 설정등기는 등기·등록 당시의 가액을 과세표준으로 한다.
③ 부동산 등록에 대한 신고가 없는 경우 취득 당시 시가 표준액의 100분의 110을 과세표준으로 한다.
④ 임차권의 설정 및 이전 등기의 경우 과세표준이 월임대차금액으로 0인 경우 등록면허세는 6,000원으로 과세한다.
⑤ 전세권 말소등기시의 과세표준은 건당으로 한다.

3. 다음 중 건수를 과세표준으로 하여 등록면허세를 과세하는 경우가 아닌 것은?

① 전세권의 말소등기
② 건물구조변경등기
③ 가등기
④ 토지의 지목변경등기
⑤ 법인등기부의 표시변경등기에 있어 이사의 변경(선임 및 해임)과 목적사업의 변경등기를 동시에 할 경우

4. 「지방세법」상 등록면허세 과세표준을 부동산가액에 의하는 것은? ▶ 제18회

① 지상권 ② 가압류 ③ 가처분
④ 경매신청 ⑤ 저당권의 설정

5. 거주자인 개인 乙은 甲이 소유한 부동산(시가 6억원)에 전세기간 2년, 전세보증금 3억원으로 하는 전세계약을 체결하고, 전세권 설정등기를 하였다. 「지방세법」상 등록면허세에 관한 설명으로 옳은 것은?

① 전세권 설정 등기의 등록면허세 과세표준은 부동산가액으로 6억원이다.
② 전세권 설정 등기의 등록면허세 표준세율은 부동산가액의 1천분의 2이다.
③ 전세권 설정 등기의 등록면허세 납부세액은 120만원이다.
④ 납세의무자는 乙이다.
⑤ 등록면허세의 납세지는 乙의 주소지이다.

등록면허세의 세율

「지방세법」상 부동산 등기에 대한 등록면허세의 표준세율로서 틀린 것은? (단, 부동산 등기에 대한 표준세율을 적용하여 산출한 세액이 그 밖의 등기 또는 등록세율보다 크다고 가정하며, 중과세 및 비과세와 「지방세특례제한법」은 고려하지 않음)

▶ 제31회

① 소유권 보존: 부동산가액의 1천분의 8
② 가처분: 부동산가액의 1천분의 2
③ 지역권 설정: 요역지가액의 1천분의 2
④ 전세권 이전: 전세금액의 1천분의 2
⑤ 상속으로 인한 소유권 이전: 부동산가액의 1천분의 8

출제경향 등록면허세의 표준세율은 취득세의 표준세율과 비교 정리해야 이해가 되며, 암기도 가능하다. 중과세율이 적용되는 대도시도 취득세와 비교정리를 하면 된다.

출제키워드
- 등록면허세
- 등록면허세의 표준세율
- 등록면허세의 중과세율

핵심포인트

등록면허세의 세율

1. 지방자치단체의 장은 조례로 정하는 바에 따라 등록면허세의 세율을 표준세율의 100분의 50의 범위에서 가감할 수 있다.
2. **각 등기등록의 경우 과세표준과 세율**

권 리	등기원인구분	과세표준	세 율
소유권	보존등기	부동산가액	1,000분의 8
	상속	부동산가액	1,000분의 8
	증여	부동산가액	1,000분의 15
	유상	부동산가액	1,000분의 20
가등기	–	부동산가액 · 채권금액	1,000분의 2
지상권	설정 및 이전	부동산가액	
지역권	설정 및 이전	요역지가액	
전세권	설정 및 이전	전세금액	
임차권	설정 및 이전	**월임대차금액**	
저당권	설정 및 이전	채권금액	
경매신청 · 가처분 · 가압류	–	**채권금액**	
기타의 등기	(**말소**, 지목 **변경** 등)	**매 1건당**	6,000원

주의 **유상거래를 원인으로 주택을** 취득하는 경우에 따른 세율을 적용받는 경우에는 **해당 주택의 취득세율에 100분의 50을 곱한 세율을 적용**하여 산출한 금액을 그 세액으로 한다.

핵심OX

1. 전세권 설정등기에 대한 등록면허세의 표준세율은 전세금액의 1,000분의 2이다. (○, ×)
2. 전세권설정에 대한 등기에 대한 등록면허세의 산출세액이 건당 6천원보다 적을 때에는 등록면허세의 세액은 6천원으로 한다, (○, ×)
3. 부동산가압류에 대한 등록면허세의 세율은 부동산가액의 1,000분의 2로 한다. (○, ×)
4. 대도시 밖에 있는 법인의 본점이나 주사무소를 대도시로 전입함에 따른 등기는 법인등기에 대한 세율의 100분의 200을 적용한다. (○, ×)
5. 금융업 · 유통업을 영위하기 위해 대도시 내에 법인을 설립함에 따른 등기한 법인이 등기일로부터 2년 내에 업종변경 또는 업종추가가 없는 경우에는 등록면허세 세율을 중과하지 아니한다. (○, ×)

정답

1. ○
2. ○
3. × 부동산가압류에 대한 등록면허세의 세율은 채권금액의 1천분의 2이다.
4. × 대도시로 전입함에 따른 등기는 법인등기에 대한 세율의 100분의 300을 적용한다.
5. ○

해설 정답 ≫ ②

① 소유권 보존: 부동산가액의 1천분의 8
② 가처분: ~~부동산가액의~~ 1천분의 2
└• 채권금액
③ 지역권 설정: 요역지가액의 1천분의 2
④ 전세권 이전: 전세금액의 1천분의 2
⑤ 상속으로 인한 소유권 이전: 부동산가액의 1천분의 8

| 출제영역 |
등록면허세 ★★
| 난 이 도 | 하
| 출제빈도 |
제13회, 제14회, 제15회, 제18회, 제19회, 제20회, 제24회, 제28회, 제31회

유사문제

1. 「지방세법」상 부동산등기에 대한 등록면허세의 표준세율로 틀린 것은? ▶ 제28회

① 전세권 설정등기: 전세금액의 1천분의 2
② 상속으로 인한 소유권 이전등기: 부동산가액의 1천분의 8
③ 지역권 설정 및 이전등기: 요역지 가액의 1천분의 2
④ 임차권 설정 및 이전등기: 임차보증금의 1천분의 2
⑤ 저당권 설정 및 이전등기: 채권금액의 1천분의 2

2. 「지방세법」상 등록면허세에 관한 설명으로 틀린 것은? ▶ 제28회

① 같은 등록에 관계되는 재산이 둘 이상의 지방자치단체에 걸쳐있어 등록면허세를 지방자치단체별로 부과할 수 없을 때에는 등록관청 소재지를 납세지로 한다.
② 「여신전문금융업법」 제2조 제12호에 따른 할부 금융업을 영위하기 위하여 대도시에서 법인을 설립함에 따른 등기를 할 때에는 중과 제외 업종의 등기로 그 세율을 해당 표준세율의 100분의 300으로 한다. 단, 그 등기일부터 2년 이내에 업종변경이나 업종추가는 없다.
③ 무덤과 이에 접속된 부속시설물의 부지로 사용되는 토지로서 지적공부상 지목이 묘지인 토지에 관한 등기에 대하여는 등록면허세를 부과하지 아니한다.
④ 재산권 기타 권리의 설정·변경 또는 소멸에 관한 사항을 공부에 등기 또는 등록을 받는 등기·등록부상에 기재된 명의자는 등록면허세를 납부할 의무를 진다.
⑤ 지방자치단체의 장을 조례로 정하는 바에 따라 등록면허세의 세율을 부동산 등기에 대한 표준세율의 100분의 50의 범위에서 가감할 수 있다.

3. 부동산등기에 대한 등록면허세의 표준세율에 관한 내용으로 옳은 것은? ▶ 제15회 추가 · 제31회 변형

① 저당권 설정등기는 부동산가액의 1천분의 2이다.
② 지역권의 설정등기는 요역지가액의 1천분의 2이다.
③ 임차권의 설정등기는 월임대차금액으로 환산된 임차보증금의 1천분의 20이다.
④ 임차권의 말소등기는 월임대차금액의 1천분의 2이다.
⑤ 지방자치단체의 장은 등록면허세의 세율을 표준세율의 100분의 60의 범위에서 가감할 수 있다.

4. 취득세 및 등록면허세에 관한 설명으로 틀린 것은? (단, 법인이 아닌 자 간의 거래임) ▶ 제22회

① 취득세 과세표준을 계산할 때 부가가치세는 취득가액에 포함하지 아니한다.
② 상속을 원인으로 「지방세법」에 따른 취득 당시의 가액(취득세 과세표준)이 6억원인 주택을 취득하는 경우의 등록면허세의 표준세율은 1,000분의 8의 세율을 적용한다.
③ 연부로 취득하는 경우, 연부금액은 매회 사실상 지급되는 금액을 말하며, 취득금액에 포함되는 계약보증금을 포함한다.
④ 「주택법」에 따라 주택거래신고지역에서 주택거래가액을 신고한 경우, 그 신고가액과 「지방세법」상 시가표준액 중 큰 금액을 취득세의 과세표준으로 한다.
⑤ 부동산등기에 대한 등록면허세로서 세액이 6,000원 미만인 경우, 해당 등록면허세를 징수하지 아니한다.

5. 「지방세법」상 부동산등기에 대한 등록면허세의 표준세율로 옳은 것은? (단, 표준세율을 적용하여 산출한 세액이 부동산등기에 대한 그 밖의 등기 또는 등록 세율보다 크다고 가정함) ▶ 제28회 변형

① 전세권 말소등기: 전세금액의 1천분의 2
② 상속으로 인한 농지의 소유권 이전등기: 부동산가액의 1천분의 23
③ 유상으로 인한 농지 이외의 소유권 이전 등기: 부동산 가액의 1천분의 20. 다만, 유상에 따른 세율을 적용받는 주택의 경우에는 해당 주택의 취득세율에 100분의 50을 곱한 세율을 적용하여 산출한 금액을 그 세액으로 한다.
④ 임차권 설정 및 이전등기: 임차보증금의 1천분의 2
⑤ 저당권·가압류·가등기·가처분의 설정 및 이전등기: 채권금액의 1천분의 2

Thema 025

등록면허세의 부과 · 징수

「지방세법」상 등록면허세에 관한 설명으로 옳은 것은? ▶ 제26회 · 제31회 변형

① 특허권, 실용신안권, 디자인권 및 상표권 등록의 경우에는 특허청장이 산출한 세액을 특별징수하여 그 등록일이 속하는 달의 다음 달 말일까지 해당 납세지를 관할하는 지방자치단체의 장에게 그 내용을 통보하고 해당 등록면허세를 납부하여야 한다.
② 등록을 하려는 자가 신고의무를 다하지 않은 경우 등록면허세 산출세액을 등록하기 전까지 납부하였을 때에는 신고 · 납부한 것으로 보지만 무신고 가산세가 부과된다.
③ 상속으로 인한 소유권 이전 등기의 세율은 부동산 가액의 1천분의 15로 한다.
④ 부동산을 등기하려는 자는 과세표준에 세율을 적용하여 산출한 세액을 등기한 후 60일 내에 납세지를 관할하는 지방자치단체의 장에게 신고 · 납부하여야 한다.
⑤ 대도시 밖에 있는 법인의 본점이나 주사무소를 대도시로 전입함에 따른 등기는 법인등기에 대한 세율의 100분의 200을 적용한다.

출제 경향 등록면허세의 부과 · 징수 방법은 취득세와 같이 신고 · 납부이다. 이때 등록면허세의 부과 · 징수도 취득세와 비교하여 정리하여야 문제가 해결된다.

출제 키워드
- 등록면허세의 신고 · 납부
- 등록면허세의 부과 · 징수
- 등록면허세의 법정 신고 · 납부 기간

핵심포인트

취득세와 등록면허세의 비교

구 분		취득세	등록면허세
과세주체		지방세, 특 · 광 · 도세	지방세, 도 · 구세
면세점		있음 (취득가액 50만원 이하)	없음(등록면허세 세액이 6,000원 미만인 경우 6,000원으로 부과)
과 세		실질과세	형식과세
가산세		있음	있음
중가산세		있음	없음
부가세		농어촌특별세, 지방교육세	지방교육세
납세의무성립		과세물건을 취득하는 때	재산권 등 그 밖의 권리를 등기 · 등록하는 때
부과 · 징수		신고 · 납부	신고 · 납부
신고 · 납부 기간	일반적인 경우	취득일로부터 60일 내 신고 · 납부	등록하는 경우: 등록하기 전까지 신고 · 납부
	후발적 사유	사유 발생일~60일 내 신고 · 납부 (가산세 제외)	사유 발생일~60일 내 신고 · 납부 (가산세 제외)

핵심OX

1. 등록을 하려는 자는 과세표준에 세율을 적용하여 산출한 세액을 등록을 하기 전까지 납세지를 관할하는 지방자치단체의 장에게 신고하고 납부하여야 한다. (○, ×)
2. 등록면허세 과세물건을 등록한 후에 해당 과세물건이 중과세율의 적용대상이 되었을 때에는 일정한 날부터 30일 이내에 중과세율을 적용하여 산출한 세액에서 이미 납부한 세액(가산세는 제외)을 공제한 금액을 세액으로 하여 납세지를 관할하는 지방자치단체의 장에게 신고하고 납부하여야 한다. (○, ×)
3. 「지방세법」 또는 다른 법령에 의하여 등록면허세를 비과세, 과세면제 또는 경감받은 후에 해당 과세물건이 등록면허세 부과대상 또는 추징대상이 되었을 때에는 그 사유발생일부터 30일 이내에 해당 과세표준에 세율을 적용하여 산출한 세액을 신고하고 납부하여야 한다. (○, ×)
4. 납세자는 등기 또는 등록하려는 때에는 등기 또는 등록 신청서에 등록면허세 영수필 통지서(등기 · 등록관서의 시 · 군 통보용) 1부와 등록면허세 영수필 확인서 1부를 첨부하여야 한다. (○, ×)

정답

1. ○
2. × 등록한 후에 해당 과세물건이 중과세율의 적용대상이 되었을 때에는 일정한 날부터 60일 이내에 중과세율을 적용하여 신고하고 납부하여야 한다.
3. × 그 사유발생일부터 60일 이내에 해당 과세표준에 세율을 적용하여 산출한 세액을 신고하고 납부하여야 한다.
4. ○

해설 정답 ≫ ①

① 특허권, 실용신안권, 디자인권 및 상표권 등록의 경우에는 특허청장이 산출한 세액을 특별징수하여 그 등록일이 속하는 달의 다음 달 말일까지 해당 납세지를 관할하는 지방자치단체의 장에게 그 내용을 통보하고 해당 등록면허세를 납부하여야 한다.

• 특별징수의무자가 징수하였거나 징수할 세액을 등록일이 속하는 달의 다음 달 말일까지 납부하지 아니하거나 부족하게 납부하더라도 특별징수의무자에게 가산세는 부과하지 아니한다.

② 등록을 하려는 자가 신고의무를 다하지 않은 경우 등록면허세 산출세액을 등록하기 전까지 납부하였을 때에는 신고·납부한 것으로 보지만 무신고 ~~가산세가 부과~~된다.
신고·납부한 것으로 보아 무신고 가산세는 가산되지 아니한다.

③ 상속으로 인한 소유권 이전 등기의 세율은 부동산 가액의 ~~1천분의 15~~로 한다.
상속원인으로 인한 소유권 이전 등기의 경우는
농지·농지 이외를 포함하여 부동산 가액의 1,000분의 8로 과세

④ 부동산을 등기하려는 자는 과세표준에 세율을 적용하여 산출한 세액을 ~~등기한 후 60일 내에~~ 납세지를 관할하는 지방자치단체의 장에게 신고·납부하여야 한다.
등기하기 전까지

⑤ 대도시 밖에 있는 법인의 본점이나 주사무소를 대도시로 전입함에 따른 등기는 법인등기에 대한 ~~세율의 100분의 200을 적용~~한다.
└ 대도시 내의 경우 법인 등기의 표준세율의 100분의 300을 적용

| 출제영역 |
등록면허세 부과·징수 ★★
| 난 이 도 | 중
| 출제빈도 |
제12회, 제15회, 제23회, 제26회
제30회, 제31회, 제33회, 제34회

유사문제

1. 「지방세법」상 등록면허세에 관한 설명으로 틀린 것은 ▶ 제23회 변형

① 부동산을 등기하려는 자는 과세표준에 세율을 적용하여 산출한 세액을 등기를 하기 전까지 납세지를 관할하는 지방자치단체의 장에게 신고·납부하여야 한다.
② 등록면허세의 납세의무자가 신고의무를 다하지 아니하고 등록을 하기 전까지 등록면허세를 납부한 경우 신고불성실가산세를 징수한다.
③ 등록면허세의 납세의무자는 재산권과 그 밖의 권리의 설정·변경 또는 소멸에 관한 사항을 공부에 등기 또는 등록을 하는 자이다.
④ 등록면허세 과세물건을 등록한 후에 해당 과세물건이 중과세 세율의 적용대상이 되었을 때에는 중과세대상된 날부터 60일 이내에 중과세 세율을 적용하여 산출한 세액에서 이미 납부한 세액(가산세는 제외한다)을 공제한 금액을 세액으로 하여 납세지를 관할하는 지방자치단체의 장에게 신고하고 납부하여야 한다.
⑤ 부동산등기에 대한 등록면허세의 납세지는 부동산소재지를 원칙으로 한다.

2. 지방세법령상 등록에 대한 등록면허세에 관한 설명으로 틀린 것은? (단, 지방세관계법령상 감면 및 특례는 고려하지 않음)

① 같은 등록에 관계되는 재산이 둘 이상의 지방자치단체에 걸쳐 있어 등록면허세를 지방자치단체별로 부과할 수 없을 때에는 등록관청 소재지를 납세지로 한다.
② 지방자치단체의 장은 조례로 정하는 바에 따라 등록면허세의 세율을 부동산 등기에 따른 표준세율의 100분의 50의 범위에서 가감할 수 있다.
③ 주택의 토지와 건축물을 한꺼번에 평가하여 토지나 건축물에 대한 과세표준이 구분되지 아니하는 경우에는 한꺼번에 평가한 개별주택가격을 토지나 건축물의 가액비율로 나눈 금액을 각각 토지와 건축물의 과세표준으로 한다.
④ 부동산의 등록에 대한 등록면허세의 과세표준은 등록자가 신고한 당시의 가액으로 하고, 신고가 없거나 신고가액이 시가표준액보다 많은 경우에는 시가표준액으로 한다.
⑤ 채권자대위자는 납세의무자를 대위하여 부동산의 등기에 대한 등록면허세를 신고납부할 수 있다.

3. 「지방세법」상 등록면허세에 관한 설명으로 틀린 것은? ▶ 제30회

① 부동산 등기에 대한 등록면허세의 납세지는 부동산 소재지이다.
② 등록을 하려는 자가 법정신고기한까지 등록면허세 산출세액을 신고하지 않은 경우로서 등록 전까지 그 산출세액을 납부한 때에도 「지방세기본법」에 따른 무신고 가산세가 부과된다.
③ 등기 담당 공무원의 착오로 인한 지번의 오기에 대한 경정 등기에 대해서는 등록면허세를 부과하지 아니한다.
④ 채권금액으로 과세액을 정하는 경우에 일정한 채권금액이 없을 때에는 채권의 목적이 된 것의 가액 또는 처분의 제한의 목적이 된 금액을 그 채권금액으로 본다.
⑤ 「한국은행법」 및 「한국수출입은행법」에 따른 은행업을 영위하기 위하여 대도시에 법인을 설립함에 따른 등기를 한 법인이 그 등기일부터 2년 이내에 업종변경이나 업종 추가가 없는 때에는 등록면허세의 세율을 중과하지 아니한다.

재산세

「지방세법」상 2025년 귀속 재산세 부과 · 징수에 관한 설명으로 틀린 것은? (단, 세액변경이나 수시부과사유는 없음) ▶ 제29회 변형, 제33회 변형

① 재산세의 납기는 토지의 경우 매년 7월 16일부터 7월 31일까지이며, 건축물의 경우 매년 9월 16일부터 9월 30일까지이다.

② 재산세는 관할지방자치단체의 장이 세액을 산정하여 보통징수의 방법으로 부과 · 징수한다.

③ 재산세를 징수하려면 재산세 납세고지서를 납기개시 5일 전까지 발급하여야 한다.

④ 재산세를 분납하려는 자는 재산세 납부기한까지 납세지 관할하는 시장 · 군수 · 구청장에게 분납을 신청하여야 한다.

⑤ 재산세를 물납하려는 자는 납부기한 10일 전까지 납세지 관할하는 시장 · 군수 · 구청장에게 물납을 신청하여야 한다.

출제 경향 재산세는 보유에 관한 세목으로 재산의 사용 수익에 대해 과세하며, 이는 부과 · 징수방법 · 납세지에 관한 문제, 보유에 관한 세목의 비교로 물납 · 분납을 출제하고 있다.

- 재산세 부과 · 징수
- 재산세의 납세지
- 재산세의 납세의무 성립 · 고지서 발급

핵 | 심 | 포 | 인 | 트

재산세 개요

재산세는 재산(**토지 · 건축물 · 주택 · 선박 · 항공기**)의 보유사실에 대하여 보유재산으로부터 발생될 것으로 추정되는 사용 · 수익을 세원(稅源)으로 하여 재산의 소유자에게 매년 1년 단위로 **보통징수**방법으로 부과 · 징수하는 **지방세로서 시 · 군 · 구세이며, 보통세**이다.

1. 보통징수방법이란 지자체가 세액산정(=세무공무원이 **세액 결정**하여) **고지서발부로 징수**하는 방법으로 납세의무자의 신고에 의해 세액이 확정되지 않기 때문에 **재산세는 가산세 규정이 없다. 수정신고, 기한 후 신고 규정도 없다**.
2. 과세기준일 = **납세의무의 성립일로서 6월 1일**이다.
3. 과세대상 물건이 공부상 등재현황과 사실상 현황이 상이한 경우에는 사실상 현황에 의하여 재산세를 부과(실질과세원칙)한다.
4. 납세지

   재산세의 납세지는 과세대상 재산의 소재지이다. 과세대상별로 구체적인 납세지는 다음과 같다.

① 토지에 대한 재산세 납세지는 토지의 **소재지**를 관할하는 **시 · 군 · 구**이다.

② 건축물에 대한 재산세 납세지는 건축물의 **소재지**를 관할하는 **시 · 군 · 구**이다.

③ 주택에 대한 재산세 납세지는 주택의 **소재지**를 관할하는 **시 · 군 · 구**이다.

④ 선박에 대한 재산세 납세지는 선박법에 의한 선적항의 소재지를 관할하는 시 · 군 · 구이다. 그러나 선적항이 없는 선박의 경우에는 정계장(定繫場) 소재지이며 정계장이 일정하지 아니한 경우에는 선박소유자의 주소지로 한다.

⑤ 항공기에 대한 납세지: 「항공법」에 따른 등록원부에 기재된 정치장의 소재지(「항공법」에 따라 등록을 하지 아니한 경우에는 소유자의 주소지)

   여러 곳에 토지 · 건축물 또는 주택을 소유한 경우에도 각각의 토지 · 건축물 또는 주택의 소재지가 납세지가 된다.

5. **물납 · 분납**: Thema 007 참조
6. **소액징수 면제**: 고지서 1매당 재산세로 징수할 **세액이 2,000원 미만인 때에는 당해 재산세를 징수하지 않는다.**

   주의 재산세의 세액이 2,000원인 경우에는 당해 재산세를 징수한다.

해설 정답 ≫ ①

① 재산세의 납기는 토지의 경우 ~~매년 7월 16일부터 7월 31일까지~~이며, 건축물의 경우 ~~매년 9월 16일부터 9월 30일까지~~이다.
- 재산세는 보유 관련세목으로 과세기준일은 6월 1일이고, 토지의 경우 납기는 매년 9월 16일부터 9월 30일까지이며, 건축물의 경우 매년 7월 16일부터 7월 31일까지이다.

② 재산세는 관할지방자치단체의 장이 세액을 산정하여 보통징수의 방법으로 부과·징수한다.
③ 재산세를 징수하려면 재산세 납세고지서를 납기개시 5일 전까지 발급하여야 한다.
④ 재산세를 분납하려는 자는 재산세 납부기한까지 납세지 관할하는 시장·군수·구청장에게 분납을 신청하여야 한다.
⑤ 재산세를 물납하려는 자는 납부기한 10일 전까지 납세지 관할하는 시장·군수·구청장에게 물납을 신청하여야 한다.

| 출제영역 |
재산세 부과·징수 ★★
| 난 이 도 | 하
| 출제빈도 |
제13회, 제29회, 제31회, 제33회, 제34회, 제35회
| 주 의 |
재산세는 보통징수로 부과·징수하므로, 가산세의 규정이 없다.

유|사|문|제

1. 「지방세법」상 재산세의 부과·징수에 관한 설명으로 옳은 것은 모두 몇 개인가? (단, 비과세는 고려하지 않음) ▶ 제31회

㉠ 재산세의 과세기준일은 매년 6월 1일로 한다.
㉡ 토지의 재산세 납기는 매년 7월 16일부터 7월 31일까지이다.
㉢ 지방자치단체의 장은 재산세의 납부할 세액이 500만원 이하인 경우 250만원을 초과하는 금액은 납부기한이 지난 날부터 3개월 이내 분할납부하게 할 수 있다.
㉣ 재산세는 관할지방자치단체의 장이 세액을 산정하여 특별징수의 방법으로 부과·징수한다.

① 0개 ② 1개 ③ 2개
④ 3개 ⑤ 4개

2. 「지방세법」상 재산세 징수에 관한 설명으로 틀린 것은 몇 개인가?

㉠ 납세의무자는 재산세의 납부세액이 1천만원을 초과하는 경우, 납부할 세액의 전부를 분납할 수 있다.
㉡ 고지서 1매당 재산세로 징수할 세액이 2,000원인 경우에는 해당 재산세를 징수하지 아니한다.
㉢ 납세의무자는 재산세의 납부세액이 1천만원을 초과하는 경우, 당해 지방자치단체의 관할구역 외 다른 지방자치단체에 소재한 부동산으로 물납할 수 있다.
㉣ 토지분 재산세의 납기는 매년 9월 16일부터 9월 30일까지이다.
㉤ 보통징수방법에 의하여 부과·징수한다.

① 1개 ② 2개 ③ 3개
④ 4개 ⑤ 5개

3. 다음은 지방세 중 물납을 설명한 것이다. 틀린 것은? ▶ 제13회

① 불허가통지를 받은 납세의무자가 그 통지를 받은 날부터 10일 이내에 다른 부동산으로 변경신청하는 경우에는 변경하여 허가할 수 있다.
② 물납 허가를 받은 부동산을 물납한 때에는 납기 내에 납부한 것으로 본다.
③ 재산세에 병기 고지되는 지역자원시설세도 물납대상에 포함된다.
④ 납부세액이 1천만원을 초과하는 경우에 납세의무자의 신청을 받아 허가할 수 있으며, 이에는 재산세만 해당된다.
⑤ 물납 신청을 받은 부동산이 관리·처분상 부적당하다고 인정되는 경우에는 허가를 하지 아니할 수 있다.

4. 지방세법령상 재산세의 부과·징수에 관한 설명으로 틀린 것은?

① 주택에 대한 재산세의 경우 해당 연도에 부과·징수할 세액의 2분의 1은 매년 7월 16일부터 7월 31일까지, 나머지 2분의 1은 9월 16일부터 9월 30일까지를 납기로 한다. 다만, 해당 연도에 부과할 세액이 20만원 이하인 경우에는 조례로 정하는 바에 따라 납기를 9월 16일부터 9월 30일까지로 하여 한꺼번에 부과·징수할 수 있다.
② 재산세는 관할 지방자치단체의 장이 세액을 산정하여 보통징수의 방법으로 부과·징수한다.
③ 재산세를 징수하려면 토지, 건축물, 주택, 선박 및 항공기로 구분한 납세고지서에 과세표준과 세액을 적어 늦어도 납기개시 5일 전까지 발급하여야 한다.
④ 재산세의 과세기준일은 매년 6월 1일로 한다.
⑤ 고지서 1장당 재산세로 징수할 세액이 2천원 미만인 경우에는 해당 재산세를 징수하지 아니한다.

재산세 과세대상물

지방세법상 재산세 과세대상의 구분에 있어 주거용과 주거 외의 용도를 겸하는 건물 등에 관한 설명으로 옳은 것을 모두 고른 것은?

㉠ 1동(棟)의 건물이 주거와 주거 외의 용도로 사용되고 있는 경우에는 주거용으로 사용되는 부분만을 주택으로 본다.
㉡ 1구(構)의 건물이 주거와 주거 외의 용도로 사용되고 있는 경우 주거용으로 사용되는 면적이 전체의 100분의 60인 경우에는 주택으로 본다.
㉢ 주택의 부속토지의 경계가 명백하지 아니한 경우에는 그 주택의 바닥면적의 10배에 해당하는 토지를 주택의 부속토지로 한다.

① ㉠ ② ㉢ ③ ㉠, ㉡ ④ ㉡, ㉢ ⑤ ㉠, ㉡, ㉢

출제경향 재산세 과세대상물은 재산에 대한 포괄적 내용을 출제하였으나, 현재는 주택에 대한 세부적 내용의 문제가 출제되고 있다. 주택과 건축물의 비교학습을 요한다.

출제키워드
• 재산세 과세대상물
• 재산세의 주택
• 재산세의 겸용 주택

핵심포인트

재산세 과세대상물

재산세의 재산, 즉 재산세의 과세대상물은 토지, 건축물, **주택(⇨ 주택이란 주택건물과 그 부속토지를 통합되었음을 말한다)**, 선박, 항공기로서 개별과세 즉, **물건별 과세를 원칙으로 한다.**

1. **주택**: "주택"이란 단어는 주택과 **토지 합한 주택과 부수토지를 1물건**으로 하여 0.1%~0.4%의 **누진세율을 적용**하여 **주택별로 세액** 산정한다.
   ⇨ 주택 부속토지의 경계가 명백하지 아니한 경우 그 주택의 바닥면적의 10배에 해당하는 토지를 주택의 부수토지로 본다.
2. **건축물분 ⇨ 건축물별로 세액산정**
   건축물이란 주거 이외 용도의 건축물로 상가건물, 공장용 건물을 말하므로 **건축물에는 주택은 제외**한다. 또한 한 사람이 여러 채의 상가건축물을 보유한 경우에도 물건별로 과세하므로 **건축물별 세액 산정**하여 건축물 재산세로 고지한다.

① 건축물 세율: 0.25%
② 예 외
  ㉠ 시내 주거지역 내 공장용 건축물: 0.5%
  ㉡ 과밀억제권역 내 공장 건축물의 신설 증설의 경우: 0.25%의 5배로 1.25%
  ㉢ 고급오락장 건축물, 회원제 골프장 건축물: 1,000분의 40(4%)

3. **토지**: **주택을 제외한 모든 토지**이다(**미등록토지포함**).

▌일반건축물과 주택의 재산세 과세방법

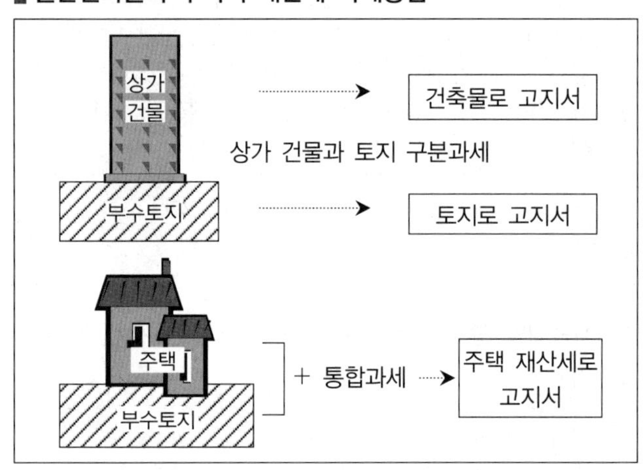

4. **선박분**: 기선・범선・전마선 등 기타명칭 여하를 불문한 모든 배를 말한다.
5. **항공기분**: 항공기라 함은 사람이 탑승 조정하여 항공에 사용하는 비행기구를 말한다.

해설 정답 ≫ ⑤

> ㉠ 1동(棟)의 건물이 주거와 주거 외의 용도로 사용되고 있는 경우에는 주거용으로 사용되는 부분만을 주택으로 본다.
> ㉡ 1구(構)의 건물이 주거와 주거 외의 용도로 사용되고 있는 경우 주거용으로 사용되는 면적이 전체의 100분의 60인 경우에는 주택으로 본다.
> └• 주거용으로 사용되는 면적이 전체면적의 50% 이상인 경우 주택으로 본다.
> ㉢ 주택의 부속토지의 경계가 명백하지 아니한 경우에는 그 주택의 바닥면적의 10배에 해당하는 토지를 주택의 부속토지로 한다.
>
> ① ㉠ ② ㉢ ③ ㉠, ㉡ ④ ㉡, ㉢ ⑤ ㉠, ㉡, ㉢

| 출제영역 |
재산세 과세대상물 ★

| 난 이 도 | 하

| 출제빈도 |
제19회, 제22회, 제31회, 제33회, 제35회

유사문제

1. 지방세법령상 재산세에 관한 설명으로 옳은 것은? (단, 주어진 조건 외에는 고려하지 않음) ▶ 제35회

① 특별시 지역에서 「국토의 계획 및 이용에 관한 법률」에 따라 지정된 주거지역의 대통령령으로 정하는 공장용 건축물의 표준세율은 초과누진세율이다.
② 수탁자 명의로 등기·등록된 신탁재산의 수탁자는 과세기준일부터 15일 이내에 그 소재지를 관할하는 지방자치단체의 장에게 그 사실을 알 수 있는 증거자료를 갖추어 신고하여야 한다.
③ 주택의 토지와 건물 소유자가 다를 경우 해당 주택에 대한 세율을 적용할 때 해당 주택의 토지와 건물의 가액을 소유자별로 구분계산한 과세표준에 세율을 적용한다.
④ 주택의 재산세로서 해당 연도에 부과할 세액이 20만원 이하인 경우에는 납기를 9월 16일부터 9월 30일까지로 하여 한꺼번에 부과·징수할 수 있다.
⑤ 지방자치단체의 장은 과세대상의 누락으로 이미 부과한 재산세액을 변경하여야 할 사유가 발생하여도 수시로 부과·징수할 수 없다.

2. 「지방세법」상 재산세 과세대상에 속하는 것이 아닌 것은?

① 취득세 중과세 대상인 고급주택
② 시가표준액이 3억원인 비업무용 자가용 선박
③ 회원제 골프장
④ 법령에 의해 신고된 20타석 이상의 골프장
⑤ 건설공사용, 화물하역용 및 광업용으로 사용되는 기계장비로서 「건설기계관리법」에서 규정한 건설기계 및 이와 유사한 기계장비

3. 다음은 「지방세법」상 재산세에 대한 설명이다. 이 중 옳은 것은?

① 재산세의 과세대상인 "토지"란 「공간정보의 구축 및 관리에 관한 법률」에 의하여 지적공부의 등록대상이 되는 토지와 그 밖에 사용되고 있는 사실상의 토지를 말한다. 이에는 주택 부수토지를 포함한다.
② 1동(棟)의 건물이 주거와 주거 외의 용도로 사용되고 있는 경우에는 주거용으로 사용되는 면적이 전체의 100분의 50 이상인 경우에는 주택으로 본다
③ 다가구주택은 1가구가 독립하여 구분 사용할 수 있도록 분리된 부분을 1구의 주택으로 본다. 이 경우 그 부속토지는 건물면적의 비율에 따라 각각 나눈 면적을 1구의 부속토지로 본다.
④ 읍·면 지역 소재하는 주택의 부속토지에 대해서는 토지분재산세로 분리과세한다.
⑤ 주택을 2인 이상이 공동으로 소유하거나 토지와 건물의 소유자가 다를 경우 당해 주택에 대한 세율을 적용함에 있어서는 당해 주택의 토지와 건물의 가액을 소유자별로 구분한 과세표준액에 0.1%~0.4%의 초과누진세율을 적용한다.

재산세 납세의무자

「지방세법」상 재산세의 과세기준일 현재 납세의무자에 관한 설명으로 틀린 것은?

▶ 제28회, 제33회 변형

① 공유재산인 경우 그 지분에 해당하는 부분(지분의 표시가 없는 경우에는 그 지분이 균등한 것으로 봄)에 대해서는 그 지분권자를 납세의무자로 본다.
② 소유권의 귀속이 분명하지 아니하여 사실상의 소유자를 확인할 수 없는 경우에는 그 사용자가 납부할 의무가 있다.
③ 지방자치단체와 재산세 과세대상 재산을 연부로 매매계약을 체결하고 그 재산의 사용권을 무상으로 받은 경우에는 그 매수계약자를 납세의무자로 본다.
④ 공부상에 개인 등의 명의로 등재되어 있는 사실상의 종중재산으로서 종중소유임을 신고하지 아니하였을 때에는 공부상 소유자를 납세의무자로 본다.
⑤ 상속이 개시된 재산으로서 상속등기가 이행되지 아니하고 사실상의 소유자를 신고하지 아니하였을 때에는 공동상속인 각자가 받았거나 받을 재산에 따라 납부할 의무를 진다.

출제 경향 재산세 납세의무자는 매년 출제되는 부문으로 이는 이해를 먼저하고 난 후 키워드로 문제를 풀면 지문이 엄청 길게 출제된다 하더라도 간단하게 풀어진다.

- 재산세 과세기준일
- 재산세의 납세의무자

핵심포인트

재산세 납세의무자

과세기준일(매년 6월 1일) 현재 과세대상 재산을 사실상 소유하고 있는 자

1. 재산의 **소유권 변동** 또는 과세대상 재산의 변동 사유가 발생하였으나 과세기준일까지 그 **등기가 되지 아니한 재산**의 공부상 소유자가 **과세기준일**부터 **15일** 이내에 그 소재지를 관할하는 지방자치단체의 장에게 그 사실을 알 수 있는 증거자료를 갖추어 신고함으로 인하여 사실상 소유자를 판단한다.
2. 6월 1일 전에 잔금지급일이 있는 경우의 해당년도의 사실상 소유자 ⇨ 매수인
3. 6월 1일 후에 잔금지급일이 있는 경우의 해당년도의 사실상 소유자 ⇨ 매도인
4. 6월 1일 = 잔금지급일 ⇨ 매수인

구 분	재산세 납세의무자
공유재산	지분권자(지분표시가 없는 경우 균등)
① 공부상의 소유자가 매매 등의 사유로 소유권의 변동이 있었음에도 이를 신고하지 아니하여 사실상의 소유자를 알 수 없는 때 ② 공부상에 개인 명의로 등재되어 있는 사실상의 종중재산으로서 공부상의 소유자가 종중소유임을 신고하지 아니한 때	공부상 소유자
국가 · 지방자치단체 · 지방자치단체조합과 재산세 과세대상 재산을 연부로 매매계약을 체결하고 그 재산의 사용권을 무상으로 받은 경우	매수 계약자
「신탁법」에 따른 수탁자 명의로 등기 · 등록된 경우	위탁자
「도시개발법」에 의하여 시행하는 환지방식에 의한 도시개발사업 및 도시 및 주거환경정비법에 의한 정비사업(주택재개발사업 및 도시환경정비사업에 한한다)의 시행에 따른 환지계획에서 일정한 토지를 환지로 정하지 아니하고 체비지 또는 보류지로 정한 경우	사업시행자
재산세 과세기준일 현재 소유권의 귀속이 분명하지 아니하여 사실상의 소유자를 확인할 수 없는 경우	사용자

해설 정답 ≫ ⑤

① 공유재산인 경우 그 지분에 해당하는 부분(지분의 표시가 없는 경우에는 그 지분이 균등한 것으로 봄)에 대해서는 그 지분권자를 납세의무자로 본다.
 └• 공동소유재산에 대한 소유자는 지분만큼 소유되므로 사실상 소유자는 지분권자이다.

② 소유권의 귀속이 분명하지 아니하여 사실상의 소유자를 확인할 수 없는 경우에는 그 사용자가
 • 소유자가 생사불명으로, 행방불명으로 알 수 없는 경우로 사용한 자가 사용수익이 있으므로 사용자를 납세의무자로 본다.

납부할 의무가 있다.

③ 지방자치단체와 재산세 과세대상 재산을 연부로 매매계약을 체결하고 그 재산의 사용권을 무상으로 받은 경우에는 그 매수계약자를 납세의무자로 본다.

④ 공부상에 개인 등의 명의로 등재되어 있는 사실상의 종중재산으로서 종중소유임을 신고하지 아니하였을 때에는 공부상 소유자를 납세의무자로 본다.
 └• 사실상 소유자와 공부상 소유자가 다를 때 공부상 소유자의 과세기준일로부터 15일 내의 신고로 사실상 소유자를 납세의무자로 하는데, 공부상 소유자가 신고하지 아니한 경우 공부상 소유자를 납세의무자로 한다.

⑤ 상속이 개시된 재산으로서 상속등기가 이행되지 아니하고 사실상의 소유자를 신고하지 아니하였을 때에는 ~~공동상속인 각자가 받았거나 받을 재산에 따라 납부할 의무를 진다~~.
 └• 상속이 개시된 재산으로서 상속등기가 이행되지 아니하고 사실상의 소유자를 신고하지 아니한 때에는 주된 상속자를 납세의무자로 본다.

| 출제영역 |
재산세 납세의무자 ★★★

| 난 이 도 | 중

| 출제빈도 |
제5회, 제7회, 제10회, 제11회, 제12회, 제13회, 제14회, 제15회, 제18회, 제19회, 제21회, 제22회, 제23회, 제24회, 제25회, 제26회, 제27회, 제28회, 제29회, 제31회, 제33회, 제35회

| 주 의 |
재산세에서 날짜에 관련된 단어가 나오면 과세기준일만 나온다고 보면 된다. 다른 날짜의 단어가 나오면 틀린 문장이다(예 사유발생일, 납부개시일 등).

유사문제

1. 「지방세법」상 2025년 재산세 과세기준일 현재 납세의무자가 아닌 것을 모두 고른 것은? ▶ 제26회

㉠ 5월 31일에 재산세 과세대상 재산의 매매잔금을 수령하고 소유권이전등기를 한 매도인
㉡ 공유물 분할등기가 이루어지지 아니한 공유토지의 지분권자
㉢ 「신탁법」에 따라 수탁자 명의로 등기·등록된 신탁재산의 수탁자
㉣ 도시환경정비사업시행에 따른 환지계획에서 일정한 토지를 환지로 정하지 아니하고 체비지로 정한 경우 종전 토지소유자

① ㉠, ㉡　② ㉡, ㉣　③ ㉠, ㉡, ㉣
④ ㉠, ㉢, ㉣　⑤ ㉡, ㉢, ㉣

2. 「지방세법」상 재산세의 납세의무자에 관한 설명으로 틀린 것은? ▶ 제25회, 제35회 기출변형

① 상속이 개시된 재산으로서 상속등기가 이행되지 아니하고 사실상의 소유자를 신고하지 아니하였을 경우: 「민법」상 상속지분이 가장 높은 상속자(상속지분이 가장 높은 상속자가 두 명 이상인 경우에는 그중 연장자)
② 「신탁법」에 따라 수탁자 명의로 등기·등록된 신탁재산의 경우: 그 수탁자
③ 국가가 선수금을 받아 조성하는 매매용 토지로서 사실상 조성이 완료된 토지의 사용권을 무상으로 받은 경우: 그 사용권을 무상으로 받은 자
④ 「도시개발법」에 따라 시행하는 환지방식에 의한 도시개발사업 및 「도시 및 주거환경정비법」에 따른 주택재개발사업의 시행에 따른 환지계획에서 일정한 토지를 환지로 정하지 아니하고 체비지로 정한 경우: 사업시행자
⑤ 공부상의 소유자가 매매 등의 사유로 소유권이 변동되었는데도 신고하지 아니하여 사실상의 소유자를 알 수 없을 때: 공부상 소유자

Thema 029 토지에 대한 재산세(Ⅰ)

「지방세법」상 토지에 대한 재산세를 부과함에 있어서 과세대상의 구분(종합합산과세대상, 별도합산과세대상, 분리과세대상)이 같은 것으로만 묶인 것은? ▶ 제25회

㉠ 「여객자동차 운수사업법」 및 「물류시설의 개발 및 운영에 관한 법률」에 따라 면허 또는 인가를 받은 자가 계속하여 사용하는 여객자동차터미널 및 물류터미널용 토지
㉡ 「체육시설의 설치·이용에 관한 법률 시행령」에 따른 회원제 골프장이 아닌 골프장용 토지 중 원형이 보전되는 임야
㉢ 과세기준일 현재 계속 염전으로 실제 사용하고 있는 토지
㉣ 「도로교통법」에 따라 등록된 자동차운전학원의 자동차운전학원용 토지로서 같은 법에서 정하는 시설을 갖춘 구역 안의 토지

① ㉠, ㉡ ② ㉡, ㉢ ③ ㉡, ㉣ ④ ㉠, ㉡, ㉢ ⑤ ㉠, ㉢, ㉣

출제 경향 토지에 대한 재산세의 과세대상의 구분의 분리과세·별도합산·종합합산의 구별에 대한 문제는 매년 출제되는 이론으로, 만약 재산세에서 출제되지 않았으면 종합부동산세에서 출제되니 정확히 알아야 하며, 완벽하게 이해하는 방향으로 학습하여야 한다.

출제 키워드
- 토지에 대한 재산세
- 분리과세, 별도합산, 종합합산

핵심포인트

토지에 대한 재산세

1. **토지에 대한 재산세는 주택을 제외**한 모든 토지를 과세대상으로 한다.
2. 토지에 대한 재산세 과세대상은 다음에 따라 종합합산과세대상, 별도합산과세대상 및 분리과세대상으로 구분한다. 토지의 과세표준은 원칙적으로 종합합산을 기본으로 하나 모든 토지를 종합합산 과세할 경우 나타날 수 있는 문제점을 보완하기 위해 일정한 요건을 갖춘 토지에 대하여는 분리과세 또는 별도합산과세하고 있다.

구 분	과세방법	세 율	종합부동산세 과세 여부
분리과세 토지	개별 토지별 분리과세	저율(0.07%, 0.2%) 또는 고율 4% 차등비례세율	종합부동산세 과세 제외
종합합산 과세토지	소유자별 기준으로 시·군·구별 합산 과세	0.2~0.5% 3단계 초과누진세율	전국 합산가액이 일정가액 초과 시 종합부동산세 과세
별도합산 과세토지		0.2~0.4% 3단계 초과누진세율	

3. **농지의 과세구분**(분리과세되는 농지의 세율은 0.07%)

구 분			과세대상
군지역농지(광역시의 군지역, 도농복합시의 읍·면지역 포함)			분리과세(면적제한 없음)
특별시·광역시·시지역	도시지역 밖		
	도시 지역 안	개발제한구역·녹지지역	
		상업·공업·주거지역	종합합산 과세

종합합산대상 법인소유농지	법인 농지(= 분리과세되는 법인소유 이외의 농지)
분리과세대상 법인소유농지	• 농업법인 소유 농지 • 한국농촌공사 소유 농가공급용 농지 • 사회복지사업자의 복지시설에 공하기 위한 소비용 농지 • 종중소유 농지 • 매립·간척에 의해 취득농지를 직접 경작하는 법인취득 농지

4. **목장의 과세방법**(분리과세되는 목장용지의 세율은 0.07%)

구 분			과세대상
도시지역 밖 목장용지	모든 지역	기준면적 이내	분리과세
		기준면적 초과	종합합산과세
도시지역 안 목장용지	개발제한구역·녹지지역	기준면적 이내	분리과세
		기준면적 초과	종합합산과세
	상업·공업·주거지역 등	전 부	종합합산과세

해설 정답 ≫ ③

㉠ 「여객자동차 운수사업법」 및 「물류시설의 개발 및 운영에 관한 법률」에 따라 면허 또는 인가를 받은 자가 계속하여 사용하는 여객자동차터미널 및 물류터미널용 토지
└• 분리과세로 세율은 0.2%이다.

㉡ 「체육시설의 설치·이용에 관한 법률 시행령」에 따른 회원제 골프장이 아닌 골프장용 토지 중 원형이 보전되는 임야
└• 회원제 골프장이 아닌 골프장은 대중 골프장, 골프연습장을 의미한다. 이 토지 중 임야는 영업관련 임야로 별도합산되는 토지이다. 세율은 0.2%~0.4%의 누진세율이다.

㉢ 과세기준일 현재 계속 염전으로 실제 사용하고 있는 토지
└• 염전은 산업에 관련된 에너지 자원공급에 관한 토지로 분리과세한다. 세율은 0.2%이다.

㉣ 「도로교통법」에 따라 등록된 자동차운전학원의 자동차운전학원용 토지로서 같은 법에서 정하는 시설을 갖춘 구역 안의 토지
└• 이 토지는 학원용으로 영업 관련 토지로 별도합산되는 토지이다. 세율은 0.2%~0.4%의 누진세율이다.

① ㉠, ㉡ ② ㉡, ㉢ ③ ㉡, ㉣ ④ ㉠, ㉡, ㉢ ⑤ ㉠, ㉢, ㉣

| 출제영역 |
토지에 대한 재산세 ★★★

| 난 이 도 | 상

| 출제빈도 |
제5회, 제7회, 제10회, 제11회, 제12회, 제13회, 제14회, 제15회, 제18회, 제19회, 제21회, 제22회, 제23회, 제25회, 제27회, 제28회, 제29회

| 주 의 |
지역의 용도와 토지의 활용도가 일치·불일치하는지 판단하고, 토지활용도가 영업 관련 토지인 경우는 별도합산이다.

유사문제

1. 「지방세법」상 분리과세대상 토지 중 재산세 표준세율이 다른 하나는?

① 과세기준일 현재 특별시지역의 도시지역 안의 녹지지역에서 실제 영농에 사용되고 있는, 개인이 소유하는 전(田)
② 1990년 5월 31일 이전부터 관계법령에 의한 사회복지사업자가 복지시설의 소비용(消費用)에 공(供)하기 위하여 소유하는 농지
③ 산림의 보호육성을 위하여 필요한 임야로서 「자연공원법」에 의하여 지정된 공원 또는 자연환경지구 안의 임야
④ 1990년 5월 31일 이전부터 종중이 소유하고 있는 임야
⑤ 과세기준일 현재 계속 염전으로 실제 사용하고 있는 토지

2. 다음은 재산세에 있어서 낮은 과세를 위한 분리과세대상으로 분류될 수 있는 토지를 나열한 것이다. 옳지 않은 것은?

① 시내 도시지역 내의 녹지지역 내 목장용지로서 기준면적 초과한 축산용지
② 특별시 내 도시지역 내 공업지역 내 입지기준면적 이내의 공장용 건축물의 부속토지
③ 특별시 내 도시지역 내 녹지지역 내 개인소유 자경농지
④ 「산업집적활성화 및 공장설립에 관한 법률」 제2조 제1호에 따른 공장의 부속토지로서 개발제한구역의 지정이 있기 이전에 그 부지취득이 완료된 곳으로서 공장입지기준면적범위의 토지
⑤ 「자연공원법」에 따라 지정된 공원자연환경지구의 임야

3. 법인이 소유한 농지로서 분리과세대상에 해당하지 않는 것은?

① 한국농촌공사가 농가에 공급하기 위하여 소유하고 있는 농지
② 농업법인이 소유한 농지
③ 농산물가공을 주업으로 하는 법인이 소유하고 있는 농지
④ 사회복지법인이 자가소비용으로 사용하는 농지
⑤ 매립·간척에 의하여 취득한 농지로서 과세기준일 현재 직접 경작하는 농지

4. 다음은 재산세의 분리과세 대상 토지를 열거한 것이다. 가장 관계가 없는 것은?

① 회원제 골프장용 토지
② 공장용지
③ 주택
④ 종중소유 임야
⑤ 목장

Thema 030

토지에 대한 재산세(2)

「지방세법」상 재산세 별도합산 과세대상 토지는? ▶ 제29회 변형

① 「문화유산의 보존 및 활용에 관한 법률」에 따른 지정문화유산 안의 임야
② 국가가 국방상 목적 외에는 그 사용 및 처분 등을 제한하는 공장 구내의 토지
③ 「여객자동차 운수사업법」 또는 「화물자동차 운수사업법」에 따라 여객자동차 운송사업 또는 화물자동차 운송사업의 면허·등록 또는 자동차 대여사업의 등록을 받은 자가 그 면허·등록조건에 따라 사용하는 차고용 토지로서 자동차운송 또는 대여사업의 최저 보유차고 면적기준의 1.5배에 해당하는 면적 이내의 토지
④ 「자연공원법」에 따라 지정된 공원자연 환경지구 내의 임야
⑤ 「개발제한구역의 지정 및 관리에 관한 특별조치법」에 따른 개발제한구역 내의 임야

출제경향 토지에 대한 재산세의 과세대상의 구분으로 분리과세·별도합산·종합합산의 구별에 대한 문제로 테마 029의 핵심포인트의 이론정리인 분리과세와 비교학습으로 숙지하여야 한다.

출제키워드 • 토지에 대한 재산세 • 분리과세·별도합산·종합합산

핵심포인트

토지에 대한 재산세 – 별도합산

별도합산(0.2~0.4% 누진세율)

1. 「여객자동차 운수사업법」 또는 「화물자동차 운수사업법」에 따라 여객자동차 운송사업 또는 화물자동차 운송사업의 면허·등록 또는 자동차 대여사업의 등록을 받은 자가 그 면허·등록조건에 따라 사용하는 차고용 토지로서 자동차운송 또는 대여사업의 최저 보유차고 면적기준의 1.5배에 해당하는 면적 이내의 토지
2. 「도로교통법」에 따라 등록된 자동차운전학원의 자동차운전학원용 토지
3. 「관광진흥법」에 따른 관광사업자가 「박물관 및 미술관 진흥법」에 따른 시설기준을 갖추어 설치한 박물관·미술관·동물원·식물원의 야외전시장용 토지
4. 「장사 등에 관한 법률」에 따른 설치·관리허가를 받은 법인묘지용 토지로서 지적공부상 지목이 묘지인 토지
5. 「체육시설의 설치·이용에 관한 법률 시행령」에 따른 **스키장 및 대중골프장용 토지 중 원형이 보전되는 임야**
6. 「관광진흥법」에 따른 **관광단지 안의 토지**와 「관광진흥법 시행령」에 따른 전문휴양업·종합휴양업 및 유원시설업용 토지 중 「환경영향평가법」에 따른 환경영향평가의 협의 결과에 따라 원형이 보전되는 임야
7. 「도로교통법」에 따라 견인된 차를 보관하는 토지로서 같은 법에서 정하는 시설을 갖춘 토지

핵심OX

1. 「물류시설의 개발 및 운영에 관한 법률」 제22조에 따른 물류단지 안의 물류단지시설용 토지 및 「유통산업발전법」 제2조 제16호에 따른 공동집배송센터로서 행정안전부장관이 산업통상자원부장관과 협의하여 정하는 토지는 종합합산 과세한다. (○, ×)
2. 경기 및 스포츠업을 경영하기 위하여 사업자등록을 한 자의 사업에 이용되고 있는 「체육시설의 설치·이용에 관한 법률 시행령」 제2조에 따른 체육시설용 토지로서 사실상 운동시설에 이용되고 있는 토지는 별도합산 과세한다. (○, ×)
3. 회원제 골프장용 토지로서 체육시설의 설치 및 이용에 관한 법률에 의하여 구분 등록이 되는 토지는 별도합산 과세대상이다. (○, ×)
4. 토지와 주택에 대한 재산세 과세대상은 종합합산 과세대상, 별도합산 과세대상 및 분리과세대상으로 구분한다. (○, ×)

정답

1. × 별도합산 과세한다.
2. ○
3. × 분리과세한다.
4. × 주택은 주택건물과 부수토지를 합하여 주택에 대한 재산세로 고지한다.

해설 정답 ≫ ③

① 「문화유산의 보존 및 활용에 관한 법률」에 따른 지정문화유산 안의 임야
└• 분리과세로 세율은 0.07%이다.

② 국가가 국방상 목적 외에는 그 사용 및 처분 등을 제한하는 공장 구내의 토지
└• 이는 국방용도에만 사용되는 토지로 방위산업으로 분리과세로 세율은 0.2%이다.

③ 「여객자동차 운수사업법」 또는 「화물자동차 운수사업법」에 따라 여객자동차운송사업 또는 화물자동차 운송사업의 면허·등록 또는 자동차 대여사업의 등록을 받은 자가 그 면허·등록조건에 따라 사용하는 차고용 토지로서 자동차운송 또는 대여사업의 최저 보유차고 면적기준의 1.5배에 해당하는 면적 이내의 토지
└• 물류단지시설용 토지 등 업무 또는 경제활동에 활용되는 토지로 별도합산이다.

④ 「자연공원법」에 따라 지정된 공원자연 환경지구 내의 임야
└• 분리과세로 세율은 0.07%이다.
주의 「자연공원법」에 따른 공원자연보존지구의 임야는 재산세에서 비과세한다.

⑤ 「개발제한구역의 지정 및 관리에 관한 특별조치법」에 따른 개발제한구역 내의 임야
분리과세로 세율은 0.07%이다.

| 출제영역 |
토지에 대한 재산세 ★★★

| 난 이 도 | 상

| 출제빈도 |
제5회, 제7회, 제10회, 제11회, 제12회, 제13회, 제14회, 제15회, 제18회, 제19회, 제21회, 제22회, 제23회, 제25회, 제27회, 제28회, 제29회

| 용어해설 | **별도합산 되는 토지**
차고용 토지, 보세창고용 토지, 시험·연구·검사용 토지, 물류단지시설용 토지 등 업무 또는 경제활동에 활용되는 토지는 별도합산 과세한다.
과세기준일 현재 건축물이 사실상 철거·멸실된 날부터 6개월이 지나지 아니한 건축물의 부속토지는 별도합산 과세한다.

유사문제

1. 재산세 별도합산 과세대상인 토지는?

① 목장용지
② 전·답·과수원
③ 「여객자동차 운수사업법」 및 「물류시설의 개발 및 운영에 관한 법률」에 따라 면허 또는 인가를 받은 자가 계속하여 사용하는 여객자동차터미널 및 물류터미널용 토지
④ 군내 주거지역 내 기준면적 내 공장건축물의 부수토지
⑤ 「도로교통법」에 따라 견인된 차를 보관하는 토지로서 같은 법에서 정하는 시설을 갖춘 토지

2. 재산세의 토지분에 있어서 별도합산 대상토지 중 틀린 것은?

① 산림의 보호육성을 위하여 필요한 임야로서 「자연공원법」에 의하여 지정된 공원 또는 자연환경지구 안의 임야
② 여객자동차운송사업의 등록을 받은 자가 그 면허·등록조건에 따라 사용하는 차고용 토지 최저 보유차고 면적기준의 1.5배에 해당하는 면적 이내의 토지
③ 「도로교통법」에 의하여 등록된 자동차운전학원의 자동차운전학원용 토지로서 동법에서 정하는 시설을 갖춘 구역 안의 토지
④ 「관광진흥법」 제2조 제7호에 따른 관광단지 안의 토지
⑤ 「장사 등에 관한 법률」에 따른 설치·관리허가를 받은 법인묘지용 토지로서 지적공부상 지목이 묘지인 토지

3. 재산세의 과세대상 중 분리과세가 적용되는 않는 것은?

① 시내 도시지역 내에서 산업단지 및 공업지역 이외의 지역에 소재한 공장용 토지로 기준 면적 이내의 토지
② 고급오락장으로 사용되는 건축물의 부속토지
③ 군의 전 지역과 시의 도시지역 밖의 재촌·자경농지
④ 시내 도시지역 중 녹지지역·개발제한구역 내의 자경농지
⑤ 시내 도시지역 중 녹지지역·개발제한구역 내의 농업을 주업으로 하는 법인이 매립·간척한 농지로 과세기준일 현재 직접 경작하는 농지

4. 다음은 재산세 토지분 별도합산 과세대상에 해당할 수 있는 토지이다. 옳은 것은?

① 전·답·과수원·목장용지
② 고급오락장용 토지
③ 관광사업자의 박물관·미술원·동물원·식물원의 야외전시용 토지
④ 주거용 건축물의 부속토지
⑤ 법인이 소유한 농지

토지에 대한 재산세(3)

「지방세법」상 재산세 과세대상 토지(비과세 또는 면제대상이 아님) **중 과세표준이 증가함에 따라 재산세 부담이 누진적으로 증가할 수 있는 것은?** ▶ 제18회

① 과세기준일 현재 군지역에서 실제 영농에 사용되고 있는 개인이 소유하는 과수원
② 「건축법」 등 관계 법령의 규정에 따라 허가를 받아야 할 건축물로서 허가를 받지 아니한 건축물의 부속토지
③ 1980년 5월 1일부터 종중이 소유하고 있는 임야
④ 회원제 골프장용 토지로서 「체육시설의 설치 · 이용에 관한 법률」의 규정에 의한 등록대상이 되는 토지
⑤ 고급오락장으로 사용되는 건축물의 부속토지

출제경향 토지에 대한 재산세의 과세대상의 구분으로 합산되어 누진세율이 적용되는 경우는 별도합산과 종합합산이 있다. 종합합산은 〈테마 030〉의 핵심포인트의 이론정리인 별도합산과 비교학습으로 숙지하여야 한다.

출제키워드
• 토지에 대한 재산세
• 분리과세 · 별도합산 · 종합합산

핵심포인트

토지에 대한 재산세 – 종합합산

종합합산(0.2% ~ 0.5% 누진세율)

1. 공장용지 중 기준면적 초과토지
2. 일반건축물(=영업용 건축물의 부속토지) 중 기준면적 초과토지
3. **부재지주 소유농지**
   자경요건에 해당하지 아니한 자가 소유하고 있는 농지는 종합합산 과세대상이다.
4. **목장용지 중 종합합산과세대상토지**
   ① 도시지역 내 개발제한구역 및 녹지지역 제외한 지역 내에 위치한 목장용지는 전부 종합합산 과세대상 토지이다.
   ② 개인과 축산업을 주업으로 하는 법인이 축산용으로 사용하는 도시지역 밖의 목장용지 중 축산용 토지 및 건물의 기준을 초과하는 토지는 종합합산 과세대상 토지이다.
5. **지상정착물이 없는 토지**
   지상정착물이 없는 나대지 상태의 토지는 종합합산
6. 일반(=영업용) 건축물로서 시가표준액의 2%에 미달하는 건축물의 바닥면적을 제외한 부속토지는 종합합산의 토지이다.
7. 위법시공된 건축물의 부속토지
8. **잡종지**
   지목이 잡종지인 갈대밭 · 물치장 · 채석장 · 토취장 · 노천시장 · 비행장 · 공동우물 등의 토지

핵심OX

1. 「관광진흥법」에 따른 관광단지 안의 토지와 「관광진흥법 시행령」에 따른 전문휴양업 · 종합휴양업 및 유원시설업용 토지 중 「환경영향평가법」에 따른 환경영향평가의 협의 결과에 따라 원형이 보전되는 임야는 종합합산 과세한다. (○, ×)
2. 「도로교통법」에 따라 견인된 차를 보관하는 토지로서 같은 법에서 정하는 시설을 갖춘 토지는 종합합산 과세한다. (○, ×)
3. 신탁법에 따른 신탁재산에 속하는 종합합산과세대상 토지는 수탁자의 고유재산에 속하는 토지와 합산하지 아니한다. (○, ×)
4. 영업용 건축물로서 시가표준액의 2%에 미달하는 건축물의 바닥면적을 제외한 부속토지는 별도합산대상 토지이다. (○, ×)
5. 과세기준일 현재 계속 염전으로 실제 사용하고 있거나 계속 염전으로 사용하다가 사용을 폐지한 토지는 분리과세대상 토지로 한다(염전 사용을 폐지한 후 다른 용도로 사용하지는 않음). (○, ×)

정답

1. × 별도합산 과세한다.
2. × 별도합산 과세한다.
3. ○
4. × 종합합산대상토지이다.
5. ○

해설 정답 ≫ ②

① 과세기준일 현재 군지역에서 실제 영농에 사용되고 있는 개인이 소유하는 과수원
└• 분리과세되는 농지로 세율은 0.07%

② 「건축법」 등 관계 법령의 규정에 따라 허가를 받아야 할 건축물로서 허가를 받지 아니한 건축물의 부속토지
└• 종합합산으로 과세표준이 증가함에 따라 재산세 부담이 누진적으로 증가할 수 있는 누진세율이 적용된다. 세율은 0.2%~0.5%의 누진세율이다.

③ 1980년 5월 1일부터 종중이 소유하고 있는 임야
└• 분리과세되는 임야로 세율은 0.07%

④ 회원제 골프장용 토지로서 「체육시설의 설치·이용에 관한 법률」의 규정에 의한 등록대상이
└• 분리과세한다. 세율은 4%
되는 토지

⑤ 고급오락장으로 사용되는 건축물의 부속토지
└• 분리과세한다. 세율은 4%

| 출제영역 |
토지에 대한 재산세 ★★★
| 난 이 도 | 상
| 출제빈도 |
제5회, 제7회, 제10회, 제11회, 제12회, 제13회, 제14회, 제15회, 제18회, 제19회, 제21회, 제22회, 제23회, 제25회, 제27회, 제28회, 제29회, 제31회

유사문제

1. 재산세 과세대상 토지를 분류한 것이다. 틀린 것은?

▶ 제15회 추가

	토지의 종류	과세대상구분
①	종중이 소유하고 있는 임야	분리과세
②	「여객자동차운수사업법」의 규정에 의하여 면허 또는 인가를 받은 자가 계속하여 사용하는 여객자동차터미널용 토지	분리과세
③	읍·면 지역에 소재하는 공장용 건축물의 부속토지로서 법령 소정의 공장입지 기준면적범위 안의 토지	별도합산
④	「건축법」 등의 규정에 의하여 허가 등을 받아야 할 건축물(공장용 제외)로서 허가 등을 받지 아니한 건축물의 부속토지	종합합산
⑤	건축물(공장용 제외)의 시가표준액이 당해 부속토지의 시가표준액의 100분의 2에 미달하는 건축물의 부속토지(단, 건축물바닥면적부분은 제외)	종합합산

2. 다음은 공장용 건축물의 부속토지에 대한 토지의 재산세 과세대상의 분류이다. 틀린 것은?

① 시 지역에서 공업지역에 있는 공장의 부속토지로서 기준면적 이내 토지는 분리과세대상이다.
② 시 지역에서 주거지역에 있는 공장의 부속토지로서 기준면적 이내는 별도합산 과세대상이다.
③ 시 지역에서 산업단지에 있는 공장의 부속토지로서 기준면적 초과 토지는 종합합산 과세대상이다.
④ 군·읍·면 지역에서는 지역의 제한없이 모든 지역에 있는 공장으로서 기준면적 이내 토지는 별도합산 과세대상이다.
⑤ 시 지역에서 공업지역에 있는 공장의 부속토지로서 기준면적 초과 토지는 종합합산 과세대상이다.

3. 다음 재산세의 과세대상 토지 중에서 종합합산 과세되는 토지는 몇 개인가?

㉠ 나대지
㉡ 도로, 하천, 제방, 구거, 유지, 묘지
㉢ 시내 도시지역 내의 상업지역·공업지역에 위치한 축산용에 공여되는 목장용지
㉣ 영업건축물의 시가표준액(과세기준일 현재 신축된 것으로 보아 산정함)이 당해부속토지의 시가표준액의 2%에 미달하는 건축물로서 건축물의 바닥면적을 제외한 토지
㉤ 무허가건축물의 부속토지
㉥ 사회복지사업자가 복지시설의 소비용에 공하기 위하여 취득하여 소유하는 농지
㉦ 일반 영업 건축물의 부속 토지로서 기준 면적 이내의 토지
㉧ 「전기사업법」에 의한 전기사업자가 「전원개발촉진법」에 의하여 취득한 토지 중 발전시설 또는 송전·변전시설에 직접 사용하고 있는 토지
㉨ 회원제 골프장용 토지로서 「체육시설의 설치 및 이용에 관한 법률」에 의하여 구분 등록이 되는 토지
㉩ 군 지역과 시 지역(특별시·광역시 포함) 중 도시지역 밖에 소재하는 개인이 소유하는 농지로서 자경요건에 해당하지 아니한 자가 소유하고 있는 농지

① 1개　② 2개　③ 3개　④ 4개　⑤ 5개

Thema 032 재산세 과세표준

「지방세법」상 재산세 과세표준에 관한 설명으로 옳은 것은? (단, 주택의 과세표준은 과세상한액보다 적은 경우이다) ▶ 제23회

① 단독주택의 재산세 과세표준은 토지·건물을 일체로 한 개별주택가격으로 한다.
② 건축물의 재산세 과세표준은 거래가격 등을 고려하여 시장·군수·구청장이 결정한 가액으로 한다.
③ 토지의 재산세 과세표준은 개별공시지가로 한다.
④ 공동주택의 재산세 과세표준은 법령에 따른 시가표준액에 100분의 60을 곱하여 산정한 가액으로 한다(과세표준 상한액보다 적은 경우).
⑤ 건축물의 재산세 과세표준은 법인의 경우 법인장부에 의해 증명되는 가격으로 한다.

재산세의 과세표준을 물어보는 문제에서 재산이 부동산인 경우에는 공정시장가액을 선박·항공기인 경우 공정시장가액이 없이 시가표준액으로 함을 숙지해야 한다. 이는 취득세와 비교 내용으로 출제된다.

출제 키워드
- 재산세의 과세표준
- 시가표준액
- 공정시장가액비율

핵심포인트

재산세 과세표준

재산세의 과세표준은 **과세기준일 시점의 재산가액**으로 한다.

- 토지의 과세표준
  = 개별 공시지가 × 공정시장가액비율(70%)
- 아파트 등 공동주택의 과세표준
  = 공동주택가액 × 공정시장가액비율(60%)
- 단독주택의 과세표준
  = 개별 주택가격 × 공정시장가액비율(60%)
- 건축물의 과세표준
  = 시가표준액 × 공정시장가액비율(70%)

주택의 과세표준이 과세표준상한액보다 큰 경우에는 과세표준 상한 액으로 한다.

선박·항공기에 대한 과세표준은 시가표준액으로 한다.

재산세·취득세·등록면허세 과세표준 비교

취득세	등록면허세	재산세
취득 당시 가액(신고가액)	등기·등록 당시 가액(신고가액)	**개인·법인 상관없이** 과세기준일 시점 재산가액

재산세의 세부담 상한

당해 재산에 대한 재산세의 산출세액이 직전연도의 당해재산에 대한 재산세액 상당액의 100분의 150을 초과하는 경우에는 **100분의 150에 해당하는 금액을 당해연도에 징수할 세액으로 한다**. 주택은 제외한다.

핵심 OX

1. 주택에 대한 재산세의 과세표준은 과세표준상한액보다 큰 경우에는 과세기준일 현재 개인·법인 구별 없이 시가표준액으로 한다. (○, ×)
2. 주택을 보유한 경우 재산세 산출세액은 지방세법령에 따라 계산한 직전년도 해당 재산에 대한 재산세액 상당액의 100분의 150에 해당하는 금액을 한도로 한다. (○, ×)
3. 재산세의 과세표준을 시가표준액에 공정시장가액 비율을 곱하여 산정할 수 있는 대상은 토지와 주택에 한한다. (○, ×)
4. 법인이 토지를 보유한 경우의 재산세의 과세표준은 법인장부에 의해 입증된 경우로 과세기준일 시점의 장부가액이다. (○, ×)

정답

1. × 과세표준 상한액으로 한다.
2. × 주택은 세부담상한이 없다.
3. × 토지·주택·건축물의 재산세과세표준은 시가표준액 × 공정시장가액비율이다. 주택의 과세표준이 과세표준상한액보다 큰 경우에는 과세표준상한액으로 한다.
4. × 개인·법인 구별 없이 시가표준액 × 공정시장가액비율(70%)

해설 정답 ≫ ④

① 단독주택의 재산세 과세표준은 토지·건물을 일체로 한 ~~개별주택가격으로 한다~~.
시가표준액인 개별 주택 가액에 공정시장가액비율(60%)를 곱한 금액을 과세표준으로 한다.

② 건축물의 재산세 과세표준은 거래가격 등을 고려하여 ~~시장·군수·구청장이 결정한 가액으로 한다~~.
시가표준액에 공정시장가액비율(70%)를 곱한 금액을 과세표준으로 한다.

③ 토지의 재산세 과세표준은 ~~개별공시지가로 한다~~.
토지의 시가표준액인 개별공시지가에 공정시장가액비율(70%)을 곱한 금액을 과세표준으로 한다.

④ 공동주택의 재산세 과세표준은 법령에 따른 시가표준액에 100분의 60을 곱하여 산정한 가액으로 한다(과세표준 상한액보다 적은 경우).

⑤ 건축물의 재산세 과세표준은 법인의 경우 ~~법인장부에 의해 증명되는 가격으로 한다~~.
개인·법인 구별 없이 부동산인 경우는 시가표준액에 공정시장가액비율을 곱한 금액을 과세표준으로 한다.

| 출제영역 |
재산세 과세표준 ★★★
| 난 이 도 | 중
| 출제빈도 |
제15회, 제19회, 제21회, 제23회, 제26회, 제27회, 제31회

유|사|문|제

1. 다음은 「지방세법」상 재산세 과세표준에 관한 내용이다. 이 중 옳은 것은?

① 법인이 토지를 보유한 경우의 재산세의 과세표준은 과세기준일 현재 시가표준액에 공정시장가액비율 100분의 60을 곱하여 산정한 가액으로 한다. 이 경우 시가표준액은 개별공시지가이다.
② 개인이 토지를 보유한 경우의 재산세의 과세표준은 과세기준일 현재 시가표준액에 공정시장가액비율 100분의 70을 곱하여 산정한 가액으로 한다. 이 경우 시가표준액은 개별공시지가이다.
③ 주택에 대한 재산세의 과세표준은 과세기준일 현재 시가표준액으로 하고 이 경우 시가표준액은 공동주택가액 또는 개별주택가액이다.
④ 개인이 선박를 보유한 경우의 재산세의 과세표준은 과세기준일 현재 시가표준액에 공정시장가액비율 100분의 70을 곱하여 산정한 가액으로 한다.
⑤ 법인이 항공기를 보유한 경우의 재산세의 과세표준은 과세기준일 현재 시가표준액에 공정시장가액비율 100분의 60을 곱하여 산정한 가액으로 한다.

2. 다음은 재산세의 과세표준에 관한 설명이다. 옳지 않은 것은?

① 토지·건축물 및 주택에 대한 재산세의 과세표준은 시가표준액에 공정시장가액비율을 곱하여 산정한 가액으로 한다.
② 토지의 시가표준액은 관련 법률에 의하여 공시된 가액을 개별공시지가로 한다.
③ 공정시장가액비율이란 부동산 시장의 동향과 지방재정 여건 등을 고려하여 「지방세법」에서 정한 범위에서 대통령령으로 정하는 비율을 말한다.
④ 주택의 공정시장가액비율은 시가표준액의 100분의 60으로 한다.
⑤ 법인소유재산으로서 법인장부 등에 의하여 사실상의 거래가액이 확인되는 경우에는 그 사실상의 거래가액을 과세표준으로 한다.

3. 「지방세법」상 재산세의 과세표준과 세율에 관한 설명으로 옳은 것을 모두 고른 것은? (단, 법령에 따른 재산세의 경감은 고려하지 않음) ▶ 제31회

㉠ 지방자치단체의 장은 조례로 정하는 바에 따라 표준세율의 100분의 50의 범위에서 가감할 수 있으며, 가감한 세율은 해당 연도부터 3년간 적용한다.
㉡ 법령이 정한 고급오락장용 토지의 표준세율은 1천분의 40이다.
㉢ 주택의 과세표준은 법령에 따른 시가표준액에 공정시장가액비율(시가표준액의 100분의 60)을 곱하여 산정한 가액으로 한다. 단, 주택의 과세표준이 과세표준상한액보다 큰 경우에는 과세표준 상한액으로 한다.

① ㉠　② ㉢　③ ㉠, ㉡
④ ㉡, ㉢　⑤ ㉠, ㉡, ㉢

Thema 033

재산세 세율

다음 중 「지방세법」상 재산세에서 가장 높은 비례세율이 적용되는 것은? ▶ 제24회 변형

① 회원제 골프장용 토지
② 읍 지역 소재 공장용 건축물의 부속토지
③ 고급주택
④ 여객자동차운송사업 또는 화물자동차운송사업의 면허·등록 또는 자동차대여사업의 등록을 받은 자가 그 면허·등록조건에 따라 사용하는 차고용 토지
⑤ 「여객자동차 운수사업법」의 규정에 의하여 면허 또는 인가를 받은 자가 계속하여 사용하는 여객자동차터미널 및 화물터미널용 토지

출제 경향 재산세의 세율을 물어보는 문제는 5지선다의 문항에서 문장의 끝 단어가 토지인지, 건축물인지, 또는 주택인지를 구별하여 세율을 정하고, 특히 토지인 경우는 분리과세, 별도합산, 종합합산의 구분 및 비교학습으로 숙지하여야 한다.

• 재산세의 세율

핵심포인트

재산세의 표준세율

<table>
<tr><th>구 분</th><th colspan="3">과세대상</th><th>세 율</th></tr>
<tr><td rowspan="13">표준세율</td><td rowspan="5">토 지</td><td colspan="2">종합합산 과세대상</td><td>1,000분의 2~1,000분의 5(초과누진세율)</td></tr>
<tr><td colspan="2">별도합산 과세대상</td><td>1,000분의 2~1,000분의 4(초과누진세율)</td></tr>
<tr><td rowspan="3">분리과세</td><td>농지(전·답·과수원)·목장용지·임야</td><td>1,000분의 0.7</td></tr>
<tr><td>공장용지와 산업용 공급토지</td><td>1,000분의 2</td></tr>
<tr><td>회원제골프장·고급 오락장용 토지</td><td>1,000분의 40</td></tr>
<tr><td>주 택</td><td colspan="2">주택 및 부수토지</td><td>1,000분의 1~1,000분의 4(4단계 초과누진세율)</td></tr>
<tr><td rowspan="2">건축물</td><td colspan="2">주택 이외의 건축물</td><td>1,000분의 2.5</td></tr>
<tr><td colspan="2">골프장·고급 오락장 건축물</td><td>1,000분의 40</td></tr>
<tr><td rowspan="2">선 박</td><td colspan="2">일반선박</td><td>1,000분의 3</td></tr>
<tr><td colspan="2">고급선박</td><td>1,000분의 50</td></tr>
<tr><td>항공기</td><td colspan="2">항공기</td><td>1,000분의 3</td></tr>
<tr><td rowspan="2">건축물</td><td colspan="2">시지역의 주거지역 내 공장용 건축물</td><td>1,000분의 5</td></tr>
<tr><td colspan="2">(중과세)과밀억제권역 내 공장의 신설과 증설</td><td>1,000분의 12.5(중과세)</td></tr>
</table>

1주택의 특례: 1세대 1주택(시가표준액 9억원 이하에 한함)에 대해서는 0.05%~0.35% 누진세율이 적용된다.

핵심OX

1. 주택에 대한 재산세는 주택별로 표준세율을 적용한다. (○, ×)
2. 재산세의 세율적용시 법령에 적용된 고급주택은 1천분의 40, 그 밖의 주택은 누진세율을 적용한다. (○, ×)
3. 토지와 건물의 소유자가 다른 주택에 대해 세율을 적용할 때 해당 주택의 토지와 건물의 가액을 소유자별로 구분계산한 과세표준에 해당 세율을 적용한다. (○, ×)
4. 지방자치단체의 장은 세율조정이 불가피하다고 인정되는 경우 조례로 정하는 바에 따라 표준세율의 100분의 50의 범위에서 가감할 수 있으며, 가감한 세율은 5년간 적용한다. (○, ×)

정답

1. ○
2. × 고급주택과 그 밖의 주택은 0.1%~0.4%의 누진세율을 적용한다.
3. × 주택을 2인 이상이 공동으로 소유하거나 토지와 건물의 소유자가 다를 경우 당해 주택에 대한 세율을 적용함에 있어서는 당해 주택의 토지와 건물의 가액을 합산한 과세표준액에 0.1%~0.4%의 초과누진세율을 적용한다.
4. × 탄력세율은 해당년도에만 적용한다.

해설 정답 ≫ ①

① 회원제 골프장용 토지
└• 회원제 골프장용토지 경우 재산세 세율은 1,000분의 40이다.

② 읍 지역 소재 공장용 건축물의 부속토지
└• 재산세의 세율은 0.2%이다.

③ 고급주택
└• 0.1%~0.4%의 누진세율이다.

④ 여객자동차운송사업 또는 화물자동차운송사업의 면허·등록 또는 자동차대여사업의 등록을 받은 자가 그 면허·등록조건에 따라 사용하는 차고용 토지
└• 토지의 재산세로 별도합산 과세한다.
세율은 0.2%~0.4%의 누진세율이 적용된다.

⑤ 「여객자동차 운수사업법」의 규정에 의하여 면허 또는 인가를 받은 자가 계속하여 사용하는 여객자동차터미널 및 화물터미널용 토지
└• 토지의 재산세로 분리과세한다. 세율은 0.2%이다.

| 출제영역 |
재산세 세율 ★★★

| 난 이 도 | 중

| 출제빈도 |
제17회, 제18회, 제19회, 제21회, 제22회, 제23회, 제24회, 제27회, 제29회, 제30회, 제31회, 제34회

유사문제

1. 지방세법령상 재산세의 표준세율에 관한 설명으로 틀린 것은? (단, 지방세관계법령상 감면 및 특례는 고려하지 않음) ▶ 제34회

① 법령에서 정하는 고급선박 및 고급오락장용 건축물의 경우 고급선박의 표준세율이 고급오락장용 건축물의 표준세율보다 높다.
② 특별시 지역에서 「국토의 계획 및 이용에 관한 법률」과 그 밖의 관계 법령에 따라 지정된 주거지역 및 해당 지방자치단체의 조례로 정하는 지역의 대통령령으로 정하는 공장용 건축물의 표준세율은 과세표준의 1천분의 5이다.
③ 주택(법령으로 정하는 1세대 1주택 아님)의 경우 표준세율은 최저 1천분의 1에서 최고 1천분의 4까지 4단계 초과누진세율로 적용한다.
④ 항공기의 표준세율은 1천분의 3으로 법령에서 정하는 고급선박을 제외한 그 밖의 선박의 표준세율과 동일하다.
⑤ 지방자치단체의 장은 특별한 재정수요나 재해 등의 발생으로 재산세의 세율 조정이 불가피하다고 인정되는 경우 조례로 정하는 바에 따라 표준세율의 100분의 50의 범위에서 가감할 수 있다. 다만, 가감한 세율은 해당 연도를 포함하여 3년간 적용한다.

2. 「지방세법」상 다음에 적용되는 재산세의 표준세율이 가장 높은 것은? ▶ 제32회

① 과세표준이 5천만원인 종합합산과세대상 토지
② 과세표준이 2억원인 별도합산과세대상 토지
③ 과세표준이 1억원인 군지역에서 「농지법」에 따른 농업법인이 소유하는 농지로서 과세기준일 현재 실제 영농에 사용되고 있는 농지
④ 과세표준이 5억원인 「수도권정비계획법」에 따른 과밀억제권역 외의 읍·면 지역의 공장용 건축물
⑤ 과세표준이 1억 5천만원인 주택(1세대 1주택에 해당되지 않음)

3. 「지방세법」상 재산세 표준세율이 초과누진세율로 되어 있는 재산세 과세대상을 모두 고른 것은? ▶ 제30회

ㄱ 별도합산과세대상 토지
ㄴ 분리과세대상 토지
ㄷ 광역시(군 지역은 제외) 지역에서 「국토의 계획 및 이용에 관한 법률」과 그 밖의 관계 법령에 따라 지정된 주거지역의 대통령령으로 정하는 공장용 건축물
ㄹ 주택

① ㄱ, ㄴ ② ㄱ, ㄷ ③ ㄱ, ㄹ ④ ㄴ, ㄷ ⑤ ㄷ, ㄹ

4. 「지방세법」상 재산세의 표준세율에 관한 설명으로 틀린 것은? ▶ 제23회 · 제31회

① 주택에 대한 재산세의 세율은 4단계 초과누진세율이다.
② 취득세 중과대상인 고급주택에 대한 재산세의 세율은 1,000분의 50이다.
③ 종합합산과세대상 토지에 대한 재산세의 세율은 3단계 초과누진세율이다.
④ 시장·군수는 재해 등의 발생으로 세율 조정이 불가피하다고 인정되는 경우 조례로 정하는 바에 따라 표준세율의 100분의 50 범위에서 가감할 수 있지만, 가감한 세율은 해당연도에만 적용한다.
⑤ 건축물에 대한 재산세의 산출세액이 법령으로 정하는 방법에 따라 계산한 직전연도의 해당 재산에 대한 재산세액 상당액의 100분의 150을 초과하는 경우에는 100분의 150에 해당하는 금액을 해당연도에 징수할 세액으로 한다.

Thema 034 재산세의 부과 · 징수

「지방세법」상 2025년 귀속 재산세 부과 · 징수에 관한 설명으로 틀린 것은? (단, 세액변경이나 수시부과사유는 없음) ▶ 제29회

① 토지분 재산세의 납기는 매년 9월 16일부터 9월 30일까지이다.
② 선박분 재산세의 납기는 매년 7월 16일부터 7월 31일까지이다.
③ 재산세를 징수하려면 재산세 납세고지서를 납기개시 5일 전까지 발급하여야 한다.
④ 주택분 재산세로서 해당년도에 부과할 세액이 20만원 이하인 경우 9월 30일 납기로 한꺼번에 부과 · 징수한다.
⑤ 재산세를 물납하려는 자는 납부기한 10일 전까지 납세지 관할하는 시장 · 군수 · 구청장에게 물납신청하여야 한다.

출제경향 재산세의 부과 · 징수는 보통징수로 고지서 발부로 징수된다. 고지서 발부는 구분 고지하며, 각 재산마다의 납부기간에 대해 출제된다.

출제키워드 • 재산세의 부과 · 징수 • 보통징수 • 재산세의 납부기간

핵심포인트

재산세의 부과 · 징수

재산세의 부과 · 징수 방법은 보통징수로 한다.

1. 보통징수방법이란 지자체가 세액산정(=세무공무원이 **세액 결정**하여) **고지서발부로 징수**하는 방법으로 납세의무자의 신고에 의해 세액이 확정되지 않기 때문에 **재산세는 가산세 규정이 없다. 수정신고, 기한 후 신고 규정도 없다.**

> 재산세를 징수하고자 하는 때에는 **토지, 건축물, 주택, 선박 및 항공기**로 **구분한** 납세고지서에 과세표준과 세액을 기재하여 늦어도 납기개시 5일 전까지 발부하여야한다.

2. 과세기준일 = **납세의무의 성립일로서 6월 1일**이다.
3. **재산세의 납부기간**

재산세의 납부기간은 재산의 종류에 따라 다음과 같이 달라진다.

과세대상	납 기
토 지	매년 9월 16일부터 9월 30일까지
건축물	매년 7월 16일부터 7월 31일까지
주 택	해당 연도에 부과 · 징수할 세액의 2분의 1은 매년 7월 16일부터 7월 31일까지, 나머지 2분의 1은 매년 9월 16일부터 9월 30일까지. 다만, 해당 연도에 부과할 세액이 20만원 이하인 경우에는 조례로 정하는 바에 따라 납기를 7월 16일부터 7월 31일까지로 하여 한꺼번에 부과 · 징수할 수 있다.
선 박	매년 7월 16일부터 7월 31일까지
항공기	매년 7월 16일부터 7월 31일까지

핵심OX

1. 재산의 소유권 변동 또는 과세대상 재산의 변동 사유가 발생되었으나 과세기준일까지 그 등기가 되지 아니한 재산의 공부상 소유자는 과세기준일부터 15일 이내에 그 소재지를 관할하는 지방자치단체의 장에게 그 사실을 알 수 있는 증거자료를 갖추어 신고하여야 한다. 신고를 하지 아니한 경우는 가산세를 결정세액에 더한다. (○, ×)
2. 재산세의 과세기준일은 매년 7월 1일이다. (○, ×)
3. 토지의 정기분 납부세액이 9만원인 경우 조례에 따라 납기를 7월 16일부터 7월 31일까지로 하여 한꺼번에 부과 · 징수할 수 있다. (○, ×)
4. 지방자치단체의 장은 재산세의 납부세액이 500만원을 초과하는 경우 법령에 따라 납부할 세액의 전부를 납부기한이 지난 날부터 6개월 이내에 분납하게 할 수 있다. (○, ×)

정답

1. × 재산세는 가산세가 없다.
2. × 재산세의 과세기준일은 매년 6월 1일이다.
3. × 해당년도의 주택의 부과세액이 20만원 이하인 경우의 주택의 납부기간은 7월 16일부터 7월 31일까지로 하여 한꺼번에 부과 · 징수할 수 있다.
4. × 재산세의 납부세액이 250만원을 초과하는 경우 납세의무자의 신청에 의해 납부할 세액의 일부를 납부기한이 지난 날부터 3개월 내 분납하게 할 수 있다.

해설 정답 ≫ ④

① 토지분 재산세의 납기는 매년 9월 16일부터 9월 30일까지이다.
- 토지에 대한 재산세의 납부기간은 세액크기에 관계없이 매년 9월 16일부터 9월 30일까지이다.

② 선박분 재산세의 납기는 매년 7월 16일부터 7월 31일까지이다.
- 건축물 · 선박 · 항공기에 대한 재산세의 납부기간은 세액크기에 관계없이 매년 7월 16일부터 7월 31일까지이다.

③ 재산세를 징수하려면 재산세 납세고지서를 납기개시 5일 전까지 발급하여야 한다.
- 재산세를 장수하고자 하는 때에는 토지, 건축물, 주택, 선박 및 항공기로 구분한 납세고지서에 과세표준과 세액을 기재하여 늦어도 납기개시 5일 전까지 발부하여야 한다.

④ 주택분 재산세로서 해당년도에 부과할 세액이 20만원 이하인 경우 ~~9월 30일~~ 납기로 한꺼번에 부과 · 징수한다.
- 해당 연도의 주택의 부과세액이 20만원 이하인 경우의 주택의 납부기간은 7월 16일부터 7월 31일까지로 하여 한꺼번에 부과 · 징수할 수 있다.

⑤ 재산세를 물납하려는 자는 납부기한 10일 전까지 납세지 관할하는 시장 · 군수 · 구청장에게 물납신청하여야 한다.

| 출제영역 |
재산세 부과 · 징수 ★★★

| 난 이 도 | 중

| 출제빈도 |
제13회, 제24회, 제25회, 제26회, 제29회, 제30회, 제31회, 제34회

유 사 문 제

1. 「지방세법」상 재산세 징수에 관한 설명으로 틀린 것은?

① 납세의무자는 재산세의 납부세액이 1천만원을 초과하는 경우, 납부할 세액의 전부를 분납할 수 있다.
② 고지서 1매당 재산세로 징수할 세액이 2,000원 미만인 경우에는 해당 재산세를 징수하지 아니한다.
③ 납세의무자는 재산세의 납부세액이 1천만원을 초과하는 경우, 당해 지방자치단체의 관할구역 내 부동산에 물납할 수 있다.
④ 토지분 재산세의 납기는 매년 9월 16일부터 9월 30일까지이다.
⑤ 보통징수방법에 의하여 부과 · 징수한다.

2. 「지방세법」상 재산세에 관한 설명으로 옳은 것은? ▶ 제30회

① 건축물에 대한 재산세의 납기는 매년 9월 16일에서 9월 30일이다.
② 재산세의 과세대상 물건이 공부상 등재 현황과 사실상의 현황이 다른 경우에는 공부상 등재 현황에 따라 재산세를 부과한다.
③ 주택에 대한 재산세는 납세의무자별로 해당 지방자치단체의 관할구역에 있는 주택의 과세표준을 합산하여 주택의 세율을 적용한다.
④ 지방자치단체의 장을 재산세의 납부세액(재산세 도시지역분 포함)이 1천만원을 초과하는 경우에는 납세의무자의 신청을 받아 해당 지방자치단체의 관할구역에 있는 부동산에 대하여만 대통령령으로 정하는 바에 따라 물납을 허가할 수 있다.
⑤ 주택에 대한 재산세의 과세표준은 시가표준액의 100분의 70으로 한다.

3. 다음은 재산세에 대한 설명이다. 옳은 것으로 묶은 것은?

㉠ 재산세가 과세되는 경우 그 재산에 대한 납부세액의 20%를 지방교육세로 부가한다.
㉡ 2025년 5월 21일에 甲으로부터 乙로 소유권이 변동되었을 경우 소유권 변동된 연도의 보유기간 동안의 사용수익에 대해 안분하여 甲, 乙 모두에게 재산세의 납세의무를 부여한다.
㉢ 재산세의 납세의무자는 재산세의 납부개시일 현재 사실상 소유자이다.
㉣ 고급주택에 대한 재산세의 납기는 고급주택 이외의 주택에 대한 재산세의 납기와 같다.
㉤ 소유권 등이 변동된 토지는 과세기준일로부터 15일 이내에 그 내용을 신고하여야 하며, 신고를 하지 아니한 경우에는 가산세가 20%이다.
㉥ 재산세는 납세의무자의 자진 신고에 의해 세액 산정으로 징수하므로 재산세에 대한 가산세가 적용된다.

① ㉠, ㉣　② ㉠, ㉢, ㉣　③ ㉠, ㉢
④ ㉢, ㉥　⑤ ㉠, ㉡, ㉥

재산세 비과세

「지방세법」상 재산세의 비과세대상이 아닌 것은? (단, 아래의 답항별로 주어진 자료 외의 비과세요건은 충족된 것으로 가정함) ▶ 제28회, 제33회 변형

① 지방자치단체가 1년 이상 공용으로 사용하는 재산에 대하여는 소유권의 유상이전을 약정한 경우로서 그 재산을 취득하기 전에 미리 사용하는 경우 재산세를 부과하지 아니한다.
② 임시로 사용하기 위하여 건축된 건축물로서 재산세 과세기준일 현재 1년 미만의 것
③ 농업용 구거와 자연 유수의 배수처리에 제공하는 구거
④ 「군사기지 및 군사시설 보호법」에 따른 군사기지 및 군사시설 보호구역 중 통제보호구역에 있는 토지(전·답·과수원 및 대지는 제외)
⑤ 「도로법」에 따른 도로와 그밖에 일반인의 자유로운 통행을 위하여 제공할 목적으로 개설한 사설도로(「건축법시행령」 제80조의3에 따른 대지 안의 공지는 제외)

출제 경향 재산세의 비과세는 총괄적으로 출제된 경우 몇 회 없으나, 지문 중 한 지문으로 출제되니 강의 시간에 설명된 주의 부문에 대해서 숙지하고 지문을 정리하여야 한다.

• 재산세 비과세

핵심포인트

재산세의 비과세

1. 국가, 지방자치단체, 지방자치단체조합, 외국정부 및 주한국제기구의 소유에 속하는 재산에 대하여는 재산세를 부과하지 아니한다.
2. 국가, 지방자치단체 또는 지방자치단체조합이 1년 이상 공용 또는 공공용으로 사용(1년 이상 사용할 것이 계약서 등에 의하여 입증되는 경우를 포함한다)하는 재산에 대하여는 재산세를 부과하지 아니한다. 다만, 다음 각 ㉠㉡의 어느 하나에 해당하는 경우에는 재산세를 부과한다.
   ㉠ 유료로 사용하는 경우
   ㉡ 소유권의 유상이전을 약정한 경우로서 그 재산을 취득하기 전에 미리 사용하는 경우
3. 「군사기지 및 군사시설 보호법」에 따른 군사기지 및 군사시설 보호구역 중 통제보호구역에 있는 토지는 재산세를 부과하지 아니한다. 다만, 전·답·과수원 및 대지는 제외한다.
4. 「자연공원법」에 따른 공원자연보존지구의 임야는 재산세를 부과하지 아니한다.
5. 임시로 사용하기 위하여 건축된 **건축물로서 재산세 과세기준일 현재 1년 미만**의 것에 대하여는 재산세를 부과하지 아니한다.
6. 재산세를 부과하는 해당 연도에 철거하기로 계획이 확정되어 재산세 과세기준일 현재 행정관청으로부터 철거명령을 받았거나 철거보상계약이 체결된 **건축물 또는 주택**에 대하여는 재산세를 부과하지 아니한다.

핵심OX

1. 과세기준일 이후에 과세객체인 재산의 소유권을 취득한 자에 대해서는 취득연도에 대한 재산세는 부과되지 아니한다. (○, ×)
2. 재산세의 세액이 3,000원 미만일 때에는 재산세를 부과하지 아니한다. (○, ×)
3. 국가·지방자치단체·지방자치단체조합·공공단체와 재산세 과세물건을 연부로 매매계약을 체결하고 그 재산의 사용권을 무상으로 부여받은 경우에는 재산세를 비과세한다. (○, ×)
4. 재산세 과세물건의 소유권의 귀속이 분명하지 아니한 경우에는 재산세를 비과세한다. (○, ×)
5. 「군사기지 및 군사시설 보호법」에 따른 군사기지 및 군사시설 보호구역 중 통제보호구역에 있는 전·답·과수원 및 대지를 포함한 토지에 대하여는 재산세를 부과하지 아니한다. (○, ×)

정답

1. ○
2. × 재산세의 세액이 2,000원 미만일 때에는 재산세를 부과하지 아니한다.
3. × 매수계약자에게 재산세 납세의무를 부여한다.
4. × 사용자에게 재산세 납세의무를 부여한다.
5. × 군사시설 보호구역 중 통제보호구역에 있는 전·답·과수원 및 대지를 제외한 토지에 대하여는 재산세를 부과하지 아니한다.

해설 정답 ≫ ①

① 지방자치단체가 1년 이상 공용으로 사용하는 재산에 대하여는 소유권의 유상이전을 약정한 경우로서 그 재산을 취득하기 전에 미리 사용하는 경우 재산세를 부과하지 아니한다.
유상으로 사용되는 경우로 재산세를 부과한다.

② 임시로 사용하기 위하여 건축된 건축물로서 재산세 과세기준일 현재 1년 미만의 것
└ 비과세

③ 농업용 구거와 자연 유수의 배수처리에 제공하는 구거
- 대통령령으로 정하는 도로 · 하천 · 제방 · 구거 · 유지 및 묘지는 비과세

④ 「군사기지 및 군사시설 보호법」에 따른 군사기지 및 군사시설 보호구역 중 통제보호구역에 있는 토지(전 · 답 · 과수원 및 대지는 제외)
└ 전 · 답 · 과수원 및 대지를 제외한 토지는 비과세한다.

⑤ 「도로법」에 따른 도로와 그밖에 일반인의 자유로운 통행을 위하여 제공할 목적으로 개설한
└ 비과세
사설도로(「건축법시행령」 제80조의3에 따른 대지 안의 공지는 제외)
└ 비과세 └ 건축선 안에 있는 대지 안의 공지는 과세

| 출제영역 |
재산세 비과세 ★
| 난 이 도 | 중
| 출제빈도 |
제20회, 제22회, 제28회, 제30회, 제33회

유사문제

1. 다음은 재산세에 대한 설명이다. 틀린 것은?

① 재산세는 지적공부에 등록되어 있지 않은 토지라도 과세대상으로 한다.
② 공부상의 소유자가 매매 등의 사유로 소유권에 변동이 있었음에도 이를 신고하지 아니하여 사실상의 소유자를 알 수 없는 때에는 재산세 과세기준일 현재 공부상의 소유자를 납세의무자로 본다.
③ 토지에 대한 재산세의 납세지는 당해 토지의 소재지를 관할하는 지방자치단체인 시 · 군 및 자치구로 한다.
④ 대한민국 정부기관의 토지에 대하여 과세하는 외국정부의 토지에 대하서는 재산세를 부과한다.
⑤ 국가 · 지방자치단체 및 지방자치단체조합이 공용 또는 공공용에 사용하는 토지에 대하여는 그 사용의 유상 · 무상을 불문하고 재산세를 부과하지 아니한다.

2. 甲의 소유 주택을 乙이 다음 자료에 의해 취득하였을 경우 소유권 변동된 년도의 재산세 납세의무자는?

- 매도인: 甲 • 매수인: 乙
- 사실상 작성일: 2025년 4월 25일
- 중도금 지급일: 2025년 4월 31일
- 계약서잔금지급일: 2025년 5월 27일
- 등기등록일: 2025년 6월 7일
- 2025년 6월 2일: 과세대장에 매수인을 등재하였다.
- 그 이후 소유권의 변동은 없었다.

① 매도인인 甲이 납세의무를 진다.
② 매수인인 乙이 납세의무를 진다.
③ 매수인과 매도인이 각각 50% 납세의무를 진다.
④ 계약서 작성일까지는 매도인이 납세의무를 진다.
⑤ 계약서 작성일부터 매수인이 납세의무를 진다.

3. 「지방세법」상 재산세 비과세 대상에 해당하는 것은? (단, 주어진 조건 외에는 고려하지 않음) ▶ 제30회

① 지방자치단체가 1년 이상 공용으로 사용하는 재산으로서 유료로 사용하는 재산
② 「한국농어촌공사 및 농지관리기금법」에 따라 설립된 한국농어촌공사가 같은 법에 따라 농가에 공급하기 위하여 소유하는 농지
③ 「공간정보의 구축 및 관리 등에 관한 법률」에 따른 제방으로서 특정인이 전용하는 제방
④ 「군사기지 및 군사시설 보호법」에 따른 군사기지 및 군사시설 보호구역 중 통제보호구역에 있는 전 · 답
⑤ 「산림자원의 조성 및 관리에 관한 법률」에 따라 지정된 채종림 · 시험림

Thema 036

종합부동산세의 과세대상

종합부동산세의 과세기준일 현재 과세대상자산이 아닌 것을 모두 고른 것은? (단, 주어진 조건 외에는 고려하지 않음) ▶ 제26회

㉠ 군지역과 시지역(특별시·광역시 포함) 중 도시지역 밖에 소재하는 개인이 소유하는 농지로서 자경요건에 해당하지 아니한 자가 소유하고 있는 농지
㉡ 국내에 있는 부부공동명의(지분비율이 동일함)로 된 1세대 1주택의 공시가격이 10억원인 경우
㉢ 공장용 건축물
㉣ 회원제 골프장용 토지(회원제 골프장업의 등록시 구분등록의 대상이 되는 토지)의 공시가격이 100억원인 경우

① ㉠, ㉡　② ㉢, ㉣　③ ㉠, ㉡, ㉢
④ ㉠, ㉢, ㉣　⑤ ㉡, ㉢, ㉣

출제경향 종합부동산세의 과세는 재산세의 누진세율이 적용되는 대상물을 과세대상으로 하기 때문에 재산세의 세율을 정확히 구별할 줄 알아야 한다.

출제키워드
- 종합부동산세 과세대상
- 종합부동산세 납세의무

핵심포인트

종합부동산세 과세대상

종합부동산세는 납세의무자별로 소유자에 대해 **전국의 토지 또는 주택**의 가액을 합산한 금액을 기준으로 하여 **초과누진세율을 적용**하므로 인세성격을 지닌 조세이다.

종합부동산세와 관련이 없는 물건
건축물(건축물의 부수토지는 별도합산으로 과세대상물에 속한다), 등록문화재 주택, **분리과세되는 토지, 임대주택, 종업원 기숙사 및 사택**, 주택건설사업자의 미분양주택, 가정어린이집, **고급오락장, 골프장**

1차: 재산세(시·군·구)	2차: 종합부동산세(국가)
주택 ⇨ 주택별 개별과세	과세기준일 현재 국내의 재산세 과세대상 중 **소유자별** 주택의 공시가격을 **합한 금액이 9억원 초과분**을 과세
종합합산 ⇨ 시·군별 소유자별 합산	과세기준일 현재 국내소재 종합합산과세대상 토지의 공시가격을 **소유자별** 합한 금액이 5억원 초과분 과세
별도합산 ⇨ 시·군별 소유자별 합산	과세기준일 현재 국내소재 별도합산과세대상 토지의 공시가격을 소유자별로 합한 금액이 80억원 초과분은 과세

핵심OX

1. 「지방세법」에 의한 재산세의 감면규정은 종합부동산세를 부과함에 있어서 이를 준용한다. (○, ×)
2. 종합부동산세는 국내에 소재하는 토지에 대하여 「지방세법」의 규정에 의한 종합합산과 대상, 별도합산과세 및 분리과세대상으로 구분하여 과세한다. (○, ×)
3. 과세기준일 현재 토지분 재산세의 납세의무자로서 종합합산과세대상인 경우 국내 소재 과세대상 토지의 공시가격을 소유자별로 합한 금액이 5억원을 초과하는 자는 종합부동산세의 납세의무가 있다. (○, ×)
4. 수개의 주택 거주자인 개인이 보유한 경우 재산세는 소유자에 대해 주택별로 세액 산정하여 시·군·구에서 과세하나, 종합부동산세는 전국 소재 주택에 대해 세대별로 합산하여 과세한다. (○, ×)

정답
1. ○
2. × 분리과세는 종합부동산세의 납세의무 없다.
3. ○
4. × 종합부동산세는 전국 소재 주택에 대해 소유자별로 합산하여 과세한다.

해설 정답 ≫ ⑤

㉠ 군지역과 시지역(특별시·광역시 포함) 중 도시지역 밖에 소재하는 개인이 소유하는 농지로서 자경요건에 해당하지 아니한 자가 소유하고 있는 농지
- 자경되지 아니한 농지는 종합합산(기준금액은 공시가액으로 5억 초과)으로 종합부동산세 과세대상이다.

㉡ 국내에 있는 ~~부부공동명의(지분비율이 동일함)로 된 1세대 1주택의 공시가격이 10억원~~인 경우
- 부부공동명의(지분비율이 동일함)로 된 1세대 1주택의 공시가격이 10억원인 경우 소유자별로 계산하면 각각 5억원으로 주택의 기준금액 9억원 초과에 해당되지 않아 둘 다 종합부동산세 납세의무는 없다.

㉢ 공장용 ~~건축물~~
- 종합부동산세 과세대상이 아니다.

㉣ ~~회원제 골프장~~용 토지(회원제 골프장업의 등록시 구분등록의 대상이 되는 토지)의 공시가격이
- 회원제 골프장은 토지이든 건축물이든 종합부동산세의 과세대상이 아니다.

100억원인 경우

① ㉠, ㉡ ② ㉢, ㉣ ③ ㉠, ㉡, ㉢ ④ ㉠, ㉢, ㉣ ⑤ ㉡, ㉢, ㉣

| 출제영역 |
종합부동산세 과세대상 ★★★

| 난 이 도 | 중

| 출제빈도 |
제15회, 제16회, 제17회, 제18회, 제22회, 제23회, 제24회, 제26회 제31회, 제35회

유사문제

1. 다음 중 종합부동산세의 과세대상에 해당하는 것은 모두 몇 개인가?

㉠ 「지방세법」상의 고급주택 ㉡ 공장용 건축물
㉢ 분리과세되는 토지 ㉣ 골프장용 부속토지
㉤ 가정어린이집 ㉥ 일반사업용 건축물
㉦ 고급오락장용 건축물 ㉧ 건축물이 없는 나대지, 잡종지
㉨ 사업용 건축물의 부속토지, 자동차운전교습장용 토지

① 1개 ② 2개 ③ 3개 ④ 4개 ⑤ 5개

2. 「종합부동산세법」상 종합부동산세의 과세대상이 <u>아닌</u> 것을 모두 고른 것은? ▶ 제24회

㉠ 종중이 1990년 1월부터 소유하는 농지
㉡ 1990년 1월부터 소유하는 「수도법」에 따른 상수원 보호구역의 임야
㉢ 「지방세법」에 따라 재산세가 비과세되는 토지
㉣ 취득세 중과대상인 고급오락장용 건축물

① ㉠, ㉡ ② ㉡, ㉢ ③ ㉢, ㉣
④ ㉠, ㉡, ㉣ ⑤ ㉠, ㉡, ㉢, ㉣

3. 「종합부동산세법」상 종합부동산세의 과세대상인 것은? ▶ 제23회

① 개인과 축산업을 주업으로 하는 법인이 축산용으로 사용하는 도시지역 밖의 목장용지 중 축산용 토지
② 관계법령에 따른 사회복지사업자가 복지시설이 소비목적으로 사용할 수 있도록 하기 위하여 1990년 5월 1일부터 소유하는 농지
③ 상업용 건축물(오피스텔 제외)
④ 공장용 건축물
⑤ 무허가 건축물의 부수토지

4. 종합부동산세법령상 토지에 대한 과세에 관한 설명으로 옳은 것은? ▶ 제35회

① 토지분 재산세의 납세의무자로서 종합합산과세대상 토지의 공시가격을 합한 금액이 5억원인 자는 종합부동산세를 납부할 의무가 있다.
② 토지분 재산세의 납세의무자로서 별도합산과세대상 토지의 공시가격을 합한 금액이 80억원인 자는 종합부동산세를 납부할 의무가 있다.
③ 토지에 대한 종합부동산세는 종합합산과세대상, 별도합산과세대상 그리고 분리과세대상으로 구분하여 과세한다.
④ 종합합산과세대상인 토지에 대한 종합부동산세의 과세표준은 해당 토지의 공시가격을 합산한 금액에서 5억원을 공제한 금액에 100분의 50을 한도로 공정시장가액비율을 곱한 금액으로 한다.
⑤ 별도합산과세대상인 토지의 과세표준 금액에 대하여 해당 과세대상 토지의 토지분 재산세로 부과된 세액(「지방세법」에 따라 가감조정된 세율이 적용된 경우에는 그 세율이 적용된 세액, 같은 법에 따라 세부담 상한을 적용받은 경우에는 그 상한을 적용받은 세액을 말한다)은 토지분 별도합산세액에서 이를 공제한다.

종합부동산세의 과세표준과 세율

다음은 종합부동산세의 설명이다. 옳은 것은? ▶ 제20회 변형

① 법령에 따른 1세대 1주택에 대한 종합부동산세의 과세표준은 납세의무자별로 주택의 공시가격을 합산한 금액에서 9억원을 공제한 금액에 공정시장가액비율인 60%를 곱한 금액으로 한다.

② 주택분 과세표준 금액에 대하여 해당 과세대상 주택의 주택분 재산세로 부과된 세액(탄력 세율이 적용된 경우에는 그 세율이 적용된 후의 세액, 세부담 상한을 적용받은 경우에는 그 상한을 적용받은 후의 세액을 말한다)은 주택분 종합부동산세액에서 이를 공제한다.

③ 별도합산과세토지에 대한 종합부동산세의 세액인 토지분 별도합산세액은 과세표준에 1% ~ 3% 초과누진세율을 적용하여 계산한 금액으로 한다.

④ 과세기준일 현재 만 60세 이상인 자가 보유하고 있는 종합부동산세 과세대상인 토지에 대하여는 연령에 따른 세액공제를 받을 수 있다.

⑤ 3주택 이상 소유한 경우 직전년도에 당해 주택에 부과된 주택에 대한 총세액상당액으로서 100분의 200을 초과하는 경우에는 그 초과하는 세액에 대하여는 이를 없는 것으로 본다.

출제 경향 종합부동산세의 세율과 세부담상한, 세액공제의 부분이 개정되어 이 부분에 대해 흐름으로 이해하고, 종합적으로 정리학습하여야 한다.

- 종합부동산세 과세표준
- 종합부동산세 세액공제
- 종합부동산세의 세부담상한
- 종합부동산세의 세율

핵심포인트

부동산세의 세액 산정

1. 토지에 대한 종합부동산세 세액 산정

구분	종합합산	별도합산
과세표준	토지의 공시가격 합계액 −5억원 × **공정시장가액비율(100%)**	토지의 공시가격 합계액 −80억원 × **공정시장가액비율(100%)**
세율	1%~3%의 초과누진세율	0.5%~0.7%의 초과누진세율

2. 주택에 대한 종합부동산세액 산정

구분	일반	1세대 1주택자
과세표준	주택의 공시가격 합계액− **9억원×공정시장가액비율(60%)**	주택의 공시가격 합계액− **9억원−3억원×공정시장가액비율(60%)**

① 세액공제

㉠ **고령자 세액공제 ⇨ 과세기준일 현재 만 60세 이상인 1세대 1주택자**
- 60세 이상~65세 미만: 20%
- 65세 이상~70세 미만: 30%
- 70세 이상: 40%

㉡ **장기보유세액공제 ⇨ 과세기준일 현재 5년 이상 보유한 1세대 1주택자**
- 보유 5년 이상~10년 미만: 20%
- **보유 10년 이상~15년 미만**: 40%
- **보유 15년 이상**: 50%

연령별 세액공제와 장기보유세액공제는 중복적용가능하다(합계 80% 범위 내에서).

② 주택수 계산

주택분 종합부동산세액을 계산시 적용하여야 하는 주택수는 다음에 따라 계산한다. 1주택과 상속주택 · 일시적 2주택 · 1주택과 공시가액 3억원 이하의 지방저가주택에 해당하는 납세의무자는 해당년도 9월 16일~9월 30일까지 세무서장에게 신청하여야 한다.

㉠ 다가구주택 ⇨ 1주택 ㉡ 합산배제임대주택과 합산배제 사원용주택 ⇨ 주택수에 포함하지 아니한다. ㉢ 1주택과 법정 요건에 해당한 상속주택을 함께 소유한 경우 ⇨ 1세대 1주택자로 본다. ㉣ 1세대 1주택자가 1주택을 양도하기 전에 다른주택을 대체취득하여 일시적 2주택이 된 경우 ⇨ 신규주택을 취득한 날로부터 2년이 경과하지 아니한 경우는 1세대 1주택 ㉤ 1주택과 공시가액 3억원 이하인 지방저가주택을 함께 소유한 경우 ⇨ 1세대 1주택

해설 정답 ≫ ②

① 법령에 따른 1세대 1주택에 대한 종합부동산세의 과세표준은 납세의무자별로 주택의 공시가격을 합산한 금액에서 9억원을 공제한 금액에 공정시장가액비율인 60%를 곱한 금액으로 한다.
- 1세대 1주택에 대한 종합부동산세의 과세표준은 납세의무자별로 주택의 공시가격을 합산한 금액에 9억원을 공제한 금액에서 3억원을 공제한 금액에 공정시장가액비율인 60%을 곱한 금액으로 한다.

② 주택분 과세표준 금액에 대하여 해당 과세대상 주택의 주택분 재산세로 부과된 세액(탄력 세율이 적용된 경우에는 그 세율이 적용된 후의 세액, 세부담 상한을 적용받은 경우에는 그 상한을 적용받은 후의 세액을 말한다)은 주택분 종합부동산세액에서 이를 공제한다.
- 이중과세를 방지하기 위해 공제한다.

③ 별도합산과세토지에 대한 종합부동산세의 세액인 토지분 별도합산세액은 과세표준에 1%~3% 초과누진세율을 적용하여 계산한 금액으로 한다.
- 별도합산인 경우의 세율은 0.5%~0.7%의 누진세율이다.

④ 과세기준일 현재 만 60세 이상인 자가 보유하고 있는 종합부동산세 과세대상인 토지에 대하여는 연령에 따른 세액공제를 받을 수 있다.
- 연령에 따른 세액공제의 요건은 1세대 1주택으로 소유자가 만 60세 이상인 경우에 적용된다.

⑤ 3주택 이상 소유한 경우 직전년도에 당해 주택에 부과된 주택에 대한 총세액상당액으로서 100분의 200을 초과하는 경우에는 그 초과하는 세액에 대하여는 이를 없는 것으로 본다.
- 100분의 150을 초과하는 경우

| 출제영역 |
종합부동산세 과세표준 및 세율 ★★★

| 난 이 도 | 중

| 출제빈도 |
제18회, 제19회, 제20회, 제21회, 제28회, 제30회, 제31회, 제32회, 제33회

유사문제

1. 「종합부동산세법」상 종합부동산세에 관한 설명으로 틀린 것은? ▶ 제20회

① 납세의무자가 거주자인 개인인 경우 납세자는 「소득세법」상 납세지 규정을 준용한다.
② 납세의무자가 해당 년도에 납부하여야 할 토지분 종합합산 종합부동산세의 세부담 상한액은 직전년도에 부과된 종합부동산세액의 100분의 300이다.
③ 「조세특례제한법」에 의한 재산세의 감면규정은 종합부동산세를 부과함에 있어서 이를 준용한다.
④ 재산세가 분리과세되는 토지에 대하여는 종합부동산세를 과세하지 아니한다.
⑤ 주택분 종합부동산세의 납세의무자가 과세기준일 현재 1세대 1주택자로서 만 70세이고 당해 주택을 3년 보유한 경우, 법령에 따라 산출된 세액에서 그 산출된 세액에 법령이 정하는 연령별 공제율을 곱한 금액을 공제한다.

2. 2025년 귀속 종합부동산세에 관한 설명으로 틀린 것은? ▶ 제30회

① 과세기준일 현재 토지분 자산세의 납세의무자로서 「자연공원법」에 따라 지정된 공원자연환경지구의 임야를 소유하는 자는 토지에 대한 종합부동산세를 납부할 의무가 있다.
② 주택분 종합부동산세의 납세의무자가 1세대 1주택자에 해당하는 경우의 주택분 종합부동산세액 계산시 연령에 따른 세액공제와 보유기간에 따른 세액공제는 공제율 합에 100분의 80의 범위에서 중복하여 적용할 수 있다.
③ 「민간임대주택에 관한 특별법」에 따른 민간임대주택은 과세표준 합산의 대상이 되는 주택의 범위에 포함되지 않은 것으로 본다.
④ 관할세무서장은 종합부동산세로 납부하여야 할 세액이 400만원인 경우 최대 150만원의 세액을 납부기한이 경과한 날부터 6개월 이내에 분납하게 할 수 있다.
⑤ 주택분 종합부동산 세액을 계산할 때 1주택을 여러 사람이 공동으로 매수하여 소유한 경우 공동 소유자 각자가 그 주택을 소유한 것으로 본다.

종합부동산세의 부과 · 징수

2025년 귀속 종합부동산세에 관한 설명으로 틀린 것은? ▶ 제29회

① 과세대상 토지가 유상 이전되는 경우로서 매매계약서 작성일이 2025년 6월 1일이고, 잔금지급 및 소유권이전 등기일이 2025년 6월 29일인 경우 종합부동산세의 납세의무자는 매도인이다.
② 납세의무자가 국내에 주소를 두고 있는 개인의 경우 납세지는 주소지이다.
③ 납세의무자는 선택에 따라 신고 · 납부할 수 있으나, 신고함에 있어 납부세액을 과소하게 신고한 경우라도 과소신고가산세가 적용되지 않는다.
④ 납세자에게 부정행위가 없으며 특례제척기간에 해당하지 아니한 경우, 원칙적으로 납세의무성립일부터 5년이 지나면 종합부동산세를 부과할 수 없다.
⑤ 종합부동산세는 물납이 허용되지 아니한다.

출제 경향 종합부동산세의 부과 · 징수 방법은 조세총론에서 배웠던 부분을 상기하면 문제가 쉽게 풀린다. 따라서 복습하며 정리 학습하여야 한다.

출제 키워드
- 종합부동산세 부과 · 징수
- 종합부동산세 납세지
- 종합부동산세의 납부기간
- 종합부동산세의 분납

핵 | 심 | 포 | 인 | 트

종합부동산세의 부과 · 징수

1. 종합부동산세는 보유과세군에 속하는 국세이다.
2. 종합부동산세는 납세의무자별로 소유자에 대해 **전국의 토지 또는 주택**의 가액을 합산한 금액을 기준으로 하여 **초과누진세율을 적용**하므로 인세성격을 지닌 조세이다.
3. 종합부동산세는 과세표준을 재산가액으로 한다는 점에서 종가세를 택한다. 종합부동산세는 **과세권자가 세액을 결정하여 고지서 발부에 의해(납부기간 12월 1일~12월 15일)징수하는 국세로서 보통세 · 직접세이다(신고하고자 하는 자 – 납부기간 내에 신고한다)**.
   ⓐ 관할세무서장이 종합부동산세를 부과 · 징수하는 경우 납세고지서에 주택 및 토지로 구분한 과세표준과세액을 기재하여 납부기간 개시 5일 전까지 발부하여야 한다.
4. 종합부동산세는 국세로서 보통세, 직접세이다.

> **종합부동산세법 제20조 【분납】** 관할세무서장은 종합부동산세로 납부하여야 할 세액이 250만원을 초과하는 경우에는 대통령령으로 정하는 바에 따라 그 세액의 **일부**를 납부기한이 지난 날부터 6개월 이내에 분납하게 할 수 있다.

> **종합부동산세법 시행령 제16조 【종합부동산세의 분납】**
> ① 종합부동산세 납부세액이 250만원 초과 5백만원 이하인 경우는 250만원을 차감한 금액을 분납할 수 있도록 하고, 납부세액이 5백만원을 초과하는 경우는 납부세액의 50% 이하의 금액을 분납할 수 있도록 한다.

핵 | 심 | O | X

1. 甲으로부터 토지를 유상으로 이전 받은 경우로 계약서 작성일이 2024년 5월 1일이고, 잔금지급일은 2025년 5월 17일, 소유권등기일이 2025년 6월 5일인 경우 2025년의 종합부동산세의 납세의무자는 매수인이다. (○, ×)
2. 종합부동산세는 무신고 가산세의 법률규정이 없다. (○, ×)
3. 관할세무서장은 종합부동산세로 납부하여야 할 세액이 500만원을 초과하는 경우에는 대통령령으로 정하는 바에 따라 그 세액의 일부를 납부기한이 경과한 날부터 6개월 이내에 분납하게 할 수 있다. (○, ×)
4. 종합부동산세에 관한 사무에 종사하는 공무원은 그 직무수행상 필요한 때에는 납세의무자 또는 납세의무가 있다고 인정되는 자에 대하여 질문하거나 당해 장부 · 서류 그 밖의 물건을 조사하거나 그 제출을 명할 수 있다. 이 경우 직무상 필요한 범위 외에 다른 목적 등을 위하여 그 권한을 남용해서는 아니 된다. (○, ×)
5. 관할세무서장이 종합부동산세를 부과 · 징수하는 경우 납세고지서에 주택 및 토지로 구분한 과세표준과세액을 기재하여 납부기간 개시 5일 전까지 발부하여야 한다. (○, ×)

정답
1. ○
2. ○
3. × 납부하여야 할 세액이 250만원을 초과하는 경우
4. ○
5. ○

해설 정답 ≫ ③

① 과세대상 토지가 유상 이전되는 경우로서 매매계약서 작성일이 2025년 6월 1일이고, 잔금지급 및 소유권이전 등기일이 2025년 6월 29일인 경우 종합부동산세의 납세의무자는 매도인이다.
과세기준일인 6월 1일 후에 소유권이 변동되어 ↵
과세기준일(6월 1일) 시점의 소유자인 매도인에게 납세의무를 부여한다.

② 납세의무자가 국내에 주소를 두고 있는 개인의 경우 납세지는 주소지이다.
종합부동산세의 납세지는 거주자의 주소지 관할세무서이다. ↵

③ 납세의무자는 선택에 따라 신고·납부할 수 있으나, 신고함에 있어 납부세액을 과소하게 신고한 경우라도 ~~과소신고가산세가 적용되지 않는다~~.
- 종합부동산세는 무신고 가산세는 없으나 신고하고자 하는 자가 과소신고한 경우는 과소신고 가산세를 가산한다.

④ 납세자에게 부정행위가 없으며 특례제척기간에 해당하지 아니한 경우, 원칙적으로 납세의무성립일부터 5년이 지나면 종합부동산세를 부과할 수 없다.
└ 종합부동산세의 제척기간의 기산일은 납세의무성립일인 6월 1이고, 제척기간은 5년이다.

⑤ 종합부동산세는 물납이 허용되지 아니한다.
└ 시험범위 내 물납이 인정되는 세목은 재산세이다.

| 출제영역 |
종합부동산세 부과·징수 ★★
| 난 이 도 | 중
| 출제빈도 |
제16회, 제19회, 제20회, 제21회, 제27회, 제29회, 제32회, 제34회

유사문제

1. 종합부동산세법상 토지 및 주택에 대한 과세와 부과·징수에 관한 설명으로 옳은 것은? ▶ 제33회

① 종합합산과세대상인 토지에 대한 종합부동산세의 세액은 과세표준에 1%~5%의 세율을 적용하여 계산한 금액으로 한다.
② 종합부동산세로 납부해야 할 세액이 200만원인 경우 관할세무서장은 그 세액의 일부를 납부기한이 지난 날부터 6개월 이내에 분납하게 할 수 있다.
③ 관할세무서장이 종합부동산세를 징수하려면 납부기간개시 5일 전까지 주택분과 토지분을 합산한 과세표준과세액을 납부고지서에 기재하여 발급하여야 한다.
④ 종합부동산세를 신고납부방식으로 납부하고자 하는 납세의무자는 종합부동산세의 과세표준과 세액을 해당 연도 12월 1일부터 15일까지 관할세무서장에게 신고하여야 한다.
⑤ 별도합산과세대상인 토지에 대한 종합부동산세의 세액은 과세표준에 0.5%~0.8%의 세율을 적용하여 계산한 금액으로 한다.

2. 종합부동산세에 관한 설명으로 틀린 것은? ▶ 제28회 변형

① 종합부동산세는 부과·징수가 원칙이며 납세의무자의 선택에 의하여 신고·납부도 가능하다.
② 관할세무서장이 종합부동산세를 징수하고자 하는 때에는 납세고지서에 주택 및 토지를 구분한 과세표준과 세액을 기재하여 납부기간 개시 5일 전까지 발부하여야 한다.
③ 조정지역 내 2주택의 경우 직전년도에 당해 주택에 부과된 주택에 대한 총세액상당액으로서 100분의 300을 초과하는 경우에는 그 초과하는 세액에 대하여는 이를 없는 것으로 본다.
④ 3주택 이상 소유한 경우 직전년도에 당해 주택에 부과된 주택에 대한 총세액 상당액으로서 100분의 150을 초과하는 경우에는 그 초과하는 세액에 대하여는 이를 없는 것으로 본다.
⑤ 과세기준일 현재 토지분 재산세의 납세의무자로서 국내에 소재하는 별도합산과세대상 토지의 공시가격을 합한 금액이 80억원을 초과하는 자는 토지에 대한 종합부동산세의 납세의무자이다.

3. 종합부동산세법령상 주택에 대한 과세에 관한 설명으로 옳은 것은? ▶ 제35회

① 「신탁법」 제2조에 따른 수탁자의 명의로 등기된 신탁주택의 경우에는 수탁자가 종합부동산세를 납부할 의무가 있으며, 이 경우 수탁자가 신탁주택을 소유한 것으로 본다.
② 법인이 2주택을 소유한 경우 종합부동산세의 세율은 1천분의 50을 적용한다.
③ 거주자 甲이 2023년부터 보유한 3주택(주택 수 계산에서 제외되는 주택은 없음) 중 2주택을 2025.6.17.에 양도하고 동시에 소유권이전등기를 한 경우, 甲의 2025년도 주택분 종합부동산세액은 3주택 이상을 소유한 경우의 세율을 적용하여 계산한다.
④ 신탁주택의 수탁자가 종합부동산세를 체납한 경우 그 수탁자의 다른 재산에 대하여 강제징수하여도 징수할 금액에 미치지 못할 때에는 해당 주택의 위탁자가 종합부동산세를 납부할 의무가 있다.
⑤ 공동명의 1주택자인 경우 주택에 대한 종합부동산세의 과세표준은 주택의 시가를 합산한 금액에서 11억원을 공제한 금액에 100분의 50을 한도로 공정시장가액비율을 곱한 금액으로 한다.

재산세와 종합부동산세 비교 및 종합부동산세 납부 유예

거주자 甲은 A주택을 3년간 소유하여 직접 거주하고 있다. 甲이 A주택에 대하여 납부하게 되는 2025년 귀속 재산세와 종합부동산세에 관한 설명으로 틀린 것은? (단, 甲은 「종합부동산세법」상 납세의무자로서 만 61세이며, 1세대 1주택자라 가정함) ▶ 제29회

① 재산세 및 종합부동산세의 과세기준일은 매년 6월 1일이다.
② 甲의 고령자 세액공제액은 「종합부동산세법」에 따라 산출된 세액에 100분의 20을 곱한 세액으로 한다.
③ 재산세 납부세액이 350만원인 경우, 100만원은 납부기한이 지난 날부터 3개월 이내에 분납할 수 있다.
④ 재산세 산출세액은 지방세법령에 따라 계산한 직전년도 해당 재산에 대한 재산세액 상당액의 100분의 150에 해당하는 금액을 한도로 한다.
⑤ 만약 甲이 A주택을 「신탁법」에 따라 수탁자 명의로 신탁등기하게 하는 경우, 위탁자를 재산세 납세의무자로 본다.

출제 경향 재산세와 종합부동산세의 공통점과 차이점의 구별하는 문제가 최근 다시 출제되고 있으니 비교 및 정리학습하여야 한다.

출제 키워드 • 재산세와 종합부동산세의 비교

핵심포인트

종합부동산세 납부 유예

1. 납부 유예

① 관할 세무서장은 다음 각 호(㉠~㉤)의 요건을 모두 충족하는 납세의무자가 납부 유예를 그 납부기한 만료 3일 전까지 신청하는 경우 이를 허가할 수 있다. 이 경우 납부 유예를 신청한 납세의무자는 그 유예할 주택 재산세에 상당하는 담보를 제공하여야 한다.
㉠ 과세기준일 현재 1세대 1주택의 소유자일 것
㉡ 과세기준일 현재 만 60세 이상이거나 해당 주택을 5년 이상 보유하고 있을 것
㉢ 다음 각 ⓐⓑ의 어느 하나에 해당하는 소득 기준을 충족할 것
ⓐ 직전 과세기간의 총급여액이 7천만원 이하일 것(직전 과세기간에 근로소득만 있거나 근로소득 및 종합소득과세표준에 합산되지 아니하는 종합소득이 있는 자로 한정한다)
ⓑ 직전 과세기간의 종합소득과세표준에 합산되는 종합소득금액이 6천만원 이하일 것(직전 과세기간의 총급여액이 7천만원을 초과하지 아니하는 자로 한정한다)
㉣ 해당 연도의 납부유예 대상 주택에 종합부동산세의 납부세액이 100만원을 초과할 것
㉤ 지방세, 국세 체납이 없을 것

② 관할 세무서장은 제1항에 따른 신청을 받은 경우 납부기한 만료일까지 대통령령으로 정하는 바에 따라 납세의무자에게 납부 유예 허가 여부를 통지하여야 한다.

③ 관할세무서장은 제1항에 따라 주택분 종합부동산세액의 납부가 유예된 납세의무자가 다음 각 ㉠~㉥ 어느 하나에 해당하는 경우에는 그 납부유예 허가를 취소하여야 한다.
㉠ 해당 주택을 타인에게 양도하거나 증여하는 경우
㉡ 사망하여 상속이 개시되는 경우
㉢ 과세기준일 현재 1세대 1주택 요건을 충족하지 아니한 경우
㉣ 담보의 변경 또는 그 밖에 담보 보전에 필요한 지방자치단체의 장의 명령에 따르지 아니한 경우
㉤ 납부유예된 세액을 납부하려는 경우
㉥ 「지방세징수법」 제22조 제1항 각 호의 어느 하나에 해당되어 그 납부유예와 관계되는 세액의 전액을 징수할 수 없다고 인정되는 경우

④ 관할세무서장은 주택분 종합부동산세의 납부유예 허가를 취소하는 경우 납세의무자(납세의무자가 사망한 경우에는 그 상속인 또는 상속재산관리인을 말한다. 이하 이 조에서 같다)에게 그 사실을 즉시 통지하여야 한다.

⑤ 관할세무서장은 주택분 종합부동산세의 납부유예 허가를 취소하는 경우에는 대통령령으로 정하는 바에 따라 해당 납세의무자에게 납부를 유예받은 세액과 이자상당가산액을 징수하여야 한다. 다만, 상속인 또는 상속재산관리인은 상속으로 받은 재산의 한도에서 납부를 유예받은 세액과 이자상당가산액을 납부할 의무를 진다.

⑥ 관할세무서장은 납부유예를 허가한 날부터 징수할 세액의 고지일까지의 기간 동안에는 「지방세기본법」 제55조에 따른 납부지연가산세를 부과하지 아니한다.

⑦ 제1항부터 제6항까지에서 규정한 사항 외에 납부유예에 필요한 절차 등에 관한 사항은 대통령령으로 정한다.

해설 정답 ≫ ④

① 재산세 및 종합부동산세의 과세기준일은 매년 6월 1일이다.
└• 보유 관련 세목인 재산세 · 지역자원시설세 및 종합부동산세의 과세기준일은 6월 1일이다.

② 甲의 고령자 세액공제액은 「종합부동산세법」에 따라 산출된 세액에 100분의 20을 곱한 세액으로 한다.
└• 연령에 따른 세액 공제는 60세 이상~65세 미만인 경우 20%의 공제율이다.

③ 재산세 납부세액이 350만원인 경우, 100만원은 납부기한이 지난 날부터 3개월 이내에 분납할 수 있다.
└• 재산세 납부세액이 250만원 초과되어 분납 신청가능
└• 납부세액 250만원 초과~500만원 이하인 경우는 250만 초과 금액으로 분납 가능액은 100만원이다.

④ 재산세 산출세액은 지방세법령에 따라 계산한 직전년도 해당 재산에 대한 재산세액 상당액의 ~~100분의 150에 해당하는 금액을 한도로~~ 한다.
• 재산세에서 주택은 세부담 상한없다.

⑤ 만약 甲이 A주택을 「신탁법」에 따라 수탁자 명의로 신탁등기하게 하는 경우, 위탁자를 재산세 납세의무자로 본다.

| 출제영역 |
재산세와 종합부동산세의 비교 ★★
| 난 이 도 | 중
| 출제빈도 |
제15회 추가, 제16회, 제17회, 제19회, 제29회, 제34회

유사문제

1. 종합부동산세법령상 주택의 과세표준 계산과 관련한 내용으로 틀린 것은? (단, 2025년 납세의무 성립분임) ▶ 제34회

① 대통령령으로 정하는 1세대 1주택자(공동명의 1주택자 제외)의 경우 주택에 대한 종합부동산세의 과세표준은 납세의무자별로 주택의 공시가격을 합산한 금액에서 12억원을 공제한 금액에 100분의 60을 곱한 금액으로 한다. 다만, 그 금액이 영보다 작은 경우에는 영으로 본다.
② 대통령령으로 정하는 다가구 임대주택으로서 임대기간, 주택의 수, 가격, 규모 등을 고려하여 대통령령으로 정하는 주택은 과세표준 합산의 대상이 되는 주택의 범위에 포함되지 아니하는 것으로 본다.
③ 1주택(주택의 부속토지만을 소유한 경우는 제외)과 다른 주택의 부속토지(주택의 건물과 부속토지의 소유자가 다른 경우의 그 부속토지)를 함께 소유하고 있는 경우는 1세대 1주택자로 본다.
④ 혼인으로 인한 1세대 2주택의 경우 납세의무자가 해당 연도 9월 16일부터 9월 30일까지 관할세무서장에게 합산배제를 신청하면 1세대 1주택자로 본다.
⑤ 2주택을 소유하여 1천분의 27의 세율이 적용되는 법인의 경우 주택에 대한 종합부동산세의 과세표준은 납세의무자별로 주택의 공시가격을 합산한 금액에서 0원을 공제한 금액에 100분의 60을 곱한 금액으로 한다. 다만, 그 금액이 영보다 작은 경우에는 영으로 본다.

2. 종합부동산세법령상 종합부동산세의 부과 · 징수에 관한 내용으로 틀린 것은? ▶ 제34회

① 관할세무서장은 납부하여야 할 종합부동산세의 세액을 결정하여 해당 연도 12월 1일부터 12월 15일까지 부과 · 징수한다.
② 종합부동산세를 신고납부방식으로 납부하고자 하는 납세의무자는 종합부동산세의 과세표준과 세액을 관할세무서장이 결정하기 전인 해당 연도 11월 16일부터 11월 30일까지 관할세무서장에게 신고하여야 한다.
③ 관할세무서장은 종합부동산세로 납부하여야 할 세액에 250만원을 초과하는 경우에는 대통령령으로 정하는 바에 따라 그 세액의 일부를 납부기한이 지난 날부터 6개월 이내에 분납하게 할 수 있다.
④ 관할세무서장은 납세의무자가 과세기준일 현재 1세대 1주택자가 아닌 경우 주택분 종합부동산세액의 납부유예를 허가할 수 없다.
⑤ 관할세무서장은 주택분 종합부동산세액의 납부가 유예된 납세의무자가 해당 주택을 타인에게 양도하거나 증여하는 경우에는 그 납부유예 허가를 취소하여야 한다.

3. 종합부동산세법상 주택에 대한 과세 및 납세지에 관한 설명으로 옳은 것은? ▶ 제33회

① 납세의무자가 법인이며 3주택 이상을 소유한 경우 소유한 주택 수에 따라 과세표준에 1.2%~6%의 세율을 적용하여 계산한 금액을 주택분 종합부동산세액으로 한다.
② 납세의무자가 법인으로 보지 않는 단체인 경우 주택에 대한 종합부동산세 납세지는 해당 주택의 소재지로 한다.
③ 과세표준 합산의 대상에 포함되지 않는 주택을 보유한 납세의무자는 해당 연도 10월 16일부터 10월 31일까지 관할세무서장에게 해당 주택의 보유현황을 신고하여야 한다.
④ 종합부동산세 과세대상 1세대 1주택자로서 과세기준일 현재 해당 주택을 12년 보유한 자의 보유기간별 세액공제에 적용되는 공제율은 100분의 50이다.
⑤ 과세기준일 현재 주택분 재산세의 납세의무자는 종합부동산세를 납부할 의무가 있다.

Thema 040 소득세의 부동산임대업에 대한 사업소득

다음은 거주자 甲이 소유하고 있는 상가건물 임대에 관한 자료이다. 부동산임대업의 사업소득을 장부에 기장하여 신고하는 경우 2025년도 부동산임대업의 총수입금액은? (단, 법령에 따른 적격증명서류를 수취·보관하고있으며, 주어진 조건 이외에는 고려하지 않음) ▶ 제33회

- 임대기간: 2022. 1. 1. ~ 2024. 12. 31.
- 임대계약 내용: 월임대료 1,000,000원
  임대보증금 500,000,000원
- 임대부동산(취득일자: 2021. 1. 23.)
  - 건물 취득가액: 200,000,000원
  - 토지 취득가액: 300,000,000원
- 기획재정부령으로 정하는 이자율: 연 6%
- 임대보증금 운용수익: 수입이자 1,000,000원
  유가증권처분이익 2,000,000원

① 18,000,000원 ② 29,000,000원 ③ 30,000,000원 ④ 39,000,000원 ⑤ 40,000,000원

출제 경향 1주택의 임대에 대한 비과세와 보증금 또는 전세금을 간주임대료로 과세하는 경우에 대해 출제가 되므로 이 부문에 대한 내용을 2019년 개정된 부문과 같이 병행하여 학습함이 우선이다. 문제상 임대를 물어보았는가, 아니면 양도를 물어보았는가를 정확히 살펴보고 문제를 풀기 바란다.

출제 키워드 • 부동산 임대업의 사업소득

핵심포인트

1. 종합소득세
개인에게 1과세기간 내에서 발생한 이자소득 배당소득·근로소득·사업소득·연금소득·기타소득은 그 개인에 발생한 **다른 소득과 합산하여 종합소득세로** 과세한다.

2. 분류과세
양도소득, 퇴직소득은 **다른 소득과 합산하지 아니하고** 각 따로 **구분계산하여 과세**하는 분류과세를 택하여 과세된다(납세의무 성립시기: **과세기간 끝나는 때**).

3. 납세지
① 거주자인 경우: 거주자의 주소지 관할 세무서. 단, 주소지가 없는 경우에는 거소지
② 비거주자인 경우: 국내 주된 사업장 소재지, 국내사업장이 없는 경우는 국내소득이 발생하는 장소

구 분	납세의무 범위
거주자	국내·외 원천소득에 대해 납세의무 Ⓜ **국외소득의 경우의 거주자는 국내에 5년 이상 주소를 둔자이다.**
비거주자	**국내소득에 대해서만** 납세의무(제한 납세의무자)

4. 사업소득 중 부동산임대업 소득
① **비과세되는 주택의 임대소득**
㉠ 비과세 주택임대소득이란 1개의 주택을 소유하는 자가 해당 주택(주택부수토지를 포함한다)을 임대하고 지급받는 소득을 말한다.
㉡ 다만, **국외에 소재하는 주택의 임대소득은 주택 수에 관계없이 과세한다.**
㉢ 주택 수 계산
ⓐ 다가구 주택: **1개의 주택**으로 보되, 구분 등기된 경우에는 각각을 1개의 주택으로 계산
ⓑ **공동소유의 주택**은 **지분이 가장 큰 자의 소유**로 계산하되, 지분이 가장 큰 자가 2인 이상인 경우에는 각각의 소유로 계산
ⓒ **본인과 배우자가 각각 주택을 소유하는 경우에는 이를 합산**

② 보증금·전세금
보증금·전세금을 월세 수령으로 간주하여 대통령령에 의해 계산한 간주임대료로 총수입금액에 산입하여 과세되는 경우는 **주택 이외의 부동산의 대여·3주택 이상의 임대로 보증금의 합계액이 3억 초과**인 경우이다. 고가주택의 임대로 인한 경우는 월세에 대해 과세된다.

Ⓜ 해당 과세기간에 **주거용 건물** 임대업에서 발생한 **수입금액의 합계액이 2천만원 이하인 자의 주거용 임대소득은 종합과세와 14% 분리과세 중 하나를 선택하여 적용**한다.

해설 정답 ≫ ②

1. 간주임대료(총수입금액에 산입할 금액)
   = (해당 과세기간의 보증금 등의 적수 − 임대용부동산의 건설비 상당액의 적수) × 1/365(윤년의 경우에는 366) × 정기예금이자율 − 해당 과세기간의 해당 임대사업부분에서 발생한 수입이자와 할인료 및 배당금의 합계액
2. 부동산임대업의 총수입금액 = 임대료 + 간주임대료
   (1) 임대료 = 1,000,000원 × 12월 = 12,000,000원
   (2) 간주임대료(총수입금액에 산입할 금액) = (500,000,000원 × 365 − 200,000,000원 × 365) × 1/365 × 6% − 1,000,000원 = 17,000,000원
3. 부동산임대업의 총수입금액 = 12,000,000원 + 17,000,000원 = 29,000,000원

| 출제영역 |
부동산임대에 대한 사업소득 ★★
| 난 이 도 | 중
| 출제빈도 |
제20회, 제22회, 제23회, 제24회, 제25회, 제31회, 제33회, 제34회, 제35회

유사문제

1. 「소득세법」상 국내에 소재한 주택을 임대한 경우 발생하는 소득에 관한 설명으로 틀린 것은? (단, 아래의 주택은 상시 주거용으로 사용하고 있음) ▶ 제26회 · 제28회 · 제31회

① 주거용 건물 임대업에서 발생한 결손금은 종합소득 과세표준을 계산할 때 공제한다.
② 주택 2채를 소유한 거주자가 1채는 월세계약으로 나머지 1채는 전세계약의 형태로 임대한 경우, 월세계약에 의하여 받은 임대료에 대해서만 소득세가 과세된다.
③ 주택 1채만을 소유한 거주자가 과세기간 종료일 현재 기준시가 13억원인 해당 주택을 전세금을 받고 임대하여 얻은 소득에 대해서는 소득세가 과세되지 아니한다.
④ 주택의 임대로 인하여 얻은 과세대상 소득은 사업소득으로서 해당 거주자의 종합소득금액에 합산된다.
⑤ 「공익사업을 위한 토지 등의 취득 및 보상에 관한 법률」에 따른 공익사업과 관련하여 지역권을 대여함으로써 발생하는 소득은 부동산업에서 발생하는 소득으로 한다.

2. 소득세법상 부동산임대업에서 발생한 소득에 관한 설명으로 틀린 것은? ▶ 제33회

① 해당 과세기간의 주거용 건물 임대업을 제외한 부동산임대업에서 발생한 결손금은 그 과세기간의 종합소득과세표준을 계산할 때 공제하지 않는다.
② 사업소득에 부동산임대업에서 발생한 소득이 포함되어 있는 사업자는 그 소득별로 구분하여 회계처리하여야 한다.
③ 3주택(주택 수에 포함되지 않는 주택 제외) 이상을 소유한 거주자가 주택과 주택부수토지를 임대(주택부수토지만 임대하는 경우 제외)한 경우에는 법령으로 정하는 바에 따라 계산한 금액(간주임대료)을 총수입금액에 산입한다.
④ 간주임대료 계산시 3주택 이상 여부 판정에 있어 주택 수에 포함되지 않는 주택이란 주거의 용도로만 쓰이는 면적이 1호 또는 1세대당 40㎡ 이하인 주택으로서 해당 과세기간의 기준시가가 2억원 이하인 주택을 말한다.
⑤ 해당 과세기간에 분리과세 주택임대소득이 있는 거주자(종합소득과세표준이 없거나 결손금이 있는 거주자 포함)는 그 종합소득 과세표준을 그 과세기간의 다음 연도 5월 1일부터 5월 31일까지 신고하여야 한다.

3. 소득세법령상 거주자의 부동산과 관련된 사업소득에 관한 설명으로 옳은 것은? ▶ 제35회

① 해당 과세기간의 종합소득금액이 있는 거주자(종합소득과세표준이 없거나 결손금이 있는 거주자를 포함한다)는 그 종합소득 과세표준을 그 과세기간의 다음 연도 5월 1일부터 5월 31일까지 대통령령으로 정하는 바에 따라 납세지 관할 세무서장에게 신고하여야 하며, 해당 과세기간에 분리과세 주택임대소득이 있는 경우에도 이를 적용한다.
② 공장재단을 대여하는 사업은 부동산임대업에 해당되지 않는다.
③ 해당 과세기간의 주거용 건물 임대업을 제외한 부동산임대업에서 발생한 결손금은 그 과세기간의 종합소득과세표준을 계산할 때 공제한다.
④ 「공익사업을 위한 토지 등의 취득 및 보상에 관한 법률」 제4조에 따른 공익사업과 관련하여 지역권을 설정함으로써 발생하는 소득은 부동산업에서 발생하는 소득에 해당한다.
⑤ 사업소득에 부동산임대업에서 발생한 소득이 포함되어 있는 사업자는 그 소득별로 구분하지 않고 회계처리하여야 한다.

양도소득세의 과세대상물

「소득세법」상 양도소득의 과세대상자산을 모두 고른 것은? (단, 거주자가 국내 자산을 양도한 것으로 한정함) ▶ 제25회

> ㉠ 지역권
> ㉡ 등기된 부동산임차권
> ㉢ 건물이 완성되는 때에 그 건물과 이에 딸린 토지를 취득할 수 있는 권리
> ㉣ 영업권(사업용 고정자산과 분리되어 양도되는 것)
> ㉤ 전세권

① ㉠, ㉡, ㉣ ② ㉡, ㉢, ㉤ ③ ㉢, ㉣, ㉤
④ ㉠, ㉡, ㉢, ㉣ ⑤ ㉠, ㉡, ㉣, ㉤

출제 경향 소득세는 열거주의에 의해 과세되어 열거된 과세대상물을 양도한 경우 양도소득세가 과세된다. 이는 민법과 연결된 내용으로 민법적 내용을 고찰하여 이해하며, 기타자산까지 숙지하여야 한다.

출제 키워드
- 양도소득의 과세대상물
- 양도소득세의 과세객체
- 양도의 목적물

핵심포인트

양도의 의의

양도란 과세대상물을 등기·등록에 관계없이 매도·교환·현물출자·대물변제·경매·수용·부담부증여 등으로 인하여 **그 자산이 유상으로 사실상 이전되는 것**을 말한다.

> • 소유권 이전한 자는 개인이어야 한다.
> • 과세대상물 + 유상 + 사실상 소유권 이전

1. 양도소득은 **고정자산**의 **보유이득이 양도에 의하여 일시에 실현**된 것을 과세하는 **국세**이다. **만약 판매목적으로 보유된 자산**을 양도한 경우는 사업소득으로 다른 소득과 합산하여 **종합소득세가 과세**됨에 유념해야 한다.
2. 양도소득세의 과세대상물

① 사용되는 자산으로서 부동산이 해당되므로 **무체재산권(광업권, 어업권, 영업권), 준 부동산(차량·기계장비·항공기·선박)은 포함되지 않는다.**

② 부동산에 관한 권리

㉠ 지상권

주의 **지역권은 과세대상물 아니다.**

㉡ 전세권

등기된 부동산임차권

주의 미등기임차권 또는 임차권은 과세대상물 아니다.

㉢ 부동산 취득권리 ⇦ 아파트분양권, 재개발재건축입주권, 주택상환채권, 토지상환채권, 계약금만 지급하고 양도하는 권리

③ 대주주의 상장주식

주의 상장주식은 대주주만 과세, 소액주주는 과세하지 아니한다.

비상장주식(= 장외거래, 대주주, 소액주주 포함)

④ 파생상품

⑤ 기타 자산

㉠ 자산총액 중 부동산과 부동산에 관한 권리가 50% 이상인 법인 + 지분율 50% 이상 + 50% 이상 양도(양도일로부터 3년간 소급)

㉡ 특수업종을 영위하는 법인(골프장·스키장 등 체육시설업, 휴양시설관련업, 부동산업과 부동산 개발업 등) + 자산총액 중 부동산과 부동산에 관한 권리가 80% 이상인 법인 + 1주만 양도하여도 과세한다.

㉢ 특정시설물 **이용·회원권(권리가 부여된 주식 포함)**

㉣ **사업용 고정자산과 함께 양도하는 영업권**

주의 영업권은 형체가 없는 무체재산권으로 양도소득세의 과세대상물에 포함되지 아니한다.

㉤ 부동산과 함께 양도하는 「개발제한구역의 지정 및 관리에 관한 특별조치법」 제12조 제1항 제2호 및 제3호의2에 따른 이축을 할 수 있는 권리(이하 "이축권"이라 한다). 다만, 해당 이축권 가액을 대통령령으로 정하는 방법에 따라 별도로 평가하여 신고하는 경우는 제외한다.

해설 정답 ≫ ②

㉠ 지역권
- 양도대상 아님. 지역권을 양도한 경우는 기타소득으로 다른 소득과 합산하여 과세한다.

㉡ 등기된 부동산임차권
- 양도소득세의 열거된 과세대상물에 해당된다.

㉢ 건물이 완성되는 때에 그 건물과 이에 딸린 토지를 취득할 수 있는 권리
- 양도소득세의 열거된 과세대상물에 해당된다.

㉣ 영업권(사업용 고정자산과 분리되어 양도되는 것)
- 양도대상 아님. 무체재산권의 양도로 이는 양도한 경우 기타소득으로 다른 소득과 합산하여 과세한다.

㉤ 전세권 • 양도소득세의 열거된 과세대상물에 해당된다.

① ㉠, ㉡, ㉣　② ㉡, ㉢, ㉤　③ ㉢, ㉣, ㉤
④ ㉠, ㉡, ㉢, ㉣　⑤ ㉠, ㉡, ㉣, ㉤

| 출제영역 |
양도소득세의 과세대상 ★★

| 난 이 도 | 중

| 출제빈도 |
제11회, 제15회, 제16회, 제23회, 제24회, 제25회, 제26회, 제28회, 제34회, 제35회

유사문제

1. 소득세법령상 다음의 국내자산 중 양도소득세 과세대상에 해당하는 것을 모두 고른 것은? (단, 비과세와 감면은 고려하지 않음) ▶제35회

㉠ 토지 및 건물과 함께 양도하는 「개발제한구역의 지정 및 관리에 관한 특별조치법」에 따른 이축권(해당 이축권 가액을 대통령령으로 정하는 방법에 따라 별도로 평가하여 신고하지 않음)
㉡ 조합원입주권
㉢ 지역권
㉣ 부동산매매계약을 체결한 자가 계약금만 지급한 상태에서 양도하는 권리

① ㉠, ㉢　② ㉡, ㉣　③ ㉠, ㉡, ㉣
④ ㉡, ㉢, ㉣　⑤ ㉠, ㉡, ㉢, ㉣

2. 소득세법령상 거주자의 양도소득세 과세대상은 모두 몇 개인가? (단, 국내소재 자산을 양도한 경우임) ▶제34회

- 전세권
- 등기되지 않은 부동산임차권
- 사업에 사용하는 토지 및 건물과 함께 양도하는 영업권
- 토지 및 건물과 함께 양도하는 「개발제한구역의 지정 및 관리에 관한 특별조치법」에 따른 이축권(해당 이축권의 가액을 대통령령으로 정하는 방법에 따라 별도로 평가하여 신고함)

① 0개　② 1개　③ 2개
④ 3개　⑤ 4개

3. 「소득세법」상 거주자의 양도소득세 과세대상에 관한 설명으로 틀린 것은? (단, 양도자산은 국내자산임) ▶제28회

① 무상이전에 따라 자산의 소유권이 변경된 경우에는 과세대상이 되지 아니한다.
② 부동산에 관한 권리 중 지상권의 양도는 과세대상이다.
③ 사업용 건물과 함께 양도하는 영업권은 과세대상이다.
④ 법인의 주식을 소유하는 것만으로 시설물을 배타적으로 이용하게 되는 경우 그 주식의 양도는 과세대상이다.
⑤ 등기되지 않은 부동산임차권의 양도는 과세대상이다.

4. 「소득세법」상 양도소득의 과세대상자산 아닌 것을 모두 고르면? (단, 거주자가 국내 자산을 양도한 것으로 한정함)

㉠ 지역권　㉡ 등기된 부동산임차권
㉢ 영업권　㉣ 전세권
㉤ 지상권　㉥ 고급주택
㉦ 임야　㉧ 파생상품
㉨ (구)대한주택공사가 발행한 주택상환채권
㉩ 소액주주의 상장법인의 주식

① ㉠, ㉢, ㉩　② ㉠, ㉡, ㉢
③ ㉣, ㉥, ㉨　④ ㉨, ㉩
⑤ ㉣, ㉤

Thema 042 양도로 보는 경우

「소득세법」상 양도에 해당하는 것은? (단, 거주자의 국내 자산으로 가정함) ▶ 제28회

① 「도시개발법」이나 그 밖의 법률에 따른 환지처분으로 지목이 변경되는 경우
② 부담부증여시 그 증여가액 중 채무액에 해당하는 부분을 제외한 부분
③ 「소득세법 시행령」 제151조 제1항에 따른 양도담보 계약을 체결한 후 채무불이행으로 인하여 당해 자산을 변제에 충당한 때
④ 매매원인 무효의 소에 의하여 그 매매사실이 원인무효로 판시되어 소유권이 환원되는 경우
⑤ 본인 소유 자산을 경매로 인하여 본인이 재취득한 경우

출제경향 양도의 뜻을 정확히 알고 있는지의 여부에 관한 문제로 대가를 받고 소유권이 사실상 이전되는 경우가 양도임을 숙지하고, 문제상의 지문을 보고 키워드로 문제를 풀어보는 게 실제 시험에서도 크게 도움되리라 본다.

출제키워드
- 양도소득세가 과세되는 경우
- 양도소득세의 양도로 보지 아니한 경우
- 양도소득세가 과세되지 아니한 경우

핵심포인트

1. 원칙상 양도로 보는 경우(예외: 양도로 보지 않는 경우)

양도로 보는 경우(원칙)	양도로 보지 않는 경우(예외)
매매(경매·공매·할부포함)	매매원인무효의 소에 의하여 소유권이 환원된 경우에는 매도자·매수자의 양도는 양도로 보지 않는다.
교 환	교환계약이 취소되었으나 선의의 제3자 취득으로 소유권이전을 하지 못하는 경우 양도로 보지 않는다.
개인이 법인에게 현물출자	합자회사에 현물출자 후 자기지분을 찾아 가지고 나온 경우 양도로 보지 않는다.
대물변제(채권·채무상계, 물납, 위자료 지급 등)	이혼시 재산분할청구에 의한 소유권이전은 양도로 보지 않는다.
공공사업시행자에게 협의 매도, 수용된 경우	–
부담부증여시 채무인수액	직계존비속, 배우자에게 부담부증여시 채무인수액은 증여로 추정
적법하게 소유권 이전된 매매계약의 해제로 소유권 환원	–

2. 원칙상 양도로 보지 않는 경우(예외: 양도로 보는 경우)

양도로 보지 않는 경우(원칙)	양도로 보는 경우(예외)
관계법령규정에 의하여 관리처분 및 환지처분 받거나 보류지로 충당한 토지 등	환지권리면적의 감소로 청산금을 받은 경우에는 양도로 본다.
토지의 경계를 변경 ① 토지 이용상 불합리한 지상 경계를 시정하기 위한 토지의 분할 등을 통한 토지의 교환일 것 ② ①에 따라 분할된 토지의 전체 면적이 분할 전 토지의 전체 면적의 100분의 20을 초과하지 아니할 것	①과 ②를 동시에 충족하지 못한 경우에는 양도에 해당한다.
양도담보 제공한 부동산 등	• 양도담보사실에 대한 확정신고시까지 서류를 첨부하여 신고하지 않은 경우에는 양도로 본다. • 채무불이행으로 당해 자산을 변제에 충당한 경우에는 양도로 본다.
공유권 단순분할	지분이 변동한 경우에는 양도로 본다.
직계존비속, 배우자에게 양도한 자산은 증여추정	양도된 사실이 객관적으로 확인이 된 경우에는 양도로 본다.
명의신탁에 의한 소유권 이전	–

해설 정답 ≫ ③

① 「도시개발법」이나 그 밖의 법률에 따른 환지처분으로 지목이 변경되는 경우
- 토지 개량이나 개발, 도시 계획 따위의 사업 결과로 그 토지에 존재하는 종래의 소유권 및 기타 권리에 변동을 가할 필요가 있을 때, 종전의 토지에 대하여 이에 해당하는 다른 토지나 금전으로써 청산하는 행정행위로 도시개발사업을 육성하기 위해 소유권이전으로 보지 않는다.

② 부담부증여시 그 증여가액 중 채무액에 해당하는 부분을 제외한 부분
└• 이는 증여로 양도가 아니다.

③ 「소득세법 시행령」 제151조 제1항에 따른 양도담보 계약을 체결한 후 채무불이행으로 인하여 당해 자산을 변제에 충당한 때
└• 대물변제로 양도에 해당되는 경우이다.

④ 매매원인 무효의 소에 의하여 그 매매사실이 원인무효로 판시되어 소유권이 환원되는 경우
└• 매매의 원인이 판결에 의해 무효됨으로 인해 사실상 소유권의 이전이 아니므로 양도로 보지 아니한다.

⑤ 본인 소유 자산을 경매로 인하여 본인이 재취득한 경우
└• 본인 소유재산을 채무의 담보로 제공한 후 채무불이행으로 채권자의 경매신청으로 인해 경매되어 당초 소유자가 자기명의로 경락받은 경우는 양도로 보지 아니한다.

| 출제영역 |
양도소득세의 양도인 경우, 양도로 보지 아니한 경우 ★★

| 난 이 도 | 중

| 출제빈도 |
제3회, 제9회, 제11회, 제12회, 제13회, 제14회, 제15회 추가, 제16회, 제17회, 제18회, 제19회, 제20회, 제21회, 제23회, 제24회, 제25회, 제26회, 제28회

유|사|문|제

1. 「소득세법」상 거주자의 양도소득세 과세대상이 아닌 것은? ▶ 제24회

① 사업용 건물과 함께 영업권의 양도
② 「도시개발법」이나 그 밖의 법률에 따른 환지처분으로 지목 또는 지번의 변경
③ 등기된 부동산임차권의 양도
④ 지상권의 양도
⑤ 개인의 토지를 법인에 현물출자

2. 甲은 소유하고 있던 시가 5억원의 토지 가운데 특수관계자(배우자 또는 직계존·비속이 아닌) 乙에게 증여하였다. 乙에게 증여한 토지에는 금융기관 차입금 3억원의 저당권이 설정되어 있으며, 동 차입금은 수증자가 인수하기로 하였다. 이 경우 甲과 乙이 부담하여야 할 세금을 가장 바르게 설명한 것은? ▶ 제14회

① 甲은 5억원 전부에 대하여 양도소득세 납세의무가 있다.
② 甲은 5억원에 대하여 양도소득세가 과세되고, 乙도 2억원에 대하여 양도소득세 납세의무가 발생한다.
③ 甲은 5억원 전부에 대하여 양도소득세 납세의무가 있으며, 乙은 2억원에 대하여 증여세 납세의무가 발생한다.
④ 甲은 3억원에 대하여 양도소득세 납세의무가 있고, 乙은 2억원에 대하여 증여세 납세의무가 있다.
⑤ 甲은 5억원에 대하여 양도소득세 납세의무가 있고, 乙은 3억원에 대하여 증여세 납세의무가 있다.

3. 「소득세법」상 양도소득세가 과세되는 것은?

① 거주자 甲이 이혼하면서 법원 판결에 따른 재산분할에 의하여 배우자에게 혼인 중에 형성된 부부공동재산인 토지의 소유권을 이전한 경우
② 거주자 乙이 자기 소유 기계장치와 거주자 甲의 자기 소유 토지를 교환한 경우로 거주자의 乙의 경우
③ 거주자 丙은 본인 소유의 토지를 배우자에게 증여하고, 배우자는 그 토지에 의해 담보된 丙의 은행대출 채무를 인수한 경우의 거주자 丙의 경우
④ 거주자 戊는 자기소유의 토지를 경매로 인하여 자기가 재취득한 경우로 거주자 戊의 경우
⑤ 거주자 丁이 담보로 제공한 부동산을 채권자의 담보권 실행에 의하여 변제에 충당된 경우

4. 「소득세법」상 양도소득세 과세대상이 아닌 것은? ▶ 제23회

㉠ 「도시개발법」에 따라 토지의 일부가 보류지로 충당되는 경우
㉡ 지방자치단체가 발행하는 토지상환채권을 양도하는 경우
㉢ 이혼으로 이하여 혼인 중에 형성된 부부공동재산을 「민법」 제839조의2에 따라 재산분할하는 경우
㉣ 개인이 토지를 법인에 현물출자하는 경우
㉤ 주거용 건물건설업자가 당초부터 판매할 목적으로 신축한 다가구주택을 양도하는 경우

① ㉠, ㉡, ㉣ ② ㉠, ㉢, ㉤ ③ ㉡, ㉢, ㉣
④ ㉡, ㉣, ㉤ ⑤ ㉢, ㉣, ㉤

Thema 043 양도소득세의 비과세

다음 중 양도소득세가 비과세되는 것으로 모두 묶인 것은? (단, 거주자가 양도한 경우로 비과세 요건을 충족한 것으로 가정한다) ▶ 제19회 · 제20회 · 제27회 변형

㉠ 농지의 교환 또는 분합으로 발생하는 소득(교환 또는 분합하는 쌍방 토지가액의 차액이 가액이 큰 편의 3분의 1 이하인 경우에 한함)
㉡ 지적재조사법률에 의해 지적재조사에 의해 공부상 면적이 감소된 경우로 받은 조정금액의 소득
㉢ 파산선고에 의한 처분소득
㉣ 1세대 1주택(고가주택 포함)과 이에 딸린 토지로서 건물의 정착된 면적에 지역별 배율을 곱하여 산정한 면적 이내의 토지의 양도로 발생하는 소득
㉤ 「공익사업을 위한 토지 등의 취득 및 보상에 관한 법률」에 의하여 수용되어 이전료를 보상받은 경우의 소득

① ㉡, ㉢　② ㉡, ㉢, ㉤　③ ㉠, ㉡, ㉢
④ ㉠, ㉡, ㉢, ㉣　⑤ ㉠, ㉡, ㉢, ㉣, ㉤

출제경향 비과세의 종합적 내용의 숙지여부를 물어보는 출제 경향으로, 먼저 포괄적으로 비과세하는 법률의 취지를 알고 그에 따른 요건을 예외적 내용과 상세적으로 비교학습함으로써 해결이 가능하다.

출제키워드
• 양도소득세의 비과세
• 양도소득세 과세되는 경우
• 양도소득세가 과세되지 아니한 경우

핵심포인트

양도소득세의 비과세

1. 양도소득세의 비과세
① 파산선고에 의한 처분소득
② 농지의 교환 또는 분합 (농지가액의 차액이 고가농지의 4분의 1 이하인 경우)
③ 지적재조사법률에 의해 지적재조사에 의해 공부상 면적이 감소된 경우로 받은 조정금액
④ 1세대 1주택과 이에 딸린 토지로서 건물의 정착된 면적에 지역별 배율을 곱하여 산정한 면적 이내의 토지의 양도로 발생하는 소득

2. 비과세의 배제
① 미등기양도자산
② 고가주택(「소득세법」 제89조 제1항 제3호)
③ 주택이 정착된 면적에 지역별 배율을 곱하여 산정한 면적을 초과하는 토지

핵심OX

1. 비과세 대상인 '농지'란 전 · 답으로서 지적공부상의 지목에 관계없이 실제로 경작에 사용되는 토지를 말하며, 농지경영에 직접 필요한 농막 · 퇴비사 · 양수장 · 지소 · 농도 · 수로 등을 포함한다. (○, ×)
2. 1세대 1주택으로 주택이 정착된 면적에 지역별 배율을 곱하여 산정한 면적을 초과하는 토지는 과세한다. (○, ×)
3. 지적재조사법률에 의해 지적재조사에 의해 공부상 면적이 증가되어 징수한 조정금액은 비과세한다. (○, ×)

정답
1. ○
2. ○
3. × 지적재조사법률에 의해 지적재조사에 의해 공부상 면적이 감소된 경우로 받은 조정금액은 비과세하나, 지적재조사법률에 의해 지적재조사에 의해 공부상 면적이 증가되어 징수한 조정금액은 과세한다.

해설 정답 ≫ ①

㉠ 농지의 교환 또는 분합으로 발생하는 소득(교환 또는 분합하는 쌍방 토지가액의 차액이 가액이 큰 편의 ~~3분의 1 이하~~인 경우에 한한다)
└• 4분의 1 이하

㉡ 지적재조사법률에 의해 지적재조사에 의해 공부상 면적이 감소된 경우로 받은 조정금액의 소득
- 토지소유자는 자기 의지와 상관없이 국가사업으로 감소한 토지면적에 대해 실거래가보다 적은 감정평가액 또는 개별공시지가로 조정금을 지급받게 됨에 따라 재산상의 손실이 발생하고, 이와 더불어 향후 토지가격 상승에 따른 이익이 예상되는 부분에 대해서도 손해를 보게 되어 「소득세법」에 지적재조사로 인해 공부상 면적이 감소됨으로 인해 받은 조정금에 대한 양도소득세 비과세 규정을 신설했다.

㉢ 파산선고에 의한 처분소득 • 양도소득세의 비과세

㉣ 1세대 1주택(~~고가주택 포함~~)과 이에 딸린 토지로서 건물의 정착된 면적에 지역별 배율을 곱하여
└• 1세대 1주택으로 고가주택은 실지거래가 12억원 초과양도차익분 과세
산정한 면적 이내의 토지의 양도로 발생하는 소득

㉤ 「공익사업을 위한 토지 등의 취득 및 보상에 관한 법률」에 의하여 수용되어 이전료를 보상받은 경우의 소득 • 양도소득세 과세

① ㉡, ㉢　② ㉡, ㉢, ㉤　③ ㉠, ㉡, ㉢
④ ㉠, ㉡, ㉢, ㉣　⑤ ㉠, ㉡, ㉢, ㉣, ㉤

| 출제영역 |
양도소득세의 비과세 ★

| 난 이 도 | 중

| 출제빈도 |
제19회, 제20회, 제27회, 제30회, 제34회

| 용어해설 |
비과세에서 제외되는 고가주택
주택 및 이에 딸린 토지의 양도 당시의 실지거래가액의 합계액이 12억원을 초과하는 것을 말한다.

유사문제

1. 「소득세법」상 농지교환으로 인한 양도소득세와 관련하여 ( )에 들어갈 내용으로 옳은 것은? ▶ 제20회

경작상의 필요에 의하여 농지를 교환하는 경우, 교환에 의하여 새로이 취득하는 농지를 (㉠) 이상 농지소재지에 거주하면서 경작하는 경우[새로운 농지의 취득 후 (㉡) 이내에 법령에 따라 수용 등이 되는 경우 포함]로서 교환하는 쌍방 토지가액의 차액이 가액이 큰 편의 (㉢) 이하이면 농지의 교환으로 인하여 발생하는 소득에 대한 양도소득세를 비과세한다.

	㉠	㉡	㉢
①	3년	2년	3분의 1
②	2년	3년	4분의 1
③	3년	1년	2분의 1
④	3년	3년	4분의 1
⑤	2년	2년	2분의 1

2. 소득세법령상 거주자의 양도소득세 비과세에 관한 설명으로 틀린 것은? (단, 국내소재 자산을 양도한 경우임) ▶ 제34회

① 파산선고에 의한 처분으로 발생하는 소득은 비과세된다.
② 「지적재조사에 관한 특별법」에 따른 경계의 확정으로 지적공부상의 면적이 감소되어 같은 법에 따라 지급받는 조정금은 비과세된다.
③ 건설사업자가 「도시개발법」에 따라 공사용역 대가로 취득한 체비지를 토지구획환지처분공고 전에 양도하는 토지는 양도소득세 비과세가 배제되는 미등기양도자산에 해당하지 않는다.
④ 「도시개발법」에 따른 도시개발사업이 종료되지 아니하여 토지 취득등기를 하지 아니하고 양도하는 토지는 양도소득세 비과세가 배제되는 미등기양도자산에 해당하지 않는다.
⑤ 국가가 소유하는 토지와 분합하는 농지로서 분합하는 쌍방 토지가액의 차액이 가액이 큰 편의 4분의 1을 초과하는 경우 분합으로 발생하는 소득은 비과세된다.

Thema 044 양도소득세의 비과세 중 1세대 1주택(Ⅰ)

다음은 「소득세법 시행령」 제155조 1세대 1주택의 특례에 관한 조문의 내용이다. ( ) 안에 들어갈 법령상의 숫자를 순서대로 옳게 나열한 것은? ▶ 제29회

- 1주택을 보유한 자가 1주택을 보유한 자와 혼인함으로써 1세대가 2주택을 보유하게 되는 경우 각각 혼인한 날부터 ( )년 이내에 먼저 양도하는 주택은 이를 1세대 1주택으로 보아 제154조 제1항을 적용한다.
- 1주택을 보유하고 1세대를 구성하는 자가 1주택을 보유하고 있는 ( )세 이상의 직계존속[배우자의 직계존속을 포함하며, 직계존속 중 어느 한사람이 ( )세 미만인 경우를 포함]을 동거봉양하기 위하여 세대를 합침으로서 1세대가 2주택을 보유하게 되는 경우 합친 날로부터 ( )년 이내에 먼저 양도하는 주택은 이를 1세대 1주택으로 보아 제154조 제1항을 적용한다.

① 3, 55, 55, 5　② 3, 60, 60, 5　③ 3, 60, 55, 10
④ 5, 55, 55, 10　⑤ 10, 60, 60, 10

출제경향 양도소득세의 비과세 중 가장 세부적 요건을 물어보는 경우는 1세대 1주택에서의 1세대의 요건과 1주택의 요건이다. 1주택의 특례, 보유기간의 특례를 중점으로 학습하여야 한다.

출제키워드
- 양도소득세의 비과세
- 1세대 1주택의 비과세 요건
- 1주택의 특례
- 보유기간 · 거주기간의 제한을 받지 아니한 경우

핵심포인트

1세대 1주택

"1세대 1주택"이란 **1세대가** 양도일 현재 **국내에 1주택을 보유하고** 있는 경우로서 해당 주택의 **보유기간이 2년 이상(조정대상지역 공고일 이후의 취득 당시에 조정 지역에 있는 주택의 경우에는 해당 주택의 보유기간이 2년 이상이고 그 보유기간 중 거주기간이 2년 이상인 것)**을 말한다.

1. 1세대 요건

① 원칙: 거주자 및 그 배우자가 그들과 동일한 주소 또는 거소에서 생계를 같이하는 가족
② 예외: 배우자가 없는 경우에도 1세대로 보는 경우
　㉠ 거주자의 연령이 30세 이상인 경우
　㉡ 배우자가 사망하거나 이혼한 경우
　㉢ 「소득세법」상 소득이 「국민기초생활 보장법」 규정에 따른 최저생계비 이상으로서 소유하고 있는 주택 또는 토지를 관리 · 유지하면서 독립된 생계를 유지할 수 있는 경우

2. 1주택과 부속토지

구 분	범 위	비 고
주거용 여부	상시주거용으로 사실상 사용되는 건축물	영업용 · 공장에 부수된 건물을 합숙소로 사용 · 콘도미니엄 제외
겸용주택	주거면적>이외의 용도면적 ⇨ 전부주택	–
	주거면적≦이외의 용도면적 ⇨ 주택부분만 주택	주택부분만 비과세 적용
다가구 주택	**다가구주택은** 한 가구가 독립하여 거주할 수 있도록 **구획된 부문**을 **각각 하나의 주택**으로 봄	가구별로 분양하지 않고 당해 다가구주택을 하나의 매매단위로 하여 양도한 경우 전체를 하나의 주택으로 봄
고가주택	실지양도가액이 12억원을 초과한 주택	양도가액에서 12억원 초과부분에 속한 차익은 과세
1주택의 판정시기	양도일 현재 1주택과 부속토지	2채 이상의 주택을 같은 날에 양도한 경우에는 거주자가 선택하는 순서에 의함

해설 정답 ≫ ⑤

- 1주택을 보유한 자가 1주택을 보유한 자와 혼인함으로써 1세대가 2주택을 보유하게 되는 경우 각각 혼인한 날부터 (10)년 이내에 먼저 양도하는 주택은 이를 1세대 1주택으로 보아 제154조 제1항을 적용한다.
- 1주택을 보유하고 1세대를 구성하는 자가 1주택을 보유하고 있는 (60)세 이상의 직계존속[배우자의 직계존속을 포함하며, 직계존속 중 어느 한사람이 (60)세 미만인 경우를 포함]을 동거봉양하기 위하여 세대를 합침으로서 1세대가 2주택을 보유하게 되는 경우 합친 날로부터 (10)년 이내에 먼저 양도하는 주택은 이를 1세대 1주택으로 보아 제154조 제1항을 적용한다.

① 3, 55, 55, 5 ② 3, 60, 60, 5 ③ 3, 60, 55, 10
④ 5, 55, 55, 10 ⑤ 10, 60, 60, 10

| 출제영역 |
양도소득세의 비과세 중 1세대 1주택 ★★★

| 난 이 도 | 중

| 출제빈도 |
제11회, 제14회, 제15회, 제16회, 제18회, 제22회, 제24회, 제27회, 제29회, 제35회

유사문제

1. 「소득세법」상 1세대 1주택(고가주택에 해당하지 않고 등기된 주택임)을 양도한 경우로서 양도소득세 비과세대상이 아닌 것은? ▶ 제18회 변형

① 조정대상지역 공고일 이후에 취득된 서울특별시에 소재하는 주택을 5년 동안 보유하고, 보유기간 중 3년 동안 거주한 후 양도한 경우
② 조정대상지역 공고일 이후에 취득된 서울특별시에 소재하는 주택을 1년 동안 보유하고 양도한 경우로서, 양도일부터 1년 6개월 전에 세대전원이 「해외이주법」에 따른 해외 이주로 출국한 경우
③ 대전광역시에 소재하는 주택을 1년 동안 보유하고 6개월 동안 거주하던 중 양도한 경우로서, 기획재정부령이 정하는 근무상의 형편으로 다른 시로 이사한 경우
④ 광주광역시에 소재하는 주택을 1년 동안 보유하고 양도한 경우로서, 양도일부터 6개월 전에 2년 동안 해외 거주를 필요로 하는 근무상의 형편으로 세대전원이 출국한 경우
⑤ 「임대주택법」에 의한 건설임대주택을 1년 전에 취득하여 양도한 경우로서, 당해 건설임대주택의 임차일부터 당해 주택의 양도일까지 거주기간이 7년인 경우

2. 다음은 소득세법령상 1세대 1주택에 대한 양도소득세의 비과세 적용요건 중 보유기간의 제한을 받지 아니하는 경우를 나열한 것이다. 이에 해당하지 않는 것은? ▶ 제15회 추가

① 「임대주택법」에 의한 건설임대주택을 취득하여 양도하는 경우로서 당해 건설임대주택의 임차일부터 양도일까지의 거주기간이 5년 이상인 경우
② 「해외이주법」에 의한 해외이주로 세대전원이 출국함으로써 양도하는 경우(출국일로부터 2년에 양도한 경우이다)
③ 주택 및 그 부수토지(사업인정고시일 이전에 취득한 경우에 한함)의 전부 또는 일부가 「공익사업을 위한 토지 등의 취득 및 보상에 관한 법률」에 의한 협의매수·수용되는 경우
④ 1년 이상 계속하여 국외거주를 필요로 하는 취학 또는 근무상의 형편으로 세대 전원이 출국하는 경우. 다만, 출국일 현재 1주택을 보유하고 있는 경우로서 출국일부터 2년 이내에 양도하는 경우
⑤ 취득 후 1년간 보유한 주택을 사업상의 형편으로 세대 전원이 다른 시(도·농복합형태의 시의 읍·면지역 포함)·군으로 주거를 이전함으로써 양도하는 경우

3. 「소득세법」상 1세대 1주택(고가주택 제외) 비과세규정에 관한 설명으로 틀린 것은? (단, 거주자의 국내주택을 가정) ▶ 제24회

① 1세대 1주택 비과세규정을 적용하는 경우 부부가 각각 세대를 달리 구성하는 경우에도 동일한 세대로 본다.
② 「해외이주법」에 따른 해외이주로 세대전원이 출국하는 경우 출국일 현재 1주택을 보유하고 있고 출국일로부터 2년 이내에 당해 주택을 양도하는 경우 보유기간요건을 충족하지 않더라도 비과세한다.
③ 1주택을 보유하는 자가 1주택을 보유하는 자와 혼인함으로써 1세대가 2주택을 보유하게 되는 경우 혼인한 날부터 5년 이내에 먼저 양도하는 주택(보유기간 4년)은 비과세한다.
④ 「건축법 시행령」 별표1 제1호 다목에 해당하는 다가구주택은 해당 다가구주택을 구획된 부분별로 분양하지 아니하고 하나의 매매단위로 하여 양도하는 경우 그 구획된 부분을 각각 하나의 주택으로 본다.
⑤ 양도일 현재 「임대주택법」에 의한 건설임대주택 1주택만을 보유하는 1세대는 당해 건설임대주택의 임차일부터 당해 주택의 양도일까지의 거주기간이 5년 이상인 경우 보유기간 요건을 충족하지 않더라도 비과세한다.

양도소득세의 비과세 중 1세대 1주택(2)

소득세법 시행령 제155조 '1세대 1주택의 특례'에 관한 조문의 내용이다. (   )에 들어갈 숫자로 옳은 것은? ▶ 제33회

- 영농의 목적으로 취득한 귀농주택으로서 수도권 밖의 지역 중 면지역에 소재하는 주택과 일반주택을 국내에 각각 1개씩 소유하고 있는 1세대가 귀농주택을 취득한 날부터 (㉠)년 이내에 일반주택을 양도하는 경우에는 국내에 1개의 주택을 소유하고 있는 것으로 보아 제154조 제1항을 적용한다.
- 취학 등 부득이한 사유로 취득한 수도권 밖에 소재하는 주택과 일반주택을 국내에 각각 1개씩 소유하고 있는 1세대가 부득이한 사유가 해소된 날부터 (㉡)년 이내에 일반주택을 양도하는 경우에는 국내에 1개의 주택을 소유하고 있는 것으로 보아 제154조 제1항을 적용한다.
- 1주택을 보유하는 자가 1주택을 보유하는 자와 혼인함으로써 1세대가 2주택을 보유하게 되는 경우 혼인한 날부터 (㉢)년 이내에 먼저 양도하는 주택은 이를 1세대 1주택으로 보아 제154조 제1항을 적용한다.

① ㉠: 2, ㉡: 2, ㉢: 5　② ㉠: 2, ㉡: 3, ㉢: 10　③ ㉠: 3, ㉡: 2, ㉢: 5
④ ㉠: 5, ㉡: 5, ㉢: 10　⑤ ㉠: 5, ㉡: 3, ㉢: 10

출제경향 양도소득세의 비과세 중 가장 세부적 요건으로 물어보는 경우는 1세대 1주택의 경우로 이는 1세대의 요건과 1주택의 요건으로 1주택의 특례, 보유기간의 특례를 중점 학습하여야 한다.

출제키워드
- 양도소득세의 비과세
- 1세대 1주택의 비과세 요건
- 1주택의 특례
- 보유기간·거주기간의 제한을 받지 아니한 경우

핵심포인트

1주택의 예외

구분	내 용		특례대상	양도조건	비 고
1	일시적 2주택	① 일반적인 경우	종전주택 양도	3년 이내	종전주택 취득 후 1년 경과
		② 조정지역 내	종전주택 양도	3년 이내	–
2	직계존속(60세 이상)의 동거봉양으로 2주택		먼저 양도한 주택	10년 이내	–
3	혼인으로 2주택		먼저 양도한 주택	10년 이내	–
4	상속주택과 일반주택		일반주택 양도시	–	공동상속은 상속지분이 가장 큰 자의 주택으로 봄
5	문화재주택과 일반주택		일반주택 양도시	–	–
6	농어촌주택과 일반주택		일반주택 양도시	–	귀농주택과 일반주택의 경우는 5년 내에 일반주택 양도의 경우 1주택
7	근무상, 취학, 질병+지방주택과 일반주택		일반주택 양도시	사유해소일부터 3년 이내	수도권 밖에 소재한 주택취득
8	장기임대주택과 거주주택		거주주택	–	2년 이상 거주 요함

주택의 보유기간

1. 원 칙

① 2년 이상 보유사실이 확인된 주택
② 조정대상지역 공고일 이후에 취득된 조정지역 내의 주택 경우는 2년 보유기간 중에 2년 거주를 갖춘 경우 2년 보유된 것으로 본다.

2. 예외(보유기간·거주기간의 제한이 없는 경우)

① 「임대주택법」에 의한 건설임대주택을 취득하여 양도하는 경우로서 임차일부터 양도일까지 기간 중 세대 전원이 거주한 기간이 5년 이상인 경우
② 공공사업시행자에게 협의매수·수용되는 경우
③ 해외 이주로 세대 전원이 출국하는 경우. 단, 출국일 현재 1주택으로서 출국일로부터 2년 이내 양도한 것에 한함
④ 1년 이상 거주한 주택을 질병의 치료 또는 요양, 근무상 형편, 취학상의 이유로 세대전원이 다른 시·군으로 주거를 이전하는 경우

해설 정답 ≫ ⑤

- 영농의 목적으로 취득한 귀농주택으로서 수도권 밖의 지역 중 면지역에 소재하는 주택과 일반주택을 국내에 각각 1개씩 소유하고 있는 1세대가 귀농주택을 취득한 날부터 (5)년 이내에 일반주택을 양도하는 경우에는 국내에 1개의 주택을 소유하고 있는 것으로 보아 제154조 제1항을 적용한다.
- 취학 등 부득이한 사유로 취득한 수도권 밖에 소재하는 주택과 일반주택을 국내에 각각 1개씩 소유하고 있는 1세대가 부득이한 사유가 해소된 날부터 (3)년 이내에 일반주택을 양도하는 경우에는 국내에 1개의 주택을 소유하고 있는 것으로 보아 제154조 제1항을 적용한다.
- 1주택을 보유하는 자가 1주택을 보유하는 자와 혼인함으로써 1세대가 2주택을 보유하게 되는 경우 혼인한 날부터 (10)년 이내에 먼저 양도하는 주택은 이를 1세대 1주택으로 보아 제154조 제1항을 적용한다.

① ㉠: 2, ㉡: 2, ㉢: 5 ② ㉠: 2, ㉡: 3, ㉢: 10 ③ ㉠: 3, ㉡: 2, ㉢: 5
④ ㉠: 5, ㉡: 5, ㉢: 10 ⑤ ㉠: 5, ㉡: 3, ㉢: 10

| 출제영역 |
양도소득세의 비과세 중 1세대 1주택 ★★★

| 난 이 도 | 중

| 출제빈도 |
제11회, 제14회, 제15회, 제16회, 제18회, 제22회, 제24회, 제27회, 제29회

유사문제

1. 양도소득세 비과세 설명 중 옳은 것은?

① 1주택을 보유하고 1세대를 구성하는 자가 1주택을 보유하고 있는 60세 이상의 직계존속을 동거봉양하기 위하여 세대를 합침으로써 1세대가 2주택을 보유하게 되는 경우 합친 날부터 5년 이내에 먼저 양도하는 주택은 이를 1세대 1주택으로 보아 비과세규정을 적용한다.
② 1주택을 보유하는 자가 1주택을 보유하는 자와 혼인함으로써 1세대가 2주택을 보유하게 되는 경우 그 혼인한 날로부터 10년 이내에 먼저 양도하는 주택은 이를 1세대 1주택으로 보아 비과세 여부를 판단한다.
③ 부부가 각각 단독세대를 구성하여 각각 1주택을 2년 이상 보유하다가 그중 하나의 주택을 양도하는 경우에는 1세대 1주택으로 보아 비과세 규정을 적용한다.
④ 1세대가 농어촌 주택인 귀농주택을 취득한 날부터 3년 내에 일반주택을 양도한 경우 1세대 1주택으로 보아 비과세 규정을 적용한다.
⑤ 1세대가 조정대상지역으로 공고된 날 이후에 취득된 조정지역내의 1주택을 양도한 경우에는 2년 보유기간 중에 1년 거주기간을 갖춘 경우 비과세한다.

2. 「소득세법」상 거주자의 국내 소재 1세대 1주택인 고가주택과 그 양도소득세에 관한 설명으로 <u>틀린</u> 것은? ▶ 제31회

① 거주자가 2024년 취득 후 계속 거주한 법령에 따른 고가주택을 2025년 5월에 양도하는 경우 장기보유특별공제의 대상이 되지 않는다.
② "고가주택"이란 기준시가 12억원을 초과하는 주택을 말한다.
③ 법령에 따른 고가주택에 해당하는 자산의 장기보유특별공제액은 「소득세법」 제95조 제2항에 따른 장기보유특별공제액에 "양도가액에서 12억원을 차감한 금액이 양도가액에서 차지하는 비율"을 곱하여 산출한다.
④ 법령에 따른 고가주택에 해당하는 자산의 양도차익은 「소득세법」 제95조 제1항에 따른 양도차익에 "양도가액에서 12억원을 차감한 금액이 양도가액에서 차지하는 비율"을 곱하여 산출한다.
⑤ 「건축법 시행령」 [별표1]에 의한 다가구주택을 구획된 부분별로 양도하지 아니하고 하나의 매매단위로 양도하여 단독주택으로 보는 다가구주택의 경우에는 그 전체를 하나의 주택으로 보아 법령에 따른 고가주택 여부를 판단한다.

3. 다음은 2주택을 보유하여도 1세대 1주택 비과세대상이 될 수 있는 것이다. 이에 해당하지 <u>않는</u> 것은? ▶ 제11회

① 혼인으로 인한 1세대 2주택
② 노부모를 동거봉양하기 위한 1세대 2주택
③ 거주이전을 위한 일시적인 1세대 2주택
④ 부모로부터 증여를 받음으로써 1세대 2주택
⑤ 매수자의 등기지연으로 인한 1세대 2주택

Thema 046 양도소득세의 양도시기 또는 취득시기

「소득세법 시행령」 제162조에서 규정하는 양도 또는 취득시기에 관한 내용으로 틀린 것은? ▶ 제29회

① 제1항 제4호: 자기가 건설한 건축물에 있어서 건축허가를 받지 아니하고 건축하는 건축물은 추후 사용승인 또는 임시사용 승인을 받은 날

② 제1항 제3호: 기획재정부령이 정하는 장기할부조건의 경우에는 소유권이전등기(등록 및 명의개서를 포함한다) 접수일 · 인도일 또는 사용수익일 중 빠른 날

③ 제1항 제2호: 대금을 청산하기 전에 소유권이전등기(등록 및 명의의 개서를 포함한다)를 한 경우에는 등기부 · 등록부 또는 명부 등에 기재된 등기접수일

④ 제1항 제5호: 상속에 의하여 취득한 자산에 대하여는 그 상속이 개시된 날

⑤ 제1항 제9호: 「도시개발법」에 따른 환지처분으로 교부받은 토지의 면적이 환지처분에 의한 권리면적보다 증가된 경우에는 그 증가된 면적의 토지에 대한 취득시기 또는 양도시기는 환지처분의 공고가 있은 날의 다음 날로 한다.

출제경향 양도차익계산시 양도차익의 귀속이 확정되는 양도시기도 중요하지만, 보유기간을 판정할 때 취득시기의 확정도 중요한 의미를 가진다. 이를 취득세의 취득시기와는 별도의 개념으로 이해하고, 양도소득세의 문제인지, 취득세의 문제인지를 구별하여 문제를 풀어야 한다.

출제키워드 • 양도소득세의 취득시기

핵심포인트

양도시기 또는 취득시기

구 분		양도 및 취득시기
일반원칙		대금청산일
일반 원칙에 대한 예외 규정	대금청산일이 불분명한 경우	등기등록 접수일 또는 명의개서일
	대금청산일 전에 소유권이전등기	등기등록 접수일
특수한 경우	장기할부조건	소유권이전등기 접수일 · 인도일 또는 사용수익일 중 빠른 날
	자가건설건축물	• 원칙: 사용승인서 교부일 • 무허가건축물: 사실상 사용일
	상속자산의 취득시기	상속 개시일
	증여자산의 취득시기	증여를 받은 날(수증자 입장)
	환지처분으로 인하여 취득한 토지의 취득시기	• 환지받기 전 토지의 취득일 • 증환지 또는 감환지의 경우 ⇨ 환지처분 공고일의 다음 날

핵심 OX

1. 경매에 의하여 취득시는 경락일을 취득시기로 한다. (○, ×)
2. 교부받은 토지의 면적이 환지처분에 의한 권리의 면적보다 증가 또는 감소된 경우에는 그 증가 또는 감소된 면적의 토지에 대한 취득시기 또는 양도시기는 환지받기 전 토지의 취득일로 한다. (○, ×)
3. 소유권에 관한 소송으로 보상금이 공탁된 경우에는 소유권 관련 보상금 공탁일로 한다. (○, ×)
4. 대금을 청산한 날이 분명하지 아니한 경우 등기부 · 등록부 또는 명부 등에 기재된 등기 · 등록접수일 또는 명의개서일을 취득시기로 한다. (○, ×)
5. 부동산의 소유권이 타인에게 이전되었다가 법원의 무효판결에 의하여 당해 자산의 소유권이 환원되는 경우 당해 자산의 취득시기는 법원의 확정판결일로 한다. (○, ×)

정답

1. × 경매에 의하여 취득시는 경매 대금을 완납한 날을 취득시기로 한다.
2. × 공고일의 다음 날이 취득시기이다.
3. × 소송으로 보상금이 공탁된 경우에는 소유권 관련 소송 판결 확정일로 한다.
4. ○
5. × 취득시기는 당초 자산의 취득일이다.

해설 정답 ≫ ①

① 제1항 제4호: 자기가 건설한 건축물에 있어서 건축허가를 받지 아니하고 건축하는 건축물은 ~~추후 사용승인 또는 임시사용 승인을 받은 날~~
- 건축허가를 받지 아니하고 건축하는 건축물의 취득시기는 사실상 사용일
- 건축허가를 받은 경우의 취득시기는 사용승인서 교부일

② 제1항 제3호: 기획재정부령이 정하는 장기할부조건의 경우에는 소유권이전등기(등록 및 명의 개서를 포함한다) 접수일·인도일 또는 사용수익일 중 빠른 날

③ 제1항 제2호: 대금을 청산하기 전에 소유권이전등기(등록 및 명의의 개서를 포함한다)를 한 경우에는 등기부·등록부 또는 명부 등에 기재된 등기접수일

④ 제1항 제5호: 상속에 의하여 취득한 자산에 대하여는 그 상속이 개시된 날
- 증여에 의하여 취득한 자산에 대하여는 증여받은 날

⑤ 제1항 제9호: 「도시개발법」에 따른 환지처분으로 교부받은 토지의 면적이 환지처분에 의한 권리면적보다 증가된 경우에는 그 증가된 면적의 토지에 대한 취득시기 또는 양도시기는 환지처분의 공고가 있은 날의 다음 날로 한다.
- 「도시개발법」 기타 법률에 의한 환지처분으로 인하여 취득한 토지의 취득시기는 그 환지처분이 있기 전 토지의 취득일

| 출제영역 |
양도소득세의 양도시기 또는 취득시기 ★★

| 난 이 도 | 중

| 출제빈도 |
제9회, 제10회, 제11회, 제12회, 제13회, 제14회, 제15회, 제18회, 제25회, 제29회, 제32회, 제34회

유|사|문|제

1. 「소득세법」상 양도소득세 과세대상 자산의 양도 또는 취득의 시기로 틀린 것은? ▶ 제32회

① 「도시개발법」에 따라 교부받은 토지의 면적이 환지처분에 의한 권리면적보다 증가 또는 감소된 경우: 환지처분의 공고가 있은 날
② 기획재정부령이 정하는 장기할부조건의 경우: 소유권이전등기(등록 및 명의개서를 포함) 접수일·인도일 또는 사용수익일 중 빠른 날
③ 건축허가를 받지 않고 자기가 건설한 건축물의 경우: 그 사실상의 사용일
④ 「민법」 제245조 제1항의 규정에 의하여 부동산의 소유권을 취득하는 경우: 당해 부동산의 점유를 개시한 날
⑤ 대금을 청산한 날이 분명하지 아니한 경우: 등기부·등록부 또는 명부 등에 기재된 등기·등록접수일 또는 명의개서일

2. 현행 「소득세법」에서 규정하는 토지의 양도 및 취득의 시기에 관하여 틀린 것은? ▶ 제10회

① 토지의 양도 및 취득의 시기는 원칙적으로 토지의 대금을 청산한 날이 된다.
② 상속에 의하여 취득한 토지의 양도 및 취득의 시기는 토지 상속이 개시한 날이 된다.
③ 증여에 의하여 취득한 토지의 양도 및 취득의 시기는 토지의 증여를 받은 날이 된다.
④ 환지처분에 의하여 취득한 토지의 양도 및 취득의 시기는 토지의 환지처분을 받은 날이 된다.
⑤ 대금청산 전에 소유권이전등기를 한 토지의 양도 및 취득의 시기는 등기부에 기재된 등기접수일이 된다.

3. 「소득세법」상 양도차익 계산시 취득 및 양도시기로 틀린 것은? ▶ 제25회

① 대금을 청산한 날이 분명하지 아니한 경우: 등기부·등록부 또는 명부 등에 기재된 등기·등록접수일 또는 명의개서일
② 증여에 의하여 취득한 자산: 증여를 받은 날
③ 「공익사업을 위한 토지 등의 취득 및 보상에 관한 법률」에 따라 공익사업을 위하여 수용되는 경우: 사업인정고시일
④ 대금을 청산하기 전에 소유권이전등기(등록 및 명의개서 포함)를 한 경우: 등기부·등록부 또는 명부 등에 기재된 등기접수일
⑤ 상속에 의하여 취득한 자산: 상속개시일

4. 「양도소득세법」상 취득 또는 양도의 시기에 대한 설명으로 맞는 것은?

① 20년간의 소유의사로 부동산을 점유한 후 등기함으로 인하여 소유권을 취득한 경우에는 당해부동산의 점유개시일이 취득시기가 된다.
② 장기할부 조건에 의한 취득의 시기는 첫회 부불금 지급일을 취득시기로 본다.
③ 수용에 의한 양도 또는 취득의 시기는 협의 매수일이다.
④ 일반적인 거래에 있어서는 원칙적으로 계약상 잔금지급일이다.
⑤ 부동산의 소유권이 타인에게 이전되었다가 법원의 무효판결에 의하여 해당 자산의 소유권이 환원된 경우의 취득시기는 법원의 무효판결일이다.

양도소득세의 계산구조

다음은 양도소득세 과세표준 계산과정을 설명한 것이다. 옳은 것은? ▶ 제18회 변형

① 양도가액에서 장기보유특별공제를 하면 양도차익이 된다.
② 양도소득금액에서 공제하는 필요경비에는 양도비, 자본적 지출, 취득가액이 있다.
③ 양도차익에서 장기보유특별공제를 한 후 양도소득기본공제를 하면 양도소득과세표준이 된다.
④ 양도소득금액에서 장기보유특별공제를 하면 양도소득과세표준이 된다.
⑤ 양도소득금액에서 양도소득세율을 곱하면 양도소득세산출세액이 된다.

출제경향 시험범위 내의 세목에 대한 과세표준의 산정은 자주 출제된다. 양도소득세 과세표준의 산정의 흐름을 알아보는 문제가 가끔 출제되므로 흐름으로 숙지해야 한다.

출제 키워드
• 양도소득세의 양도차익
• 양도소득세의 양도소득금액
• 양도소득세의 양도소득 과세표준
• 양도소득세의 양도소득 산출세액

핵심포인트

양도소득세액의 구조

		실지거래가액
	양도가액	실지 양도가액
−)	필요경비	실지 취득가액 · 자본적 지출액 · 양도 비용
=)	양도차익	

		적용대상	공제율
−)	장기보유특별공제	3년 이상 보유한 등기된 토지 · 건물(미등기 제외), 조합원입주권(조합원으로부터 취득한 것은 제외)	양도차익×보유기간별공제율
=)	양도소득금액		

		적용대상	공제액
−)	양도소득기본공제	미등기자산을 제외한 모든 양도자산	부동산 등 및 주식, 파생상품 등의 양도소득별로 각각 연간 250만원

=)	양도소득과세표준	
×)	양도소득세 세율	
=)	양도소득산출세액	
−)	공제 · 감면세액	
=)	양도소득결정세액	
+)	가산세	: 예정신고 또는 확정신고시 신고불성실가산세
=)	양도소득총결정세액	
−)	기납부세액	: 예정신고시의 산출세액(공제액 포함)
=)	차가감납부세액	

해설 정답 ≫ ③

① 양도가액에서 ~~장기보유특별공제~~를 하면 양도차익이 된다.
- 양도가액에서 필요경비공제를 하면 양도차익이 된다.
- 양도차익에서 장기보유특별공제를 하면 양도소득금액이 된다.

② ~~양도소득금액~~에서 공제하는 필요경비에는 양도비, 자본적 지출, 취득가액이 있다.
- 양도가액에서 공제하는 필요경비에는 양도비, 자본적 지출, 취득가액이 있다.

③ 양도차익에서 장기보유특별공제를 한 후 양도소득 기본공제를 하면 양도소득 과세표준이 된다.
- 양도차익에서 장기보유특별공제를 하면 양도소득금액이 된다.
- 양도소득금액에서 양도소득 기본공제하면 양도소득과세표준이 된다.

④ 양도소득금액에서 ~~장기보유특별공제를~~ 하면 양도소득과세표준이 된다.
- 양도소득금액에서 양도소득기본공제하면 양도소득과세표준이 된다.

⑤ ~~양도소득금액~~에서 양도소득세율을 곱하면 양도소득세산출세액이 된다.
- 양도소득 과세표준에서 양도소득세율을 곱하면 양도소득세산출세액이 된다.

| 출제영역 |
양도소득세의 과세표준 ★★
양도소득세의 양도소득금액 ★★

| 난 이 도 | 중

| 출제빈도 |
제5회, 제16회, 제18회, 제20회, 제26회

유 사 문 제

1. 「소득세법」상 양도소득세의 계산구조(양도소득 과세표준과 세액의 산출)를 계산식으로 나타낸 것이다. 가장 틀린 것은?

① 양도차익 = 양도가액 − 필요경비
② 양도소득금액 = 양도가액 − 장기보유특별공제
③ 양도소득 과세표준 = 양도소득금액 − 양도소득 기본공제
④ 양도소득 산출세액 = 양도소득 과세표준 × 양도소득세율
⑤ 양도소득 납부세액 = 양도소득 산출세액 − 감면세액 + 가산세 − 기납부세액

2. 「소득세법」상 국내자산의 양도시 양도소득 과세표준을 감소시킬 수 있는 항목에 해당하지 않는 것은? ▶ 제18회

① 자산의 취득에 소요된 실지거래가액
② 자산을 양도하기 위하여 직접 지출한 비용
③ 장기보유특별공제
④ 양도소득 기본공제
⑤ 기납부세액공제

3. 양도소득금액 계산에서 그 공제순위가 제일 나중인 것은?

① 양도소득 기본공제액
② 필요경비
③ 장기보유특별공제액
④ 양도비
⑤ 수익적 지출액

4. 아래 자료에 의하여 「소득세법」상 토지의 양도차익을 실지거래가로 계산할 때 옳은 것은?

㉠ 취득 당시 실지거래가액 : 200,000,000원
㉡ 양도 당시 실지거래가액 : 500,000,000원
㉢ 취득 당시 기준시가 : 150,000,000원
㉣ 양도 당시 기준시가 : 400,000,000원
㉤ 양도를 위해 직접 지출한 비용 : 10,000,000원
㉥ 등기된 자산으로 취득 후 2년 이후 양도에 해당함

① 240,000,000원
② 244,000,000원
③ 245,500,000원
④ 290,000,000원
⑤ 294,000,000원

Thema 048 양도소득세 추계결정

「소득세법」상 거주자의 양도소득세가 과세되는 부동산의 양도가액 또는 취득가액을 추계조사하여 양도소득 과세표준 및 세액을 경정 또는 경정하는 경우에 관한 설명으로 틀린 것은? (단, 매매사례가액과 감정가액은 특수관계인과의 거래가액이 아님) ▶ 제24회

① 양도 또는 취득당시의 실지거래가액의 확인을 위하여 필요한 장부・매매계약서・영수증 기타 증빙서류가 없거나 그 중요한 부분이 미비된 경우 추계결정 또는 경정의 사유에 해당한다.

② 매매사례가액, 감정가액, 환산가액, 기준시가를 순차로 적용한다.

③ 매매사례가액은 양도일 또는 취득일 전후 각 3개월 이내에 해당 자산과 동일성 또는 유사성이 있는 자산의 매매사례가 있는 경우 그 가액을 말한다.

④ 감정가액은 당해 자산에 대하여 감정평가기준일이 양도일 또는 취득일 전후 각 3월 이내이고 2 이상의 감정평가법인이 평가한 것으로서 신빙성이 인정되는 경우 그 감정가액의 평균액으로 한다.

⑤ 환산가액은 양도가액을 추계할 경우에는 적용되지만 취득가액을 추계할 경우에는 적용되지 않는다.

출제 경향 양도가액 또는 취득가액을 추계결정하는 순서는 최근 5년간 연속하여 출제되고 있다. 추계결정된 경우 필요경비에는 필요경비개산공제가 포함됨을 숙지하여야 된다.

출제 키워드 • 양도소득세의 실지거래가액을 확인할 수 없는 경우
• 추계결정의 순서
• 환산가액

핵심포인트

실지거래가격이 확인되지 않는 경우의 추계조사 결정특례

1. **추계조사 결정사유**: 양도 또는 취득 당시의 실지거래가액의 확인을 위하여 필요한 장부・매매계약서・영수증 기타 증빙서류가 없거나 그 중요한 부분이 미비된 경우 또는 장부・매매계약서・영수증 기타 증빙서류의 내용이 매매사례가액, 감정평가법인의 감정가액 등에 비추어 허위임이 명백한 경우

구 분	적용순서
취득가액이 불분명한 경우	매매사례가액 ⇨ 감정가액 ⇨ 환산가액 또는 기준시가
양도가액이 불분명한 경우	매매사례가액 ⇨ 감정가액 ⇨ 기준시가

2. 환산가액은 양도가액을 추계할 경우에는 적용할 수 없지만 취득가액을 추계할 경우에는 적용할 수 있다.
3. 거주자가 건물을 신축하고 그 **신축한 건물의 취득일부터 5년 이내에 해당 건물을 양도하는 경우**로서 **환산가액을 그 취득가액으로 하는 경우에**는 해당 건물 **환산가액의 100분의 5에 금액**을 양도소득 **결정세액에 더한다.**

핵심OX

1. 특수관계인 간의 거래가 아닌 경우로서 취득가액인 실지거래가액을 인정 또는 확인할 수 없어 그 가액을 추계결정 또는 경정하는 경우에는 매매사례가액, 감정가액, 기준시가의 순서에 따라 적용한 가액에 의한다. (○, ×)
2. 토지의 시가를 10억원이라고 할 경우 이를 9억원에 양도하였다면 부당행위계산 부인의 규정이 적용되지 않는다. (○, ×)

정답

1. × 취득가액인 실지거래가액을 확인할 수 없어 그 가액을 추계결정하는 경우에는 매매사례가액, 감정가액, 환산가액, 기준시가의 순서에 따라 적용된다.
2. × 시가와 거래가액의 차액이 1억원, 이 차액이 시가 10억원의 5% 이상에 해당되고, 특수관계인과의 거래이므로 부당행위계산의 부인 규정에 적용되어 이 경우의 양도가액은 시가이다.

해설 정답 ≫ ⑤

① 양도 또는 취득 당시의 실지거래가액의 확인을 위하여 필요한 장부 · 매매계약서 · 영수증 기타 증빙서류가 없거나 그 중요한 부분이 미비된 경우 추계결정 또는 경정의 사유에 해당한다.
② 매매사례가액, 감정가액, 환산가액, 기준시가를 순차로 적용한다.
- 양도당시 실지거래가액을 확인할 수 없어 양도가액을 추계결정하는 경우는 매매사례가액, 감정가액, 기준시가의 순으로 적용한다.

③ 매매사례가액은 양도일 또는 취득일 전후 각 3개월 이내에 해당 자산과 동일성 또는 유사성이 있는 자산의 매매사례가 있는 경우 그 가액을 말한다.
④ 감정가액은 당해 자산에 대하여 감정평가기준일이 양도일 또는 취득일 전후 각 3월 이내이고 2 이상의 감정평가법인이 평가한 것으로서 신빙성이 인정되는 경우 그 감정가액의 평균액으로 한다.
⑤ 환산가액은 양도가액을 추계할 경우에는 ~~적용되지만~~ 취득가액을 추계할 경우에는 ~~적용되지 않는다.~~
- 환산가액은 양도가액을 추계할 경우에는 적용할 수 없지만 취득가액을 추계할 경우에는 적용할 수 있다.

| 출제영역 |
양도소득세의 추계결정의 순서 ★★
| 난 이 도 | 중
| 출제빈도 |
제22회, 제24회, 제25회, 제26회, 제28회, 제29회

유사문제

1. 「소득세법」상 아버지(거주자)가 국내소재 토지를 아들(거주자)에게 양도한다고 가정하는 경우 이에 관한 설명으로 틀린 것은?

① 토지에 대한 시가는 불특정다수인 사이에 자유로이 거래가 이루어지는 경우에 통상 성립된다고 인정되는 가액으로 한다.
② 아버지와 아들은 특수 관계자에 해당한다.
③ 양도소득세의 납세지는 원칙적으로 거주자의 국내 주소지이다.
④ 토지의 시가를 10억원이라고 할 경우 이를 8억원에 양도하였다면 부당행위계산 부인의 규정이 적용되지 않는다.
⑤ 사촌형인 甲이 「상속세 및 증여세법」에 따라 시가 8억원으로 평가된 토지를 사촌 동생인 乙에게 7억 5천만원에 양도한 경우, 양도차익 계산시 양도가액은 8억원으로 계산한다.

2. 양도가액과 취득가액을 계산할 때 실지거래가액을 원칙으로 하는데 취득당시 실지거래가액을 확인할 수 없는 경우 실지거래가액으로 인정하는 순서가 올바른 것은?

① 매매사례가액 ⇨ 감정가액 ⇨ 환산취득가액 ⇨ 기준시가
② 감정가액 ⇨ 매매사례가액 ⇨ 환산취득가액 ⇨ 기준시가
③ 환산취득가액 ⇨ 매매사례가액 ⇨ 감정가액 ⇨ 기준시가
④ 기준시가 ⇨ 환산취득가액 ⇨ 매매사례가액 ⇨ 감정가액
⑤ 환산취득가액 ⇨ 감정가액 ⇨ 기준시가 ⇨ 매매사례가액

3. 거주자 甲이 특수관계 없는 자로부터 부동산을 취득하여 양도한 때에 장부 등에 의해 취득당시 당해 자산의 실지거래가액을 확인할 수 없어 취득가액을 추계조사 결정하는 경우, 「소득세법」상 추계방법의 적용 순서로서 옳은 것은? ▶ 제25회

> ㉠ 취득일 전후 3개월 이내 해당 자산과 동일성 또는 유사성이 있는 자산의 매매사례가액
> ㉡ 양도 당시의 실지거래가액 등을 취득당시 기준시가 등으로 환산한 가액
> ㉢ 취득일 전후 3개월 이내 당해 자산에 대해 2 이상의 감정평가법인이 평가한 것으로서 신빙성이 있는 것으로 인정되는 감정가액의 평균액
> ㉣ 기준시가

① ㉠ ⇨ ㉡ ⇨ ㉢ ⇨ ㉣
② ㉠ ⇨ ㉢ ⇨ ㉡ ⇨ ㉣
③ ㉡ ⇨ ㉠ ⇨ ㉣ ⇨ ㉢
④ ㉢ ⇨ ㉣ ⇨ ㉠ ⇨ ㉡
⑤ ㉣ ⇨ ㉢ ⇨ ㉡ ⇨ ㉠

4. 甲이 2018년 3월 5일 특수 관계인인 乙로부터 토지를 3억 4천만원(시가 3억원)에 취득하여 2025년 10월 5일 특수 관계자 아닌 丙에게 그 토지를 5억 6천만원에 양도한 경우 甲의 양도차익은 얼마인가?

① 1억 7천 1백만원 ② 1억 9천만원
③ 2억 2천 5백만원 ④ 2억 5천만원
⑤ 2억 6천만원

필요경비(Ⅰ)

실지거래가액방식에 의한 양도차익의 산정에 있어서 취득가액에 대한 다음 설명 중 옳은 것은? ▶ 제15회 · 제21회 · 제28회 종합

① 당초 약정에 의한 거래가액에 지급기일의 지연으로 인하여 추가로 발생하는 이자상당액은 취득가액에 포함하지 아니한다.

② 甲은 사촌형인 乙로부터 「상속세 및 증여세법」에 따라 시가 8억원으로 평가된 토지를 8억 5천만원에 취득한 경우, 乙의 취득가액은 8억 5천만원으로 한다.

③ 취득에 관한 쟁송이 있는 자산에 대하여 그 소유권등을 확보하기 위하여 직접소요된 소송비용 · 화해비용 등의 금액으로서 그 지출한 연도의 각 소득금액의 계산에 있어서 필요경비에 산입된 것을 제외한 금액은 취득가액에서 공제한다.

④ 사업자가 자산을 장기할부조건으로 매입하고 기업회계기준에 의하여 현재가치할인차금을 취득가액과 구분하여 계상한 경우에 현재가치할인차금은 취득가액에서 공제한다.

⑤ 상속받은 1세대 1주택을 6개월 보유하고 상속인이 양도하는 경우, 기납부한 상속세는 양도차익 계산시 이를 필요경비로 공제받을 수 있다.

출제경향 취득가액은 구입대금에 부대비용을 합한 금액으로 취득가액에 포함되는 경우와 취득가액에서 공제되는 경우의 구별에 관한 문제가 출제되고 있으니, 부대비용을 정확히 숙지하여야 한다.

출제키워드
- 양도소득세의 필요경비
- 양도차익 산정
- 취득가액

핵심포인트

필요경비(증빙을 갖춘 경우에 인정)

취득에 든 실지거래가액 + 자본적 지출 + 양도비용

1. 취득에 든 실지거래가액

매입한 자산의 취득원가
=매입가액+취득부대비용(취득세 · 등록세 등)

① 취득세는 납부영수증이 없는 경우에도 양도소득금액 계산시 필요경비로 공제한다.

주의 **필요경비는 증빙을 갖춘 경우에 인정되나 취득세만큼은 영수증이 없더라도 인정된다.**

주의 **재산세 · 종합부동산세 · 지역자원시설세 · 상속세 · 증여세는 필요경비에 산입되지 아니한다.**

② 취득시 중개보수, 법무사의 보수 등은 양도소득금액 계산시 필요경비로 공제한다.

③ **취득에 관한 쟁송이 있는** 자산에 대하여 그 소유권 등을 확보하기 위하여 직접 소요된 **소송비용 · 화해비용 등의 금액은 필요경비에 산입**한다.

④ 사업자가 자산을 장기할부조건으로 매입하고 기업회계기준에 의하여 현재가치할인차금을 취득가액과 구분하여 계상한 경우에도 **현재가치할인차금을 취득가액에 포함**한다.

⑤ **당사자가 약정에 의한 대금지급방법**에 따라 취득가액에 이자상당액을 가산하여 거래가액을 확정하는 경우 당해 **이자상당액은 취득가액에 포함**한다

주의 당초 약정에 의한 거래가액에 **지급기일의 지연으로 인하여 추가로 발생하는 이자**상당액은 취득가액에 **포함하지 아니**한다.

주의 **부당행위계산의 부인액: 특수관계자 간의 거래**에 있어서 시가보다 높은 가액으로 취득한 경우에는 부당행위계산의 부인규정을 적용하여 **시가초과액을 제외**한다.

주의 보유기간 중에 취득관련 쟁송자산의 소유권확보에 직접소요된 소송비용 · 화해비용 등을 사업소득금액 계산시 **필요경비에 산입**하였거나 산입할 금액이 있는 경우에는 이를 **취득가액에서 공제**한다. 즉, 양도차익 계산시 **필요경비에 산입되지 아니**한다.

주의 **지적재조사로 지적공부상의 면적이 증가되어 징수한 조정금은 취득가액에서 제외한다.**

⑥ 취득에 관한 쟁송이 있는 자산에 대하여 그 소유권 등을 확보하기 위하여 직접소요된 소송비용 · 화해비용 등의 금액으로서 그 지출한 연도의 각 소득금액의 계산에 있어서 필요경비에 **산입된 것을 제외한 금액은 취득가액에 산입한다**(「소득세법 시행령」 제163조 제1항 제2호).

해설

정답 ≫ ①

① 당초 약정에 의한 거래가액에 지급기일의 지연으로 인하여 추가로 발생하는 이자상당액은 취득가액에 포함하지 아니한다.

② 甲은 사촌형인 乙로부터 「상속세 및 증여세법」에 따라 시가 8억원으로 평가된 토지를 8억 5천만원에 취득한 경우, 乙의 취득가액은 8억 5천만원으로 한다.

- 시가와 거래가액의 차액은 5천만원, 시가의 5%는 4천만원이다.
- 특수 관계자와의 거래로서 시가보다 고가로 취득(시가와 거래대금의 차액이 시가의 5% 이상으로 취득)에 해당되어 조세를 부당히 감소되는 부당행위계산의 부인규정에 적용되어 시가초과액(5천만원)은 제외되어 취득가액은 8억원이다.

③ 취득에 관한 쟁송이 있는 자산에 대하여 그 소유권 등을 확보하기 위하여 직접소요된 소송비용·화해비용 등의 금액으로서 그 지출한 연도의 각 소득금액의 계산에 있어서 필요경비에 산입된 것을 제외한 금액은 취득가액에서 공제한다.

└• 필요경비에 산입된 것을 제외한 금액을 취득가액으로 한다.

④ 사업자가 자산을 장기할부조건으로 매입하고 기업회계기준에 의하여 현재가치할인차금을 취득가액과 구분하여 계상한 경우에 현재가치할인차금은 취득가액에서 공제한다.

취득가액과 구분하여 계상한 경우에 현재가치할인차금은 취득가액에 포함한다. •┘

⑤ 상속받은 1세대 1주택을 6개월 보유하고 상속인이 양도하는 경우, 기납부한 상속세는 양도차익 계산시 이를 필요경비로 공제받을 수 있다.

└• 기납부한 상속세는 취득가액에 불포함으로 필요경비로 공제되지 않는다.

| 출제영역 |
양도소득세의 필요경비 ★★★

| 난 이 도 | 상

| 출제빈도 |
제15회, 제21회, 제 22회, 제23회, 제27회, 제28회, 제29회

유|사|문|제

1. 양도소득세 세액산출 하는 경우 실지거래가에 의한 양도차익 계산시 필요경비에 해당하지 않는 것은?

① 사업자가 자산을 장기할부조건으로 매입하고 기업회계기준에 의하여 현재가치할인차금을 취득가액과 구분하여 계상한 경우의 현재가치할인차금
② 양도비용
③ 자본적 지출
④ 위약금
⑤ 토지대금 이외 양도소득세를 매수자가 부담하기로 약정하고 납부한 양도소득세의 상당액

2. 「소득세법」상 거주자가 국내자산을 양도한 경우 양도 소득의 필요경비에 관한 설명으로 옳은 것은?

① 당사자가 약정에 의한 대금지급방법에 따라 취득가액에 이자상당액을 가산하여 거래가액을 확정하는 경우 당해 이자상당액은 취득가액에서 공제한다.
② 보유기간 중에 취득관련 쟁송자산의 소유권확보에 직접 소요된 소송비용·화해비용 등을 사업소득금액 계산시 필요경비에 산입된 경우는 필요경비에 산입한다.
③ 지적재조사로 지적공부상의 면적이 증가되어 징수한 조정금은 취득가액으로 필요경비에 산입한다.
④ 「하천법」에 의하여 시행하는 사업으로 인하여 해당사업구역내의 토지소유자가 부담한 수익자부담금·환지청산금 등의 사업비용은 자본적 지출로 필요경비에 산입한다.
⑤ 특수관계자와의 거래로서 부당행위계산의 부인규정에 의한 시가초과액은 필요경비에 산입한다.

3. 「소득세법」상 거주자가 국내자산을 양도한 경우 양도소득의 필요경비에 관한 설명으로 옳은 것은? ▶ 제28회 변형

① 당사자가 약정에 의한 대금지급방법에 따라 취득가액에 이자상당액을 가산하여 거래가액을 확정하는 경우 당해 이자상당액은 취득가액에 포함한다.
② 취득가액을 실지거래가액에 의하는 경우 자본적 지출액도 실지로 지출된 가액에 의하므로 증명서류를 수취·보관하지 않더라도 지출사실이 입증되면 이를 필요경비로 인정한다.
③ 취득시 지출한 중개보수는 취득가액에 포함되지 아니한다.
④ 사업소득금액 계산시, 취득시 쟁송관련 소송비용이 필요경비에 산입된 경우는 필요경비에 산입한다.
⑤ 취득세는 납부영수증이 없으면 필요경비로 인정되지 아니한다.

Thema 050 필요경비(2)

「소득세법」상 사업소득이 있는 거주자가 실지거래가액에 의해 부동산의 양도차익을 계산하는 경우 양도가액에서 공제할 자본적 지출액 또는 양도비에 포함되지 않는 것은? (단, 자본적 지출액에 대해서는 법령에 따른 증명서류가 수취·보관되어 있음) ▶ 제27회 변형

① 자산을 양도하기 위하여 직접 지출한 양도소득세 과세표준 신고서 작성비용
② 납부의무자와 양도자가 동일한 경우 「재건축초과이익환수에 관한 법률」에 따른 재건축부담금
③ 양도자산의 이용편의를 위하여 지출한 비용
④ 토지를 취득함에 있어서 부수적으로 매입한 채권을 만기 전에 양도함으로써 채권의 매매상대방과 관계없이 발생하는 매각차손 전액
⑤ 자산을 양도하기 위하여 직접 지출한 공증비용

출제경향 필요경비 중 자본적 지출·양도비용으로 수익적지출과 양도시 소요된 간접비용과 구분 및 정리하여야 한다.

- 양도소득세의 필요경비
- 자본적 지출
- 양도비용

핵심포인트

필요경비(증빙을 갖춘 경우에 인정)

취득에 든 실지거래가액 + 자본적 지출 + 양도비용

1. 자본적 지출
① 의의: 취득 후 지출로서 실질가치가 증가되는 지출, 내용년수가 증가되는 지출
② 자본적 지출의 예시
㉠ 양도자산의 용도변경·개량 또는 이용편의를 위하여 지출한 비용
㉡ 「개발이익환수에 관한 법률」에 따른 **개발부담금**
㉢ 「재건축초과이익 환수에 관한 법률」에 따른 재건축부담금

2. 양도비용
① 의의: 자산을 양도하기 위하여 직접 지출한 비용을 말한다. 자산을 **양도하기 위하여 직접 지출한 비용**에는 자산을 양도하기 위한 **계약서 작성비용·공증비용**·인지대·**소개비·양도소득세 신고서 작성비** 주식을 양도한 경우의 증권거래세 등을 포함한다.
② 자산을 취득함에 있어서 법령의 규정에 의하여 매입한 **국민주택채권과 토지개발채권을 만기 전에 금융 기관에 양도함으로써 발생한 매각차손도 포함한다.** 이 경우 기획재정부령으로 정하는 금융기관외의 자에게 양도한 경우에는 동일한 날에 금융기관에 양도하였을 경우 발생하는 매각차손을 한도로 한다.

핵심OX

1. 토지의 이용편의를 위하여 당해 토지에 도로를 건설한 경우의 도로건설비용과 그 도로를 국가 또는 지방자치단체에 무상으로 공여한 경우 그 도로로 된 토지의 가액은 자본적지출에 포함한다. (○, ×)
2. 토지의 이용편의를 위하여 지출한 장애철거비용은 자본적지출에 포함한다. (○, ×)
3. 양도가액을 매매사례가로 한 경우 필요경비로 취득가액은 매매사례가로 하며, 자본적지출과 양도비용을 필요경비로 산입한다. (○, ×)
4. 양도가액을 기준시가에 따를 때에는 취득가액도 기준시가에 따르고, 자본적지출과 양도비용을 필요경비에 포함한다. (○, ×)

정답
1. ○
2. ○
3. × 취득가액은 매매사례가로 하면 자본적 지출과 양도비용 대신 필요경비개산공제를 필요경비에 포함한다.
4. × 자본적 지출과 양도비용 대신 필요경비개산공제를 필요경비에 포함한다.

해설 정답 ≫ ④

① 자산을 양도하기 위하여 직접 지출한 양도소득세 과세표준 신고서 작성비용
└• 양도비용으로 필요경비에 포함

② 납부의무자와 양도자가 동일한 경우 「재건축초과이익환수에 관한 법률」에 따른 재건축부담금
자본적 지출로 필용경비에 포함 •┘

③ 양도자산의 이용편의를 위하여 지출한 비용
└• 자본적 지출로 필용경비에 포함

④ 토지를 취득함에 있어서 부수적으로 매입한 채권을 만기 전에 양도함으로써 채권의 ~~매매상대방과 관계없이 발생하는 매각차손 전액~~

- 기획재정부령으로 정하는 금융기관 외의 자에게 양도한 경우에는 동일한 날에 금융기관에 양도하였을 경우 발생하는 매각차손을 한도로 한다.

⑤ 자산을 양도하기 위하여 직접 지출한 공증비용
└• 양도비용으로 필요경비에 포함

| 출제영역 |
양도소득세의 필요경비 ★★★
| 난 이 도 | 상
| 출제빈도 |
제15회, 제21회, 제22회, 제23회, 제27회, 제28회

유사문제

1. 2008년 취득 후 등기한 토지를 2025년 6월 15일에 양도한 경우, 「소득세법」상 토지의 양도차익계산에 관한 설명으로 옳은 것은? (단, 특수관계자와의 거래가 아님)

① 취득 당시 실지거래가액을 확인할 수 없는 경우에는 매매사례가액, 환산가액, 감정가액, 기준시가를 순차로 적용하여 산정한 가액을 취득가액으로 한다.
② 양도와 취득시의 실지거래가액을 확인할 수 있는 경우에는 양도가액과 취득가액을 실지거래가액으로 산정한다.
③ 취득가액을 매매사례가액으로 계산하는 경우 자본적 지출액 · 양도비용은 필요경비에 포함된다.
④ 취득가액을 기준시가액으로 계산하는 경우 취득 당시 개별공시지가에 10/100을 곱한 금액은 필요경비 개산공제로 필요경비에 포함된다.
⑤ 지적공부상의 면적이 증가하여 납부한 조정금은 양도소득 필요경비로 한다.

2. 양도소득의 필요경비의 설명이다. 틀린 것으로 묶인 것은?

㉠ 양도자산의 취득 후 쟁송이 있는 경우 그 소유권을 확보하기 위하여 직접 소요된 소송비용으로서 그 지출한 연도의 각 사업소득금액 계산시 필요경비에 산입된 금액은 양도가액에서 공제되는 필요경비로 한다.
㉡ 자산을 취득함에 있어서 법령의 규정에 의하여 매입한 국민주택채권과 토지개발채권을 만기 전에 금융기관 이외 자에게 양도하여 발생하는 국민주택채권매각으로 인한 실제 수령액은 양도가액에서 공제되는 필요경비로 한다.
㉢ 취득가액(「지적재조사에 관한 특별법」에 따른 경계의 확정으로 지적공부상의 면적이 증가되어 같은 법 제20조에 따라 징수한 조정금은 제외한다)은 양도가액에서 공제되는 필요경비로 한다.
㉣ 취득에 관한 쟁송이 있는 자산에 대하여 그 소유권 등을 확보하기 위하여 직접소요된 소송비용 · 화해비용 등의 금액으로서 그 지출한 연도의 각 소득금액의 계산에 있어서 필요경비에 산입된 것을 제외한 금액을 취득에 든 실지거래가액으로 한다.

① ㉠, ㉡ ② ㉡, ㉢ ③ ㉣
④ ㉠ ⑤ ㉠, ㉡, ㉢

3. 「소득세법」상 거주자가 국내소재 주택의 양도가액과 취득가액을 실지 거래된 금액을 기준으로 양도차익을 상정하는 경우, 양도소득의 필요경비에 해당하지 않는 것은? (단, 지출액은 양도주택과 관련된 것으로 전액 양도부담함) ▶ 제22회

① 주택의 취득대금에 충당하기 위한 대출금의 이자지급액
② 취득시 법령의 규정에 따라 매입한 국민주택채권을 만들기 전에 법령이 정하는 금융기관에 양도함으로써 발생하는 매각차손
③ 양도 전 주택의 이용편의를 위한 방 확장 공사비용(이로 인해 주택의 가치가 증가됨)
④ 양도소득세 과세표준 신고서 작성비용
⑤ 공인중개사에게 지출한 중개보수

Thema 051 장기보유특별공제

거주자 甲의 매매(양도일 : 2025. 5. 1.)**에 의한 등기된 토지 취득 및 양도에 관한 다음의 자료를 이용하여 양도소득세 과세표준을 계산하면?** (단, 법령에 따른 적격증명서류를 수취 · 보관하고 있으며, 주어진 조건 이외에는 고려하지 않음)

항 목	기준시가	실지거래가액
양도가액	40,000,000원	67,000,000원
취득가액	35,000,000원	42,000,000원
추가사항	• 양도비용 : 4,000,000원 • 보유기간 : 2년	

① 18,500,000원 ② 19,320,000원 ③ 19,740,000원 ④ 21,000,000원 ⑤ 22,500,000원

출제 경향 장기보유특별공제는 적용요건을 갖춘 경우의 장기보유금액 산정에 대한 문제가 자주 출제되고 있다. 개정사항에 대한 기본공제와 비교 · 정리해야한다.

출제 키워드
• 장기보유특별공제
• 양도소득금액 산정

핵 | 심 | 포 | 인 | 트

장기보유특별공제

1. **조건**: "장기보유 특별공제액"이란 **토지, 건물**(**미등기, 조정대상지역 공고일 이후에 취득된 1세대 2주택 이상으로 조정지역 내의 주택을 양도한 경우 할증세율이 적용되는 주택은 제외한다**)으로서 **보유기간이 3년 이상인 것** 및 **조합원입주권**(**조합원으로부터 취득한 것은 제외**한다)에 대하여 그 자산의 **양도차익**(**조합원입주권을 양도하는 경우에는** 「도시 및 주거환경정비법」 제48조에 따른 **관리처분계획 인가 전 주택분의 양도차익으로 한정**한다)에 보유기간별 공제율을 곱하여 계산한 금액을 말한다.
2. 장기보유 특별공제 금액 = **양도차익** × 보유기간별 공제율

공제대상	보유기간별 공제율
양도소득세가 과세되는 1세대 1주택(보유기간 중 거주기간이 2년 이상인 고가주택)	그 자산의 양도차익에 다음 ①에 따른 보유기간별 공제율을 곱하여 계산한 금액과 ②에 따른 거주기간별 공제율을 곱하여 계산한 금액을 합산한 것을 말한다. ① 보유기간별 공제율 : 보유3년 이상: 1년 증가시마다 4%씩 증가. **10년 이상일 경우 양도차익의** 40%까지 ② 거주기간별 공제율 : 2년 이상~3년 미만 ⇨ 8%, 거주 3년 이상: 1년 증가시마다 4%씩 증가. **10년 이상일 경우 양도차익의** 40%까지
나머지(예 1세대 2주택 이상, 상가건물 나대지 비사업용토지 등)	• 3년 이상에서 1년 증가시 2% 증가 • 15년 이상 : **양도차익의 30%**

핵 | 심 | O | X

1. 보유기간이 3년 이상인 토지 및 건물(미등기양도자산 제외)에 한정하여 장기보유특별공제가 적용된다. (○, ×)
2. 양도소득세가 과세되는 1세대 2 고가주택(2년 거주됨)의 장기보유특별공제는 보유 3년 이상~4년 미만은 양도가액의 6%, 보유 10년 이상일 경우 양도가액의 20%까지 공제한다. (○, ×)
3. 부동산 권리 양도의 경우, 장기보유특별공제한다. (○, ×)
4. 장기보유특별공제액의 계산을 위한 자산의 보유기간은 당해 자산의 취득일부터 과세일까지로 한다. (○, ×)
5. 장기보유특별공제 계산시 해당 자산의 보유기간은 그 자산의 취득일부터 양도일까지로 하지만 「소득세법」 제97조 제4항에 따른 배우자 또는 직계존비속 간 증여재산에 대한 이월과세가 적용되는 경우에는 증여자가 해당 자산을 취득한 날부터 기산한다. (○, ×)

정답

1. × 토지, 건물, 조합원입주권에 대해 적용된다.
2. × 양도가액이 아니라 양도차익의 6%, 양도차익의 20%이다.
3. × 부동산 권리는 장기보유특별공제의 대상에 해당되지 아니한다.
4. × 장기보유특별공제액의 계산을 위한 자산의 보유기간은 당해 자산의 취득일부터 양도일까지로 한다.
5. ○

해설 정답 ≫ ①

실지거래가의 양도가액 : 67,000,000원
− 실지거래가의 취득가액 : 42,000,000원
− 기타의 필요경비 : 양도비 ⇨ 4,000,000원
= 양도차익 : 21,000,000원
− 장기보유특별공제 : 0원(보유기간이 3년이 되지 않으므로 적용 불가)
= 양도소득금액 : 21,000,000원
− 기본공제 : 2,500,000원(인적공제 적용)
= 양도소득 과세표준 : 18,500,000원

| 출제영역 |
장기보유특별공제 ★★★
| 난 이 도 | 중
| 출제빈도 |
제9회, 제10회, 제12회, 제14회, 제18회, 제20회, 제24회, 제26회, 제33회

유|사|문|제

1. 「소득세법」상 장기보유특별공제에 관한 설명으로 틀린 것은?

▶ 제20회 수정

① 법령이 정하는 1세대 2주택에 해당하는 자산의 경우 10년 이상 보유하고 10년 이상 거주한 경우 100분의 20의 공제율이 적용된다.
② 법령이 정하는 비사업용토지에 해당하는 경우에는 적용한다.
③ 콘도미니엄 회원권을 3년 보유하고 양도한 경우 양도차익에 10%의 보유기간 공제율을 곱하여 산정한다.
④ 등기된 토지 또는 건물로서 그 자산의 보유기간이 3년 이상인 것 및 조합원입주권에 대하여 적용한다.
⑤ 양도소득금액은 양도차익에서 장기보유특별공제를 공제한 금액으로 한다.

2. 양도소득세의 계산에 있어 장기보유특별공제를 인정하고 있다. 다음 중 이에 대한 내용으로 맞는 것은?

① 미등기 자산이라도 장기보유특별공제의 대상에서 제외되지 아니한다.
② 양도자산의 보유기간이 15년 이상인 경우에 한하여 장기보유특별공제가 인정된다.
③ 토지 · 건물의 보유기간이 5년 이상~6년 미만의 것은 장기보유특별공제액으로 취득가액의 15%를 공제한다.
④ 비사업용 토지인 나대지를 15년 보유하고 양도하는 경우 장기보유특별공제는 양도차익의 30%로 산출된다.
⑤ 장기보유특별공제는 양도소득금액에서 공제한다.

3. 양도소득세에 있어서 장기보유특별공제에 관한 설명 중 옳은 것은?

① 장기보유특별공제는 토지와 건물, 기타자산에 대하여 적용한다.
② 미등기양도자산에는 장기보유 특별공제를 적용하지 아니한다.
③ 장기보유특별공제는 보유기간이 5년 이상인 경우에 대하여 적용한다.
④ 장기보유특별공제액은 취득가액에 보유기간별 공제율을 곱하여 구하는 금액으로 한다.
⑤ 1세대 1주택에 관계없이 고가주택을 10년 이상 보유하고 10년 이상 거주하여 양도하는 경우에는 양도가액에 80%의 보유기간 공제률을 적용하여 장기보유특별공제금액 산정하여 양도소득금액에서 공제하여 과세표준을 산출한다.

4. 「소득세법」상 장기보유특별공제에 관한 설명으로 틀린 것은? (다만, 양도자산은 비과세되지 아니함)

① 10년 이상 보유한 고가주택의 장기보유특별공제액은 1세대 2주택의 경우에도 양도차익의 80%에 해당하는 금액으로 한다.
② 조정대상지역으로 공고된 날 이후에 취득된 1세대 2주택으로 조정지역 내의 3년 보유된 주택을 2025년 5월 31일 이전에 양도한 경우로 세율이 20%의 할증이 적용되는 경우는 장기보유특별공제 적용된다.
③ 조정대상지역으로 공고된 날 이후에 취득된 1세대 3주택으로 조정지역 내의 3년 보유된 주택을 2025년 5월 31일 이전에 양도한 경우로 세율이 30%의 할증이 적용되는 경우는 장기보유특별공제 적용된다.
④ 조합원입주권을 양도하는 경우에는 「도시 및 주거환경정비법」 제48조에 따른 관리처분계획 인가 전 주택분의 양도차익에 보유기간별 공제율을 곱하여 계산한 금액을 장기보유특별공제액으로 한다.
⑤ 비사업용 토지인 나대지를 10년 보유하고 양도하는 경우 장기보유특별공제는 양도차익의 20%로 산출된다.

Thema 052

기본공제

양도소득세 과세표준 계산시 공제되는 양도소득 기본공제에 대한 설명으로 옳지 않은 것은? ▶ 제20회, 제21회, 제28회 종합

① 양도소득세 과세대상인 국내 소재의 등기된 토지와 건물을 같은 연도 중에 양도시기를 달리 하여 양도한 경우에도 양도소득기본공제는 연 250만원을 공제한다.

② 국내거주자가 토지와 주식을 양도하는 경우 각각 발생한 결손금은 양도소득금액 계산시 이를 통산한다.

③ 같은 해에 여러 개의 자산(모두 등기됨)을 양도한 경우 양도소득기본공제는 해당 과세기간에 먼저 양도한 자산의 양도소득금액에서부터 순서대로 공제한다. 단, 감면 소득금액은 없다.

④ 2주택을 연도를 달리하여 양도하고 다른 양도자산이 없다면, 각각에 대하여 연 250만원의 양도소득기본공제가 적용된다.

⑤ 1년 미만 보유된 기타자산을 양도한 경우 기본공제는 적용되지 아니한다.

출제 경향 기본공제는 단일문제로는 출제되지 않고, 5지선다 중 하나의 지문으로 종종 출제되고 있으며, 이 기본공제는 양도차손의 통산과 같이 정리 학습해야 한다.

- 양도소득 기본공제
- 양도소득과세표준 산정

핵심포인트

양도소득 기본공제

양도소득금액 − 기본공제 = 양도소득 과세표준

1. **공제금액**: 연 250만원 공제 ⇨ **보유기간과는 무관**
2. **미등기를 제외한** 모든 자산에 대해 공제된다.
3. 양도소득이 있는 **거주자**에 대하여는 다음의 **소득별로** 당해연도 양도소득에서 **각각 250만원**을 공제한다.
   - 다음의 소득별이란 ①끼리의 소득별, ②끼리의 소득별, ③끼리의 소득별을 말하므로 자산별이 아님에 유념해야 한다.
     ① 부동산·부동산에 관한 권리·기타자산
     ② 주식 및 출자지분
     ③ 파생상품
4. **국외자산은 국내 자산과 별개로 기본공제 적용된다**(파생상품은 국내외 파생상품 등의 양도소득금액을 합산하고 양도소득금액에서 250만원을 공제한다).

핵심OX

1. 양도소득세 과세대상인 국내 소재의 등기된 토지와 건물을 같은 연도 중에 양도시기를 달리 하여 양도한 경우에도 양도소득기본공제는 연 250만원을 공제한다. (○, ×)
2. 국내거주자가 토지와 주식을 양도하는 경우 각각 발생한 결손금은 양도소득금액 계산시 이를 통산한다. (○, ×)
3. 양도차익에서 기본공제를 뺀 금액으로 양도소득금액을 산출한다. (○, ×)
4. 조정대상지역으로 공고된 일 이후에 취득된 1세대 2주택으로 조정지역 내의 할증되는 주택을 양도한 경우 기본공제 적용한다. (○, ×)

정답

1. ○
2. × 양도소득금액은 다음 각 ①②③의 소득별로 구분하여 계산한다. 이 경우 소득금액을 계산할 때 발생하는 결손금은 다른 ①②③의 소득금액과 합산하지 아니한다. ① 토지·건물·부동산에 관한권리, 기타자산 ② 대주주의 상장주식·비상장주식 ③ 파생상품
3. × 양도소득금액에서 기본공제를 차감하면 양도소득과세표준이다.
4. ○

해설 정답 ≫ ②, ⑤

① 양도소득세 과세대상인 국내 소재의 등기된 토지와 건물을 같은 연도 중에 양도시기를 달리하여 양도한 경우에도 양도소득기본공제는 연 250만원을 공제한다.
- 동일년도에 양도한 경우 소득별로 250만원 공제된다.

② 국내거주자가 토지와 주식을 양도하는 경우 각각 발생한 결손금은 양도소득금액 계산시 이를 ~~통산한다~~.
- 양도소득금액을 계산할 때 양도차손이 발생한 자산이 있는 경우에는 ㉠㉡㉢별로 해당 자산 외의 다른 자산에서 발생한 양도소득금액에서 그 양도차손을 공제한다.
  ㉠ 토지·건물·부동산권리, 기타 자산 ㉡ 대주주의 상장주식·비상장주식 ㉢ 파생상품

③ 같은 해에 여러 개의 자산(모두 등기됨)을 양도한 경우 양도소득기본공제는 해당 과세기간에 먼저 양도한 자산의 양도소득금액에서부터 순서대로 공제한다. 단, 감면 소득금액은 없다.

④ 2주택을 연도를 달리하여 양도하고 다른 양도자산이 없다면, 각각에 대하여 연 250만원의 양도소득기본공제가 적용된다.

⑤ 1년 미만 보유된 기타자산을 양도한 경우 기본공제는 ~~적용되지 아니한다~~.
└• 기본공제는 미등기를 제외한 모든 자산에 대해 보유기간의 관계없이 소득별로 250만원이 공제된다.

| 출제영역 |
기본공제 ★★
| 난 이 도 | 중
| 출제빈도 |
제20회, 제21회, 제24회, 제26회, 제28회

유사문제

1. 「소득세법」상 국내자산의 양도시 양도소득금액을 감소시킬 수 있는 항목에 해당하지 않는 것은?

① 자산의 취득에 소요된 실지거래가액
② 자산을 양도하기 위하여 직접 지출한 비용
③ 장기보유특별공제
④ 양도소득 기본공제
⑤ 취득할 때 납부한 취득세·등록면허세

2. 「소득세법」상 거주자의 양도소득세에 관한 설명으로 틀린 것은? (단, 국내소재 부동산의 양도임) ▶ 제28회 변형

① 같은 해에 여러 개의 자산(모두 등기됨)을 양도한 경우 양도소득 기본공제는 해당 과세기간에 먼저 양도한 자산의 양도소득금액에서부터 순서대로 공제한다. 단, 감면 소득금액은 없다.
② 「소득세법」 제104조 제3항에 따른 미등기 양도자산에 대하여는 장기보유특별공제를 적용하지 아니 한다.
③ 「소득세법」 제97조의2 제1항에 따라 이월과세를 적용받는 경우 장기보유특별공제의 보유기간은 증여자가 해당 자산을 취득한 날부터 기산한다.
④ A법인과 특수관계에 있는 주주가 시가 9억원(「법인 세법」 제52조에 따른 시가임)의 토지를 A법인에게 5억원에 양도한 경우 양도가액은 9억원으로 본다. 단, A법인은 이 거래에 대하여 세법에 따른 처리를 적절하게 하였다.
⑤ 거주자가 건물을 신축하고 그 신축한 건물의 취득일부터 5년 이내에 해당 건물을 양도하는 경우로서 환산가액을 그 취득가액으로 하는 경우에는 해당 건물 양도소득금액의 100분의 5에 금액을 양도소득 결정세액에 더한다.

3. 양도소득세에 있어서 장기보유특별공제와 양도소득 기본공제에 대한 설명 중 잘못된 것은?

① 장기보유특별공제는 등기된 토지·건물 및 조합원 입주권에 대하여 적용한다.
② 1세대 3주택으로 조정지역 내의 주택을 양도함으로써 할증의 세율이 적용된 경우 양도소득 기본공제 적용한다.
③ 장기보유 특별공제는 보유기간이 3년 이상인 토지 건물 및 조합원입주권에 대하여 적용한다.
④ 양도소득 기본공제는 보유기간이 1년 이상인 양도자산에 대하여 적용한다.
⑤ 공동소유자산을 양도한 경우에 양도차익을 각각의 지분별로 계산하고 양도소득 기본공제도 각각 연 250만원씩 공제한다.

4. 다음 자산 중 양도차손이 발생하여도 통산되지 아니한 자산의 묶음으로 맞는 것은?

① 토지·건물
② 부동산에 관한 권리·기타자산
③ 지상권·아파트당첨권
④ 고정자산과 함께 양도하는 영업권·대대주의 비상장주식
⑤ 대주주의 상장주식·소액주주의 비상장주식

Thema 053

양도소득세의 세율

「소득세법」상 등기된 국내 부동산에 대한 양도소득 과세표준의 세율에 관한 내용으로 옳은 것은? ▶ 제27회 변형

① 1년 6개월 보유한 1주택: 100분의 40
② 2년 1개월 보유한 조정지역 내의 상가건물: 100분의 40
③ 10개월 보유한 상가건물: 100분의 50
④ 1세대 3주택으로 6개월 보유한 1주택: 100분의 30
⑤ 1년 8개월 보유한 아파트 분양권 양도: 100분의 50

출제 경향 양도소득세의 세율을 이해하기 위해서는 개정된 년도의 사회적 배경을 알고, 자산별·보유기간별로 정리하면 쉽게 구분하여 문제를 풀 수 있다.

- 양도소득세의 세율
- 세율 적용의 보유기간

핵심포인트

양도소득세의 세율

양도소득세 산출세액 = 과세표준 × 세율

거주자의 양도소득세는 당해 연도의 양도소득과세표준에 세율을 적용하여 계산한 금액을 그 세액으로 한다. 이 경우 하나의 자산이 다음에 따른 세율 중 둘 이상에 해당할 때에는 해당 세율을 적용하여 계산한 양도소득 산출세액 중 큰 것을 그 세액으로 한다.

1. 토지, 건물, 부동산에 관한 권리 및 기타 부동산 관련 자산

<table>
<tr><th colspan="3">구 분</th><th>세 율</th></tr>
<tr><td rowspan="5">토지,
건물,
부동산에
관한 권리</td><td colspan="2">미등기자산</td><td>70%</td></tr>
<tr><td>투기지정
지역 내</td><td>비사업용
토지</td><td>기본세율 누진세율(6~45%)
+ 10%
2년 미만: 40% 중 큰 세액</td></tr>
<tr><td colspan="2">등기되고, 1년 미만
보유자산</td><td>50%</td></tr>
<tr><td colspan="2">등기되고, 1년 이상
2년 미만 보유자산</td><td>40%</td></tr>
<tr><td colspan="2">등기되고, 2년 이상
보유자산</td><td>기본세율
: 초과누진세율(6~45%)</td></tr>
<tr><td>기타
자산</td><td colspan="2">등기여부,
보유기간에 관계없이</td><td>기본세율
: 초과누진세율(6~45%)</td></tr>
</table>

2. 주택 및 조합원입주권 · 분양권

① 주택 및 조합원입주권 · 분양권

- 보유 1년 미만인 주택 및 조합원입주권 · 분양권의 양도는 70%
- 보유 1년 이상~보유 2년 미만 주택 및 조합원입주권 · 분양권의 양도는 60%
- 보유 2년 이상인 주택 및 조합원입주권의 양도는 과세표준 가액에 따라 6%~45%의 누진세율

㉠ 다음 ⓐ~ⓓ 각호의 어느 하나에 해당하는 주택을 양도하는 경우 「소득세법」 제55조 제1항에 따른 세율에 100분의 20(ⓑⓒ의 경우 100분의 30)을 더한 세율을 적용한다. 이 경우 해당 주택 보유기간이 1년 미만인 경우에는 제55조 제1항에 따른 세율에 100분의 10(제3호 및 제4호의 경우 100분의 20)을 더한 세율을 적용하여 계산한 양도소득 산출세액과 70%의 세율을 적용하여 계산한 양도소득 산출세액 중 큰 세액을 양도소득 산출세액으로 한다(2025년 5월 31일까지 유예).

ⓐ 「주택법」에 따른 조정대상지역에 있는 주택으로서 대통령으로 정하는 1세대 2주택에 해당하는 주택의 양도 ⇨ 6%~45%의 누진세율에 20%의 할증

ⓑ 조정대상지역에 있는 주택으로서 1세대가 1주택과 조합원입주권 또는 분양권을 1개 보유한 경우의 해당 주택의 양도 ⇨ 6%~45%의 누진세율에 20%의 할증. 다만, 대통령령으로 정하는 장기임대주택 등은 제외한다.

ⓒ 조정대상지역에 있는 주택으로서 대통령령으로 정하는 1세대 3주택 이상에 해당하는 주택 ⇨ 6%~45%의 누진세율에 30%의 할증

ⓓ 조정대상지역에 있는 주택으로서 1세대가 주택과 조합원입주권 또는 분양권을 보유한 경우로서 그 수의 합이 3 이상인 경우 해당 주택 ⇨ 6%~45%의 누진세율에 30%의 할증 다만, 대통령령으로 정하는 장기임대주택 등은 제외한다.

해설 정답 ≫ ③

① 1년 6개월 보유한 1주택: ~~100분의 40~~
→ 보유 1년 이상~보유 2년 미만 주택 및 조합원입주권·분양권의 양도는 60%

② 2년 1개월 보유한 조정지역 내의 상가건물: ~~100분의 40~~
- 2년 이상 보유된 부동산 및 부동산권리(주택 및 조합원입주권 제외)의 양도는 6%~45%의 누진세율

③ 10개월 보유한 상가건물: 100분의 50
- 보유기간 1년 미만인 부동산 및 부동산권리(주택 및 조합원입주권·분양권 제외)의 양도는 50%

④ 1세대 3주택으로 6개월 보유한 1주택: ~~100분의 30~~
- 보유 1년 미만 주택의 양도로 70%

⑤ 1년 8개월 보유한 아파트 분양권 양도: ~~100분의 50~~
- 보유 1년 이상~보유 2년 미만 주택 및 조합원입주권·분양권의 양도는 60%

| 출제영역 |
양도소득세의 세율 ★★
| 난 이 도 | 중
| 출제빈도 |
제13회, 제22회, 제27회, 제34회

유사문제

1. 「소득세법」상 거주자가 국내에 있는 자산을 양도한 경우 양도소득과세표준에 적용되는 세율로 틀린 것은? (단 주어진 자산 외에는 고려하지 않음) ▶ 제30회

① 보유기간이 1년 이상 2년 미만인 등기된 상업용 건물: 100분의 40
② 보유기간이 1년 미만인 조합원 입주권: 100분의 70
③ 거주자가 조정대상지역의 공고가 있은 날 이전에 주택의 입주자로 선정된 지위를 양도하기 위한 매매계약을 체결하고 계약금을 지급받은 사실이 증빙서류에 의하여 확인되는 경우 그 조정대상지역 내 주택의 입주자로 선정된 지위: 100분의 50
④ 양도소득과세표준이 1,200만원 이하인 등기된 비사업용 토지(지정지역에 있지 않음): 100분의 16
⑤ 미등기건물(미등기양도제외 자산 아님): 100분의 70

2. 양도소득세의 세율에 관한 설명 중 옳은 것은? ▶ 제10회 수정

① 미등기 양도자산에 대한 세율은 65%이다.
② 1년 미만 보유한 토지·건물에 대한 세율은 36%이나, 1년 미만 보유한 부동산에 관한 권리에 대한 세율은 40%이다.
③ 2년 이상 보유한 토지와 건물의 과세표준이 1,200만원 이하인 경우의 세율은 6%이다.
④ 기타 자산에 대한 세율은 보유기간에 관계없이 10%의 단일비례세율을 적용한다.
⑤ 1년 이상 2년 미만 보유한 토지와 건물에 대한 세율은 과세표준의 크기에 관계없이 36%이다.

3. 소득세법령상 거주자의 양도소득과세표준에 적용되는 세율에 관한 내용으로 옳은 것은? (단, 국내소재 자산을 2025년에 양도한 경우로서 주어진 자산 외에 다른 자산은 없으며, 비과세와 감면은 고려하지 않음) ▶ 제34회

① 보유기간이 6개월인 등기된 상가건물: 100분의 40
② 보유기간이 10개월인 「소득세법」에 따른 분양권: 100분의 70
③ 보유기간이 1년 6개월인 등기된 상가건물: 100분의 30
④ 보유기간이 1년 10개월인 「소득세법」에 따른 조합원입주권: 100분의 70
⑤ 보유기간이 2년 6개월인 「소득세법」에 따른 분양권: 100분의 70

4. 양도소득세율에 대한 설명으로 옳은 것은?

① 1년 이상~2년 미만 보유한 토지의 양도: 40%
② 1세대 2주택으로 1년 미만 보유한 국민 주택의 양도: 6%~45%
③ 미등기 국외토지 양도자산: 70%
④ 2년 6개월 보유한 비사업용 토지 양도: 50%
⑤ 조정지역 내의 1년 6개월 보유한 아파트분양권 양도: 6%~45%

5. 건물을 취득한 지 1년이 경과한 부(父)가 사망함으로써 甲은 상속개시일로부터 1년 3개월이 경과한 후 건물을 타인에게 양도하였다. 이 경우 적용할 양도소득세는? (단, 등기된 부동산이라고 가정할 것)

① 40% ② 50% ③ 60%
④ 20% ⑤ 6%~45%의 누진세율

미등기의 양도

「소득세법」상 미등기양도자산에 관한 설명으로 옳은 것은? ▶ 제29회

① 미등기양도자산도 양도소득에 대한 소득세의 비과세에 관한 규정을 적용할 수 있다.
② 건설업자가 「도시개발법」에 따라 공사용역 대가로 취득한 체비지를 토지구획환지처분공고 전에 양도하는 토지는 미등기양도자산에 해당하지 아니한다.
③ 미등기양도자산의 양도소득금액 계산시 양도소득 기본공제를 적용할 수 있다.
④ 미등기양도자산은 양도소득산출세액에 100분의 70을 곱한 금액을 양도소득 결정세액에 더한다.
⑤ 미등기양도자산의 양도소득금액 계산시 장기보유특별공제를 적용할 수 있다.

출제경향 미등기자산의 양도의 경우는 양도소득세 계산구조를 전반적으로 알고 있는지의 여부를 파악하고자 출제된다. 미등기의 불이익을 알면 이러한 문제는 자연스럽게 해결된다.

출제키워드
- 미등기 양도자산
- 미등기이지만 미등기로 보지 아니한 자산
- 미등기제외 자산

핵심포인트

미등기자산 양도의 경우

1. **미등기자산 양도의 경우 과세표준 = 양도차익이 곧 과세표준**

미등기자산 양도시 적용되지 아니한 것
• 장기보유특별공제 • 기본공제 • 비과세 • 감면 • 물납

미등기자산 양도시 적용 가능
• **필요경비 공제가능** • 양도 · 취득시기 • **분납**

2. 미등기이지만 **미등기로 보지 아니하는 자산** = 등기된 것으로 본다.

① **장기할부조건으로 취득**한 자산으로서 그 계약조건에 의하여 양도 당시 그 자산의 취득에 관한 등기가 불가능한 자산
② **법률의 규정 또는 법원의 결정**에 의하여 양도 당시 그 자산의 취득에 관한 등기가 불가능한 자산
③ 비과세요건을 충족한 교환 · 분합하는 농지, 대토하는 농지 및 면제요건을 충족한 자경농지
④ **비과세요건을 충족한 1세대 1주택으로서 건축법에 의한 건축허가를 받지 않아 등기가 불가능한 자산**
⑤ 「도시개발법」에 따른 도시개발사업이 종료되지 아니하여 토지 취득등기를 하지 아니하고 양도하는 토지
⑥ 건설업자가 「도시개발법」에 따라 공사용역 대가로 취득한 체비지를 토지구획환지처분공고 전에 양도하는 토지

핵심OX

1. 법원의 결정에 의하여 양도당시 취득에 관한 등기가 불가능한 부동산에 대하여는 장기보유특별공제 적용되지 아니한다. (○, ×)
2. 법률의 규정 또는 법원의 결정에 의하여 양도 당시 그 자산의 취득에 관한 등기가 불가능한 부동산을 3년 보유하고 양도한 경우는 장기보유특별공제 적용되지 아니하고, 기본공제는 적용된다. (○, ×)
3. 「도시개발법」에 따른 도시개발사업이 종료되지 아니하여 토지 취득등기를 하지 아니하고 양도하는 토지는 미등기 양도자산에 해당하지 아니한다. (○, ×)

정답

1. × 장기보유특별공제를 적용할 수 있다.
2. × 장기보유특별공제가 적용된다.
3. ○

해설 정답 ≫ ②

① 미등기양도자산도 양도소득에 대한 소득세의 ~~비과세에 관한 규정을 적용할 수 있다~~.
- 미등기 양도의 경우 원칙적으로 비과세 · 감면을 적용받을 수 없다.

② 건설업자가 「도시개발법」에 따라 공사용역 대가로 취득한 체비지를 토지구획환지처분공고 전에 양도하는 토지는 미등기양도자산에 해당하지 아니한다.

③ 미등기양도자산의 양도소득금액 계산시 양도소득 ~~기본공제를 적용할 수 있다~~.
- 미등기 양도의 경우 원칙적으로 기본공제 · 장기보유특별공제를 적용받을 수 없다.

④ 미등기양도자산은 양도소득산출세액에 100분의 70을 곱한 금액을 ~~양도소득 결정세액에 더한다~~.
- 미등기자산 양도의 경우 세율은 70%로 양도소득과세표준에 곱하여 양도소득 산출세액을 정한다.

⑤ 미등기양도자산의 양도소득금액 계산시 장기보유특별공제를 적용할 수 ~~있다~~.
- 없다.

| 출제영역 |
미등기자산의 양도 ★★★

| 난 이 도 | 상

| 출제빈도 |
제13회, 제19회, 제22회, 제27회, 제29회, 제32회

유|사|문|제

1. 「소득세법」상 미등기양도제외자산을 모두 고른 것은? ▶ 제32회

㉠ 양도소득세 비과세요건을 충족한 1세대 1주택으로서 「건축법」에 따른 건축허가를 받지 아니하여 등기가 불가능한 자산
㉡ 법원의 결정에 의하여 양도 당시 그 자산의 취득에 관한 등기가 불가능한 자산
㉢ 「도시개발법」에 따른 도시개발사업이 종료되지 아니하여 토지 취득등기를 하지 아니하고 양도하는 토지

① ㉠ ② ㉡ ③ ㉠, ㉡
④ ㉡, ㉢ ⑤ ㉠, ㉡, ㉢

2. 미등기양도자산에 대한 설명이다. 맞는 것은? ▶ 제13회

① 미등기양도자산의 경우에도 2년 이상 보유한 1세대 1주택에 대하여는 원칙적으로 양도소득세가 비과세된다.
② 미등기양도자산에 대하여는 「소득세법」 및 「조세특례제한법」상의 감면을 적용받을 수 없다.
③ 미등기양도자산에 대하여 장기보유특별공제는 적용받을 수 없으나 양도소득 기본공제는 적용받을 수 있다.
④ 단기할부조건으로 취득한 자산으로서 그 계약조건에 의하여 양도 당시 취득에 관한 등기가 불가능한 자산은 미등기양도자산으로 보지 아니한다.
⑤ 미등기양도자산에 대하여는 양도소득 과세표준에 36%의 세율을 적용하여 양도소득세를 산출한다.

3. 다음 중 미등기 양도자산에 대하여 양도소득세를 중과세하는 내용을 설명한 것으로 옳지 않은 것은? ▶ 제9회

① 필요경비개산공제에 관한 규정을 적용하지 아니한다.
② 높은 세율로 과세한다.
③ 양도소득세의 비과세 및 면제에 관한 규정을 적용하지 아니한다.
④ 실지거래가액에 의한 양도차익계산을 원칙으로 한다.
⑤ 장기보유특별공제 및 양도소득 기본공제에 관한 규정을 적용하지 아니한다.

4. 「소득세법」상 미등기양도자산(미등기양도제외자산 아님)인 상가건물의 양도에 관한 내용으로 옳은 것을 모두 고른 것은? ▶ 제32회

㉠ 양도소득세율은 양도소득 과세표준의 100분의 70
㉡ 장기보유특별공제 적용 배제
㉢ 필요경비개산공제 적용 배제
㉣ 양도소득기본공제 적용 배제

① ㉠, ㉡, ㉢ ② ㉠, ㉡, ㉣
③ ㉠, ㉢, ㉣ ④ ㉡, ㉢, ㉣
⑤ ㉠, ㉡, ㉢, ㉣

이월과세

「소득세법」상 거주자 甲이 2009년 1월 20일에 취득한 건물(취득가액 3억원)을 甲의 배우자 乙에게 2020년 3월 5일자로 증여(해당 건물의 시가 8억원)한 후, 乙이 2025년 5월 20일에 해당 건물을 甲 · 乙의 특수관계인이 아닌 丙에게 10억원에 매도하였다. 해당 건물의 양도소득세에 관한 설명으로 옳은 것은? (단, 취득 · 증여 · 매도의 모든 단계에서 등기를 마침) ▶ 제25회

① 양도소득세 납세의무자는 甲이다.
② 양도소득금액 계산시 장기보유특별공제가 적용된다.
③ 양도차익 계산시 양도가액에서 공제할 취득가액은 8억원이다.
④ 乙이 납부한 증여세는 양도소득세 납부세액 계산시 세액공제된다.
⑤ 양도소득세에 대해 甲과 乙이 연대하여 납세의무를 진다.

출제경향 문제가 어렵게 출제되는 연도에 종종 출제되는 이론으로 이월과세는 배우자 또는 직계존비속에게 적용되는 경우로 납세의무자와 취득시기를 정확히 숙지하여야 한다.

출제키워드
- 이월과세
- 배우자 또는 직계존비속이 증여받은 자산을 10년 내 양도

핵심포인트

이월과세

구 분	배우자 등 증여재산에 대한 이월과세
증여자와 수증자와의 관계	배우자 및 직계존비속
적용대상자산	토지 · 건물 · 특정시설물이용권 · 부동산 취득권리
수증일로부터 양도일까지의 기간	증여 후 10년 이내 (등기부상 소유기간)
납세의무자	수증 받은 배우자 및 직계존비속
기납부 증여세의 처리	양도차익 계산상 필요경비로 공제
연대납세의무규정	없음
조세부담을 부당히 감소시킬 목적 여부	**조세부담의 부당한 감소가 없어도 적용**
취득가액 계산	증여한 배우자 또는 직계존비속의 취득 당시를 기준
장기보유특별공제 및 세율적용시 보유기간 계산	증여한 배우자 또는 직계존비속의 취득일부터 양도일까지의 기간을 보유기간으로 한다.

핵심OX

1. 「소득세법」 제97조 제4항에 따른 배우자 또는 직계존비속 간 증여재산에 대한 이월과세가 적용되는 경우에는 증여자가 해당 자산을 취득한 날을 취득시기로 한다. (○, ×)
2. 「소득세법」 제97조 제4항에 따른 배우자 또는 직계존비속 간 증여재산에 대한 이월과세가 적용되는 경우의 납세의무자는 증여자이다. (○, ×)
3. 배우자 또는 직계존비속이 증여받은 물건을 10년에 양도한 경우로 증여받은 물건이 1세대 1주택[양도소득의 비과세대상에서 제외되는 고가주택(이에 딸린 토지를 포함한다)을 제외]의 양도에 해당하게 되는 경우는 이월과세를 적용하지 아니한다. (○, ×)
4. 이월과세를 적용하여 계산한 양도소득 결정세액이 이월과세를 적용하지 아니하고 계산한 양도소득 결정세액보다 적은 경우는 이월과세를 적용하지 아니한다. (○, ×)

정답

1. ○
2. × 납세의무자는 수증자이다.
3. × 양도소득의 비과세대상에서 제외되는 고가주택(이에 딸린 토지를 포함한다)을 포함
4. ○

해설 정답 ≫ ②

① 양도소득세 납세의무자는 ~~甲이다~~.
└• 양도한 자는 배우자로 乙이 납세의무자이다.

② 양도소득금액 계산시 장기보유특별공제가 적용된다.
└• 이월과세의 취득시기는 증여자의 취득일이다. 보유기간은 취득일~양도일까지로 보유 3년 이상으로 장기보유특별공제 적용된다. 장기보유특별공제금액은 양도차익 × 22%이다.

③ 양도차익 계산시 양도가액에서 공제할 ~~취득가액은 8억원이다~~.
└• 증여자의 취득가액인 3억원이다.

④ 乙이 납부한 증여세는 양도소득세 납부세액 계산시 ~~세액공제된다~~.
└• 필요경비에 산입된다.

⑤ 양도소득세에 대해 ~~甲과 乙이 연대하여 납세의무를 진다~~.
└• 甲과 乙은 연대하여 납세의무가 없다.

| 출제영역 |
이월과세 ★★★
| 난 이 도 | 상
| 출제빈도 |
제17회, 제19회, 제21회, 제23회, 제25회, 제32회, 제33회, 제35회

유사문제

1. 다음 자료를 기초로 할 때 소득세법령상 국내 토지A에 대한 양도소득세에 관한 설명으로 옳은 것은? (단, 甲, 乙, 丙은 모두 거주자임)

- 甲은 2018.6.20. 토지A를 3억원에 취득하였으며, 2020.5.15. 토지A에 대한 자본적 지출로 5천만원을 지출하였다.
- 乙은 2022.7.1. 직계존속인 甲으로부터 토지 A를 증여받아 2022.7.25. 소유권이전등기를 마쳤다(토지A의 증여 당시 시가는 6억원임).
- 乙은 2025.10.20. 토지A를 甲 또는 乙과 특수 관계가 없는 丙에게 10억원에 양도하였다.
- 토지A는 법령상 협의매수 또는 수용된 적이 없으며, 소득세법 제97조의2 양도소득의 필요 경비 계산 특례(이월과세)를 적용하여 계산한 양도소득 결정세액이 이를 적용하지 않고 계산한 양도소득 결정세액보다 크다고 가정한다.

① 양도차익 계산시 양도가액에서 공제할 취득가액은 6억원이다.
② 양도차익 계산시 甲이 지출한 자본적 지출액 5천만원은 양도가액에서 공제할 수 없다.
③ 양도차익 계산시 乙이 납부하였거나 납부할 증여세 상당액이 있는 경우 양도차익을 한도로 필요경비에 산입한다.
④ 장기보유 특별공제액 계산 및 세율 적용시 보유기간은 乙의 취득일부터 양도일까지의 기간으로 한다.
⑤ 甲과 乙은 양도소득세에 대하여 연대납세의무를 진다.

2. 다음 자료에 의한 거주자 乙의 양도소득세의 양도차익은 얼마인가?

- 甲이 실지거래가 3억원에 취득한 토지를 3년 보유하고 2018년 2월 5일에 직계비속인 乙에게 증여하였다.
- 甲이 乙에게 증여할 당시의 시가는 8억원이었으며, 이에 대해 납부한 증여세액은 1천만원이었다.
- 乙이 증여받은 후 2025년 3월 5일 특수관계인 아닌 丙에게 실지거래가 10억원에 양도하였다.
- 이월과세 적용하여 계산한 양도소득세액이 이를 적용하지 아니하고 계산한 세액보다 크다.

① 6억 9천만원 ② 2억원 ③ 1억 9천만원
④ 7억원 ⑤ 7억 1천만원

3. 「소득세법」상 배우자 간 증여재산의 이월과세에 관한 설명으로 옳은 것은? ▶ 제32회

① 이월과세를 적용하는 경우 거주자가 배우자로부터 증여받은 자산에 대하여 납부한 증여세를 필요경비에 산입하지 아니한다.
② 이월과세를 적용받은 자산의 보유기간은 증여한 배우자가 그 자산을 증여한 날을 취득일로 본다.
③ 거주자가 양도일부터 소급하여 10년 이내에 그 배우자(양도 당시 사망으로 혼인관계가 소멸된 경우 포함)로부터 증여받은 토지를 양도할 경우에 이월과세를 적용한다.
④ 거주자가 사업인정고시일부터 소급하여 2년 이전에 배우자로부터 증여받은 경우로서 「공익사업을 위한 토지 등의 취득 및 보상에 관한 법률」에 따라 수용된 경우에는 이월과세를 적용하지 아니한다.
⑤ 이월과세를 적용하여 계산한 양도소득결정세액이 이월과세를 적용하지 않고 계산한 양도소득결정세액보다 적은 경우에 이월과세를 적용한다.

Thema 056 부당행위계산의 부인

「소득세법」상 거주자 甲이 특수관계자인 거주자 乙에게 등기된 국내 소재의 건물(주택 아님)을 증여하고 乙이 그로부터 10년 내 그 건물을 甲·乙과 특수관계가 없는 거주자 丙에게 양도한 경우에 관한 설명으로 옳은 것은? ▶ 제21회 변형

① 乙이 甲의 배우자인 경우, 乙의 양도차익 계산시 취득가액은 乙이 건물을 취득한 당시의 취득가액으로 한다.

② 乙이 甲의 배우자 및 직계존비속 외의 자인 경우, 乙의 증여세와 양도소득세를 합한 세액이 甲이 직접 丙에게 건물을 양도한 것으로 보아 계산한 양도소득세보다 적을 때에는 甲이 丙에게 직접 양도한 것으로 보지 아니한다.

③ 乙이 甲의 배우자 및 직계존비속 외의 자인 경우, 乙의 증여세와 양도소득세를 합한 세액이 甲이 직접 丙에게 건물을 양도한 것으로 보아 계산한 양도소득세보다 큰 때에는 甲이 丙에게 직접 양도한 것으로 보지 아니한다.

④ 乙이 甲의 배우자인 경우, 건물에 대한 장기보유특별공제액은 건물의 양도차익에 乙이 건물을 취득한 날부터 기산한 보유기간별 공제율을 곱하여 계산한다.

⑤ 乙이 甲의 배우자인 경우, 건물의 양도소득에 대하여 甲과 乙이 연대납세의무를 진다.

출제 경향 부당행위계산의 부인은 우회양도의 부인으로 이월과세와 구별하여 정리하여야 한다. 강의시간에 들었던 키워드만 가지고 이해하고, 숙지하면 된다.

출제 키워드
- 특수관계인이 증여받은 자산을 10년 내에 양도
- 우회양도의 부인
- 부당행위계산의 부인

핵심포인트

부당행위계산의 부인

구 분	특수관계자 증여재산에 대한 부당행위계산의 부인
증여자와 수증자와의 관계	특수관계자(배우자 및 직계존비속 제외)
적용대상자산	양도소득세 과세대상 자산
수증일로부터 양도일까지의 기간	증여 후 10년 이내(등기부상 소유기간)
납세의무자	당초 증여자(직접 양도한 것으로 간주)
연대납세의무규정	당초 증여자와 수증자가 연대납세의무 ○
조세부담을 부당히 감소시킬 목적 여부	**조세부담이 부당히 감소된 경우에만 적용** **① (특수관계자)증여 후 우회양도 : 수증자가 부담하는 증여세와 양도소득세를 합한 금액이 당초 증여자가 직접 양도하는 경우로 보아 계산한 양도소득세 보다 적은 경우** **② (특수관계자)저가양도·고가양수 : 시가와 거래가액의 차액이 시가의 5%에 상당하는 금액 이상이거나 3억원 이상인 경우**
취득가액 계산	증여자의 취득 당시를 기준

핵심OX

1. 「소득세법」 제101조 제2항에 따른 특수관계인(배우자·직계존비속 제외)과의 거래로 부당행위계산의 부인 규정에 적용되는 경우에는 증여자가 해당 자산을 취득한 날을 취득시기로 한다. (○, ×)
2. 「소득세법」 제101조 제2항에 따른 특수관계인(배우자·직계존비속 제외)과의 거래로 부당행위계산의 부인 규정에 적용되는 경우의 납세의무자는 증여자이다. (○, ×)
3. 「소득세법」 제101조 제2항에 따른 특수관계인(배우자·직계존비속 제외)과의 거래로 부당행위계산의 부인 규정에 적용되는 경우의 이미 납부한 증여세는 필요경비에 산입한다. (○, ×)

정답

1. ○
2. ○
3. × 이미 납부한 증여세는 환급된다.

해설 정답 ≫ ③

① 乙이 甲의 배우자인 경우, 乙의 양도차익 계산시 취득가액은 ~~乙이 건물을 취득한 당시의 취득가액~~으로 한다.
이월과세로 증여자인 甲의 취득당시가액으로 한다.

② 乙이 甲의 배우자 및 직계존비속 외의 자인 경우, 乙의 증여세와 양도소득세를 합한 세액이 甲이 직접 丙에게 건물을 양도한 것으로 보아 계산한 양도소득세보다 적을 때에는 ~~甲이 丙에게 직접 양도한 것으로 보지 아니한다~~.
└ 우회양도의 부인으로 증여자인 甲이 직접 양도한 것으로 본다.

③ 乙이 甲의 배우자 및 직계존비속 외의 자인 경우, 乙의 증여세와 양도소득세를 합한 세액이 甲이 직접 丙에게 건물을 양도한 것으로 보아 계산한 양도소득세보다 큰 때에는 甲이 丙에게 직접 양도한 것으로 보지 아니한다.

④ 乙이 甲의 배우자인 경우, 건물에 대한 장기보유특별공제액은 건물의 양도차익에 ~~乙이 건물을 취득한 날부터 기산한~~ 보유기간별 공제율을 곱하여 계산한다.
└ 이월과세로 증여자인 甲의 취득일로부터 기산한다.

⑤ 乙이 甲의 배우자인 경우, 건물의 양도소득에 대하여 ~~甲과 乙이 연대납세의무를 진~~다.
배우자로 甲과 乙은 연대납세의무가 없다.

| 출제영역 |
이월과세 또는 부당행위계산의 부인 ★★★

| 난 이 도 | 상

| 출제빈도 |
제17회, 제19회, 제21회, 제23회, 제25회, 제33회

유 사 문 제

1. 거주자 甲은 2016. 10. 20. 취득한 토지(취득가액 1억원, 등기함)**를 동생인 거주자 乙**(특수관계인임)**에게 2019. 10. 1. 증여**(시가 3억원, 등기함)**하였다. 乙은 해당 토지를 2025. 6. 30. 특수관계가 없는 丙에게 양도**(양도가액 10억원)**하였다. 양도소득은 乙에게 실질적으로 귀속되지 아니하고, 乙의 증여세와 양도소득세를 합한 세액이 甲이 직접 양도하는 경우로 보아 계산한 양도소득세보다 적은 경우에 해당한다. 소득세법상 양도소득세 납세의무에 관한 설명으로 틀린 것은?** ▶ 제33회

① 乙이 납부한 증여세는 양도차익 계산시 필요경비에 산입한다.
② 양도차익 계산시 취득가액은 甲의 취득 당시를 기준으로 한다.
③ 양도소득세에 대해서는 甲과 乙이 연대하여 납세의무를 진다.
④ 甲은 양도소득세 납세의무자이다.
⑤ 양도소득세 계산시 보유기간은 甲의 취득일부터 乙의 양도일까지의 기간으로 한다.

2. 甲이 2019년 3월 5일 특수관계자인 乙로부터 토지를 3억 1천만원(시가 3억원)**에 취득하여 2025년 10월 5일 甲의 특수관계자인 丙에게 그 토지를 5억원**(시가 5억 6천만원)**에 양도한 경우 甲의 양도차익은 얼마인가?** (다만, 토지는 등기된 국내 소재의 「소득세법」상 비사업용토지이고, 취득가액 외의 필요경비는 없으며, 甲 · 乙 · 丙은 거주자이고, 배우자 및 직계존비속 관계가 없음) ▶ 제21회

① 1억 7천 1백만원 ② 1억 9천만원 ③ 2억 2천 5백만원
④ 2억 5천만원 ⑤ 2억 6천만원

3. 거주자 甲이 특수관계인(배우자 및 직계존비속의 경우는 제외한다) **乙에게 자산을 증여한 후 그 자산을 증여받은 乙이 그 증여일부터 10년 이내에 다시 타인에게 양도한 경우의 설명이다. 틀린 것은?**

① 자산의 양도차익을 계산할 때 양도가액에서 공제할 취득가액은 증여자의 취득 당시 금액으로 한다.
② 특수관계인이 증여받은 자산에 대하여 납부하였거나 납부할 증여세 상당액이 있는 경우에는 필요경비에 산입한다.
③ 특수관계자가 부담한 증여세와 양도소득세의 합계액이 증여자가 직접 양도하였다고 가정할 경우에 부담할 양도소득세보다 세액보다 적은 경우에는 증여자가 그 자산을 직접 양도한 것으로 본다.
④ 양도한 자산이 건물인 경우 건물에 대한 장기보유특별공제액은 건물의 양도차익에 甲이 건물을 취득한 날부터 기산한 보유기간별 공제율을 곱하여 계산한다.
⑤ 이 경우는 양도소득세의 과세대상물 전체가 해당된다.

양도소득세의 신고 · 납부

「소득세법」상 거주자의 양도소득세 신고 및 납부에 관한 설명으로 옳은 것은? ▶ 제29회

① 토지 또는 건물을 양도한 경우에는 그 양도일이 속한 분기의 말일부터 2개월 내에 양도소득 과세표준을 신고해야 한다.

② 양도차익 없거나, 양도차손이 발생한 경우에는 양도소득 과세표준 예정신고의무가 없다.

③ 거주자가 건물을 신축하고 그 신축한 건물의 취득일부터 3년 이내에 해당 건물을 양도하는 경우로서 환산가액을 그 취득가액으로 해당하는 하는 경우에는 해당 건물 양도산출세액의 100분의 5에 금액을 양도소득 결정세액에 더한다.

④ 양도소득 과세표준 예정신고시에는 납부할 세액이 1천만원을 초과하더라도 그 납부할 세액의 일부를 분할납부할 수 없다.

⑤ 당해 연도에 누진세율 적용대상 자산에 대한 예정신고를 2회 이상 한 자가 법령에 따라 이미 신고한 양도소득금액과 합산하여 신고하지 아니한 경우 양도소득 확정신고를 하여야 한다.

출제 경향 예정신고의 납부기간 또는 무신고의 경우 가산세에 대한 문제가 수년간 출제되고 있으며, 이는 확정신고와 비교하여 학습 정리하여야 된다.

- 예정신고
- 확정신고
- 가산세
- 분 납

핵심포인트

예정신고

1. 예정신고기간

① 양도일이 속하는 **달의 말일로부터 2개월 이내**

② 주식 등을 양도하는 경우의 예정신고기한: 양도일이 속하는 반기의 말일부터 2개월

③ **부담부증여**의 채무액에 해당하는 부분으로서 양도로 보는 경우의 **예정신고기한**: 그 양도일이 속하는 달의 **말일부터 3개월**

2. **양도차손이 있거나, 양도차익이 없더라도 예정신고 또는 확정신고한다.**

3. 예정신고를 **한 경우**에는 확정신고를 **아니할 수** 있다.
단, 해당 과세기간에 **누진세율 적용대상** 자산에 대한 **예정신고를 2회 이상 하는 경우**로서 거주자가 이미 신고한 양도소득금액과 합산하여 신고하려는 경우에는 **확정 신고한**다.

4. **예정신고를 이행한 경우에도 예정신고 세액공제는 없고 이행하지 아니한 경우 가산세 규정을 주고 있다.**

① **예정신고 세액공제 없음**

② **무신고가산세 20% 적용(과소신고: 10%)**

③ **예정신고를 이행하지 아니하고, 확정신고한 경우에는 무신고 가산세에서 50% 감면되어 이 경우는 무신고 가산세가 납부세액의 10% 가산된다.**

5. 분납: **예정신고 또는 확정신고시 가능**

양도소득 확정신고와 납부

양도소득 과세표준 확정신고

해당 과세기간의 양도소득금액이 있는 거주자는 그 양도소득 과세표준을 **그 과세기간의 다음 연도 5월 1일부터 5월 31일**까지 양도소득 과세표준 확정신고 및 납부계산서에 법정서류를 첨부하여 납세지 관할 세무서장에게 신고하여야 한다. 이 경우 해당 과세기간의 **과세표준이 없거나 결손금액이 있는 경우에도 적용한다**.

양도소득세의 분납(물납은 폐지)

거주자로서 양도소득세로 납부할 세액이 각각 1,000만원을 초과하는 자는 다음의 금액(=일부금액)을 납부기한 경과 후 2개월 이내에 분납할 수 있다.

1. **납부할 세액이 2,000만원 이하인 때**: 1,000만원을 초과하는 금액
2. **납부할 세액이 2,000만원을 초과하는 때**: 그 세액의 50% 이하의 금액

해설 정답 ≫ ⑤

① 토지 또는 건물을 양도한 경우에는 그 ~~양도일이 속한 분기의 말일부터 2개월 내~~에 양도소득과세표준을 신고해야한다.
└• 양도일이 속한 달의 말일로부터 2개월 내

② 양도차익 없거나, 양도차손이 발생한 경우에는 양도소득 과세표준 ~~예정신고의무가 없다~~.
└• 예정신고의무가 있다.

③ 거주자가 건물을 신축하고 그 신축한 건물의 취득일부터 3년 이내에 해당 건물을 양도하는 경우로서 환산가액을 그 취득가액으로 해당하는 하는 경우에는 해당 건물 ~~양도산출세액의 100분의 5~~에 금액을 양도소득 결정세액에 더한다.
건물 환산가액의 100분의 5 •┘

④ 양도소득 과세표준 예정신고시에는 납부할 세액이 1천만원을 초과하더라도 그 납부할 세액의 일부를 ~~분할납부할 수 없다~~.
└• 납부할 세액이 1천만원을 초과하여 일부를 분납할 수 있다.

⑤ 당해 연도에 누진세율 적용대상 자산에 대한 예정신고를 2회 이상 한 자가 법령에 따라 이미 신고한 양도소득금액과 합산하여 신고하지 아니한 경우 양도소득 확정신고를 하여야 한다.
누진세율이 적용되어 합산된 가액으로 다시 신고하여야 한다. •┘

| 출제영역 |
예정신고 ★★★

| 난 이 도 | 중

| 출제빈도 |
제16회, 제17회, 제22회, 제26회, 제29회, 제31회

유|사|문|제

1. 소득세법상 거주자의 양도소득세 신고 · 납부에 관한 설명으로 옳은 것은?

① 건물을 신축하고 그 취득일부터 3년 이내에 양도하는 경우로서 감정가액을 취득가액으로 하는 경우에는 그 감정가액의 100분의 3에 해당하는 금액을 양도소득 결정세액에 가산한다.
② 공공사업의 시행자에게 수용되어 발생한 양도소득세액이 2천만원을 초과하는 경우 납세의무자는 물납을 신청할 수 있다.
③ 과세표준 예정신고와 함께 납부하는 때에는 산출세액에서 납부할 세액의 100분의 5에 상당하는 금액을 공제한다.
④ 예정신고납부할 세액이 1천 5백만원인 자는 그 세액의 100분의 50의 금액을 납부기한이 지난 후 2개월 이내에 분할납부할 수 있다.
⑤ 납세의무자가 법정신고기한까지 양도소득세의 과세표준신고를 하지 아니한 경우(부정행위로 인한 무신고는 제외)에는 그 무신고납부세액에 100분의 20을 곱한 금액을 가산세로 한다.

2. 「소득세법」상 거주자의 국내자산 양도소득세 계산에 관한 설명으로 옳은 것은? ▶ 제31회

① 부동산에 관한 권리의 양도로 발생한 양도차손은 토지의 양도에서 발생한 양도소득금액에서 공제할 수 없다.
② 양도일부터 소급하여 10년 내에 그 배우자로부터 증여받은 토지의 양도차익을 계산할 때 그 증여받은 토지에 대하여 납부한 증여세는 양도가액에서 공제할 필요경비에 산입하지 아니한다.
③ 취득원가에 현재가치할인차금이 포함된 양도자산의 보유기간 중 사업소득금액 계산시 필요경비로 산입한 현재가치할인차금상각액은 양도차익을 계산할 때 양도가액에서 공제할 필요경비로 본다.
④ 특수관계인에게 증여한 자산에 대해 증여자인 거주자에게 양도소득세가 과세되는 경우 수증자가 부담한 증여세 상당액은 양도가액에서 공제할 필요경비에 산입한다.
⑤ 예정신고·납부를 하는 경우 예정신고 산출세액에서 감면 세액을 빼고 수시부과세액이 있을 때에는 이를 공제한 세액을 납부한다.

3. 소득세법령상 거주자의 국내자산 양도에 대한 양도소득세에 관한 설명으로 옳은 것은? ▶ 제31회

① 부담부증여의 채무액에 해당하는 부분으로서 양도로 보는 경우에는 그 양도일이 속하는 달의 말일부터 2개월 이내에 양도소득세를 신고하여야 한다.
② 토지를 매매하는 거래당사자가 매매계약서의 거래가액을 실지거래가액과 다르게 적은 경우에는 해당 자산에 대하여 「소득세법」에 따른 양도소득세의 비과세에 관한 규정을 적용할 때, 비과세 받을 세액에서 '비과세에 관한 규정을 적용하지 아니하였을 경우의 양도소득 산출세액'과 '매매계약서의 거래가액과 실지거래가액과의 차액' 중 큰 금액을 뺀다.
③ 사업상의 형편으로 인하여 세대전원이 다른 시·군으로 주거를 이전하게 되어 6개월 거주한 주택을 양도하는 경우 보유기간 및 거주기간의 제한을 받지 아니하고 양도소득세가 비과세된다.
④ 토지의 양도로 발생한 양도차손은 동일한 과세기간에 전세권의 양도로 발생한 양도소득금액에서 공제할 수 있다.
⑤ 상속받은 주택과 상속개시 당시 보유한 일반주택을 국내에 각각 1개씩 소유한 1세대가 상속받은 주택을 양도하는 경우에는 국내에 1개의 주택을 소유하고 있는 것으로 보아 1세대 1주택 비과세 규정을 적용한다.

국외자산의 양도

「소득세법」상 양도소득세에 관한 설명으로 옳은 것은? ▶ 제27회

① 거주자가 국외 토지를 양도한 경우 양도일까지 계속해서 10년간 국내에 주소를 두었다면 양도소득 과세표준을 예정신고하여야 한다.
② 비거주자가 국외 토지를 양도한 경우 양도소득세 납부의무가 있다.
③ 거주자가 국내 상가건물을 양도한 경우 거주자의 주소지와 상가건물의 소재지가 다르다면 양도소득세 납세지는 상가건물의 소재지이다.
④ 비거주자가 국내 주택을 양도한 경우 양도소득세 납세지는 비거주자의 국외 주소지이다.
⑤ 거주자가 국외 주택을 양도한 경우 양도일까지 계속해서 5년간 국내에 주소를 두었다면 양도소득금액 계산시 장기보유특별공제가 적용된다.

출제 경향 국외자산의 양도는 양도일까지 5년 이상 국내에 주소를 둔 거주자에게 납세의무를 부여하며 국제사회의 진입으로 출제 가능성이 있는 이론이다.

• 국외자산의 양도

핵심포인트

국외자산의 양도

1. 국외자산 양도소득의 범위

거주자(국내에 당해자산의 양도일까지 **5년 이상 주소 또는 거소를 둔 자**에 한함)의 국외에 있는 자산의 양도에 대한 양도소득은 당해 연도에 국외에 있는 자산을 양도함에 따라 발생하는 다음의 소득을 말한다.

① 토지 또는 건물
② 부동산에 관한 권리(미등기 양도자산을 포함)
㉠ 지상권 · 전세권과 부동산임차권

▌부동산 임차권

국내 양도	**등기된 부동산 임차권만 과세**하며, 미등기된 부동산 임차권은 종합소득세를 과세한다.
국외 양도	등기 · **미등기 부동산임차권** 모두 과세한다.

- 점포임차권은 양도소득세 과세대상이 아니다.
- 부동산임대사업소득은 부동산 임차권과 점포 임차권 모두 과세대상이며, 등기 · 미등기 모두 과세대상이다.

㉡ 부동산을 취득할 수 있는 권리
③ 주식 또는 출자지분: 외국법인이 발행한 주식 등을 말하며, 외국법인이 국내법에 의하여 발행한 주식은 포함하지 아니한다.
④ 기타자산
⑤ 파생상품

2. 양도소득세의 계산

① 양도소득세의 계산구조
국외자산 양도의 양도소득세 계산구조는 '양도소득세 계산구조'를 준용한다**(단, 장기보유특별공제 배제).**
- **기본공제는 적용**

② 양도가액
국외자산의 양도가액은 당해 자산의 양도 당시의 **실지거래가액**으로 한다.

③ 세 율
국외자산의 부동산에 대한 양도소득에 대한 소득세는 당해 연도의 양도소득 과세표준에 등기여부에 관계없이, 보유기간에 관계없이 6%~45%까지의 **누진세율로 적용**하여 계산한 금액을 그 세액으로 한다.

④ 외국납부세액공제
국외자산의 양도소득에 대하여 당해 **외국에서 납부하였거나 납부할 국외자산 양도소득세액이 있는 경우**에는 **외국납부세액공제와** 양도소득금액 계산상 **필요경비에 산입하는 방법 중 하나를 선택**하여 적용받을 수 있다.

⑤ 양도차익의 외화환산
양도차익의 외화환산의 규정에 의하여 양도차익을 계산함에 있어서는 양도가액 및 필요경비를 수령하거나 지출한 날 현재 「외국환거래법」에 의한 기준환율 또는 재정 환율에 의하여 계산한다.

해설 정답 ≫ ①

① 거주자가 국외 토지를 양도한 경우 양도일까지 계속해서 10년간 국내에 주소를 두었다면 양도소득과세표준을 예정신고하여야 한다. └• 국외자산의 양도는 양도일까지 5년 이상 국내에 주소를 둔 거주자에게 납세의무를 부여하여, 예정신고하여야 한다.

② 비거주자가 국외 토지를 양도한 경우 양도소득세 ~~납부의무가 있다~~.
비거주자가 국외자산 양도한 경우는 납세의무 없다.

③ 거주자가 국내 상가건물을 양도한 경우 거주자의 주소지와 상가건물의 소재지가 다르다면 양도소득세 납세지는 ~~상가건물의 소재지~~이다.
└• 양도소득세 납세지는 거주자 주소지를 관할하는 세무서이다.

④ 비거주자가 국내 주택을 양도한 경우 양도소득세 납세지는 ~~비거주자의 국외 주소지~~이다.
국내 사업장 소재지의 관할 세무서

⑤ 거주자가 국외 주택을 양도한 경우 양도일까지 계속해서 5년간 국내에 주소를 두었다면 양도소득금액 계산시 ~~장기보유특별공제가 적용~~된다.
└• 국외자산 양도의 경우 장기보유특별공제는 적용되지 아니하고, 기본 공제는 국내자산과 별개로 적용된다.

| 출제영역 |
국외자산의 양도 ★★
| 난 이 도 | 중
| 출제빈도 |
제23회, 제25회, 제27회, 제32회, 제35회

유사문제

1. 거주자 甲은 2016년에 국외에 1채의 주택을 미화 1십만 달러(취득자금 중 일부 외화 차입)에 취득하였고, 2025년에 동 주택을 미화 2십만 달러에 양도하였다. 이 경우 「소득세법」 상 설명으로 틀린 것은? (단, 甲은 해당자산의 양도일까지 계속 5년 이상 국내에 주소를 둠)

① 甲의 국외주택에 대한 양도차익은 양도가액에서 취득가액과 필요경비개산공제를 차감하여 계산한다.
② 甲의 국외주택 양도로 발생하는 소득이 환율변동으로 인하여 외화차입금으로부터 발생하는 환차익을 포함하고 있는 경우에는 해당 환차익을 양도소득의 범위에서 제외한다.
③ 甲의 국외주택 양도에 대해서는 해당 과세기간의 양도소득금액에서 연 250만원을 공제한다.
④ 甲은 국외주택을 3년 이상 보유하였음에도 불구하고 장기보유특별공제액은 공제하지 아니한다.
⑤ 甲은 국외주택의 양도에 대하여 양도소득세의 납세의무가 있다.

2. 「소득세법」상 국외자산의 양도에 대한 양도소득세 과세에 있어서 국내 자산의 양도에 대한 양도소득세 규정 중 준용하지 않는 것은? ▶ 제27회

① 비과세 양도소득 ② 양도소득 과세표준의 계산
③ 기준시가의 산정 ④ 양도소득의 부당행위계산
⑤ 양도 또는 취득의 시기

3. 거주자 甲이 국외에 있는 양도소득세 과세대상 X토지를 양도함으로써 소득이 발생하였다. 다음 중 틀린 것은? (단, 해당 과세기간에 다른 자산의 양도는 없음) ▶ 제30회

① 甲이 X토지의 양도일까지 계속 5년 이상 국내에 주소 또는 거소를 둔 경우에만 해단 양도소득에 대한 납세의무가 있다.
② 甲이 국외에서 외화를 차입하여 X토지를 취득한 경우 환율변동으로 인하여 외화차입금으로부터 발생한 환차익은 양도소득세의 범위에서 제외한다.
③ X토지의 양도가액은 양도 당시의 실지거래가액으로 하는 것이 원칙이다.
④ X토지에 대한 양도차익에서 장기보유특별공제액을 공제한다.
⑤ X토지에 대한 양도소득금액에서 양도소득 기본공제로 250만원을 공제한다.

4. 소득세법령상 거주자가 2025년에 양도한 국외자산의 양도소득세에 관한 설명으로 틀린 것은? (단, 거주자는 해당 국외자산 양도일까지 계속 5년 이상 국내에 주소를 두고 있으며, 국외 외화차입에 의한 취득은 없음) ▶ 제35회

① 국외자산의 양도에 대한 양도소득이 있는 거주자는 양도소득 기본공제는 적용받을 수 있으나 장기보유 특별공제는 적용 받을 수 없다.
② 국외 부동산을 양도하여 발생한 양도차손은 동일한 과세기간에 국내 부동산을 양도하여 발생한 양도소득금액에서 통산할 수 있다.
③ 국외 양도자산이 부동산임차권인 경우 등기여부와 관계없이 양도소득세가 과세된다.
④ 국외자산의 양도가액은 그 자산의 양도 당시의 실지거래가액으로 한다. 다만, 양도 당시의 실지거래가액을 확인할 수 없는 경우에는 양도자산이 소재하는 국가의 양도 당시 현황을 반영한 시가에 따르되, 시가를 산정하기 어려울 때에는 그 자산의 종류, 규모, 거래상황 등을 고려하여 대통령령으로 정하는 방법에 따른다.
⑤ 국외 양도자산이 양도 당시 거주자가 소유한 유일한 주택으로서 보유기간이 2년 이상인 경우에도 1세대 1주택 비과세 규정을 적용받을 수 없다.

정답 및 해설

Thema 001 조세의 분류

1. 정답 ①
㉠ 국세로서 보유단계는 종합부동산세
㉡ 지방세로서 보유단계는 재산세, 지역자원시설세
㉢ 처분단계로서 국세는 양도소득세, 종합소득세, 부가가치세, 인지세 등

2. 정답 ④
㉡ **농어촌특별세**: 취득 · 보유 · 양도 공히 적용
㉣ **지방교육세**: 취득 · 보유 공히 적용
㉤ **취득세 · 등록면허세**: 취득만 적용
㉥ **인지세**: 취득 · 양도 공히 적용
㉠ **재산세**: 보유만 적용
㉢ **종합부동산세**: 보유만 적용

3. 정답 ③
① 취득세와 재산세는 지방세이고 물건별과세가 원칙이다. 또한 취득세는 취득단계, 재산세는 보유단계이다.
② 취득세와 종합부동산세의 공통점은 없다.
④ 양도소득세와 재산세의 공통점은 없다.
⑤ 양도소득세는 처분단계, 종합부동산세는 보유단계이다.

4. 정답 ⑤
⑤ 보기에서 보유 관련 세목은 농어촌특별세, 지방교육세, 개인지방소득세, 소방분 지역자원시설세 모두이다.

5. 정답 ①
① **등록면허세**: 도세, 구세
② **취득세**: 특별시세 · 광역시세, 도세
③ **지방소비세**: 특별시세 · 광역시세, 도세
④ **지방교육세**: 특별시세 · 광역시세, 도세
⑤ **지역자원시설세**: 특별시세 · 광역시세, 도세

6. 정답 ②
② 지역자원시설세는 부가세가 없다.

7. 정답 ③
①, ⑤ 지방세인 재산세는 보유 단계의 세목으로 지방교육세가 부가된다.
② 국세인 양도소득세는 양도 단계에서 과세되며, 그에 대한 부가세는 농어촌특별세이다.
④ 등록면허세는 취득단계에서의 세목으로 그에 대한 부가세는 지방교육세, 감면인 경우 농어촌특별세이다.

Thema 002 납세지

1. 정답 ③
① 납세의무자가 법인으로 보지 않는 단체인 경우 주택에 대한 종합부동산세 납세지는 소득세법을 준용하여 거주자의 주소지 관할세무소로 납세지를 정한다.
② 같은 채권의 담보를 위하여 설정하는 둘 이상의 저당권을 등록하는 경우에는 이를 하나의 등록으로 보아 그 등록에 관계되는 재산을 처음 등록하는 등록관청 소재지를 납세지로 한다.
④ 거주자인 개인 乙은 甲이 소유한 부동산(시가 6억원)에 전세기간 2년, 전세보증금 3억원으로 하는 전세계약을 체결하고, 전세권 설정등기를 하였다. 「지방세법」상 등록면허세의 납세지는 甲이 소유한 부동산 소재지이다.
⑤ 부동산 등기에 관한 등록면허세의 납세지는 원칙적으로 부동산 소재지이다.

2. 정답 ①
② 소유자인 甲이 비거주자로 국내사업장이 없고 국내원천소득이 발생하지 아니한 나대지를 소유한 경우일 때의 종합부동산세의 납세지는 토지의 소재지 관할 세무서이다.
③ 재산세의 납세지는 토지의 소재지 시 · 군 · 구이다.
④ 양도소득세의 과세관할은 양도인 甲의 주소지 관할 세무서이다.
⑤ 종합소득세의 과세관할은 사업소득에 해당되는 경우 甲의 주소지 관할 세무서이다.

3. 정답 ④

① 건축물을 보유한 경우의 재산세의 납세지는 건축물 소재지 시·군·구이다.
② 건물을 임대하고 대가를 받은 경우에는 다른 소득과 합산하여 종합소득세의 납세지인 거주자의 주소지 관할 세무서에 다음 연도 5월 1일 ~ 5월 31일까지 신고·납부하여야 한다.
③ 토지를 양도한 경우 양도소득세의 납세지인 양도인의 주소지 관할 세무서에 양도한 달의 말일로부터 2개월 내에 예정신고하여야 한다.
⑤ 부동산 등기에 대한 등록면허세 납세지는 부동산 소재지이다.

Thema 003 납세의무 성립

1. 정답 ①

② 양도소득세는 과세기간 끝나는 때에 납세의무가 성립된다.
③ 종합부동산세는 재산세의 과세기준일인 6월 1일에 납세의무가 성립된다. 개인분 및 사업소분 주민세의 납세의무 성립시기는 재산세의 과세기준일인 6월 1일이 아닌 7월 1일을 과세기준일로 한다.
④ 등록에 대한 등록면허세는 재산권 등을 등기 또는 등록하는 때에 납세의무가 성립된다.
⑤ 재산세는 과세기준일(6월 1일)에 납세의무가 성립된다.

2. 정답 ④

㉢㉣㉤은 옳은 설명이다.
㉠ **소득세**: 과세기간이 끝나는 때
㉡ **농어촌특별세**: 본세의 납세의무가 성립하는 때

3. 정답 ①

① 재산세의 납세의무 성립시기는 과세기준일로 6월 1일이다.

4. 정답 ⑤

㉤ **종합부동산세**: 매년 6월 1일
㉥ **개인분 및 사업소분 주민세**: 매년 7월 1일

Thema 004 납세의무 확정

1. 정답 ①

② 양도소득세는 과세기간 끝나는 때에 납세의무가 성립하고, 납세의무자가 과세표준과 세액을 정부에 신고하는 때에 확정된다.
③ 종합부동산세는 과세기준일에 납세의무가 성립하고, 과세권자가 세액을 결정하는 때에 확정된다.
④ 등록에 대한 등록면허세는 재산권 등을 등기 또는 등록하는 때에 납세의무가 성립하고, 납세의무자가 과세표준과 세액을 지방자치단체에 신고하는 때에 확정된다.
⑤ 재산세는 과세기준일에 납세의무가 성립하고, 지방자치단체가 과세표준과 세액을 결정하는 때에 확정된다.

2. 정답 ①

① 종합부동산세는 국세로서 과세권자가 세액을 결정하여 납부개시 5일 전까지 고지서 발부로 부과·징수한다. 이 종합부동산세는 예외적으로 신고하고자 하는 자에게 납부기간(12월 1일 ~ 12월 15일) 내에 신고도 인정하나 이를 신고하는 때에는 정부의 결정이 없는 것으로 본다.

3. 정답 ④

④ 납세의무자가 과세표준과 세액을 과세관청에 신고함으로써 납세의무가 확정되는 신고납세 세목은 ①②③⑤이다.

4. 정답 ②

㉣ **양도소득세**: 국세이면서 신고·납부
㉠ **취득세**: 지방세이면서 신고·납부
㉡ **재산세**: 지방세이면서 보통징수
㉢ **종합부동산세**: 국세이면서 정부부과과세 또는 신고하고자 하는 경우(= 납세자의 선택의 경우) 신고·납부
㉤ **재산세에 부가되는 지방교육세**: 지방세이면서 보통징수

Thema 005 가산세 · 제척기간

1. 정답 ③

③ 납세자에게 부정행위가 없으며 특례제척기간에 해당하지 않는 경우 원칙적으로 납세의무성립일(= 과세기준일)로부터 5년이 지나면 종합부동산세를 부과할 수 없다.

2. 정답 ②

② 신고·납부하도록 규정된 지방세의 경우의 제척기간의 기산일은 해당 지방세에 대한 신고기한의 다음 날이다. 이 경우 예정신고기한, 중간예납기한 및 수정신고기한은 신고기한에 포함되지 아니한다. 보통징수되는 지방세(재산세, 소방분 지역자원시설세)의 경우의 제척기간의 기산일은 해당 지방세의 납세의무성립일(과세기준일로 6월 1일)이다. 종합부동산세의 제척기간 기산일은 납세의무성립일(과세기준일로 6월 1일)이다.

지방세기본법 시행령 제19조【부과 제척기간의 기산일】
① 지방세를 부과할 수 있는 날은 다음에 해당하는 날로 한다.
1. 법 또는 지방세관계법에서 신고·납부하도록 규정된 지방세의 경우: 해당 지방세에 대한 신고기한의 다음 날
2. 1.에 따른 지방세 외의 지방세의 경우(보통징수되는 지방세의 경우): 해당 지방세의 납세의무성립일

3. 정답 ①

②③④⑤는 무신고 가산세의 규정이 없다.

4. 정답 ③

③ 「지방세기본법」상 법정신고기한까지 과세표준신고서를 제출하지 아니한 경우 지방세부과의 제척기간은 이를 부과할 수 있는 날부터 7년이다.

Thema 006 납세의무 소멸

1. 정답 ⑤

⑤ 甲의 예정신고인 경우 양도소득세 납세의무가 확정된다.

2. 정답 ①

① 보통징수되는 지방세의 경우의 제척기간의 기산일은 해당 지방세의 납세의무 성립일이다. 신고·납부하도록 규정된 지방세의 경우의 제척기간의 기산일은 해당 지방세에 대한 신고기한의 다음 날이다.

3. 정답 ④

④ 납세의무자가 양도소득세를 확정신고하였으나 정부가 경정하는 경우, 국세징수권을 행사할 수 있는 때는 그 고지에 따른 납부기한의 다음 날이다(국세기본법 제27조 제3항 제2호).

Thema 007 물납·분납

1. 정답 ⑤

① 양도소득세의 예정신고납부할 세액이 1천 5백만원인 자는 그 세액의 일부금액인 5백만원을 납부기한이 지난 후 2개월 이내에 분할납부할 수 있다.
② 지방자치단체의 장은 재산세 납부세액이 1천만원을 초과하는 경우 납세의무자의 신청을 받아 관할구역 내 해당 납세자의 부동산에 대하여 법령으로 정하는 바에 따라 물납을 허가할 수 있다.
③ 재산세 납부세액이 1천만원을 초과하여 재산세를 물납하려는 자는 법령으로 정하는 서류를 갖추어 그 납부기한 10일 전까지 납세지를 관할하는 시장·군수에게 신청하여야 한다.
④ 거주자가 양도소득세 확정신고에 따라 납부할 세액이 3천 600만원인 경우 최대 1천 800만원까지 분할납부할 수 있다.

2. 정답 ④

① 분납은 납세의무자의 신청에 의하는데 신청은 납부일 전까지만 하면 되고, 통지를 요건으로 하지는 않는다. 그러나 물납은 납부기한 10일 전까지 신청해야 하며, 허가여부를 관계장은 통보하여야 한다.
② 물납을 허가하는 부동산의 가액은 재산세 과세기준일 현재의 시가에 의한다.
③ 지역자원시설세는 물납이 없다.
⑤ 재산세의 납세의무자는 재산세의 납부세액이 250만원을 초과하는 경우, 납부할 세액의 일부를 분납할 수 있다.
Ⓜ 재산세의 납부할 세액이 2백 5십만원 초과 5백만원 이하이면 2백 5십만원을 초과하는 금액으로 분납할 수 있으며, 납부할 세액이 5백만원을 초과하면 당해세액의 50% 이하의 금액으로 분납할 수 있다.

3. 정답 ③

1. 옳은 것: ㉠, ㉡
2. 틀린 것: ㉢

㉢ 물납을 허가하는 부동산의 가액은 재산세 과세기준일 현재의 시가로 한다(지방세법시행령 제115조 제1항).

Thema 008 조세 우선권

1. 정답 ③

③ 법정기일 전에 저당권의 설정을 등기한 담보채권은 국세 또는 지방세와 동 가산금보다 우선하는 권리를 가진다. 예외적으로 저당권 등의 설정시기를 불문하고 항상 피담보채권보다 우선징수되는 세목은 당해 재산자체에 부과된 국세인 상속세·증여세·종합부동산세와 지방세인 재산세·지역자원시설세 등으로 저당권 설정시기를 불문하고 항상 피담보채권보다 우선징수된다.

2. 정답 ②

② 당해 재산에 부과된 재산세·종합부동산세·지역자원시설세·상속세·증여세는 설정시기를 불문하고 저당권보다 우선하여 징수한다.

3. 정답 ④

④ 주택의 직전 소유자가 국세의 체납 없이 전세권이 설정된 주택을 양도하였으나, 양도 후 현재 소유자의 소득세가 체납되어 해당 주택의 매각으로 그 매각금액에서 소득세를 강제징수하는 경우 그 소득세는 해당 주택의 전세권담보채권에 우선하지 못한다(국세기본법 제35조 제1항 제3의2호).

Thema 009 취득세 과세여부

1. 정답 ⑤

⑤ 취득세란 재산의 증가력이라는 취득행위(취득으로 이루어지는 등기등록을 포함)를 갖추었을 때 부과·징수하는 지방세로서 도세이고 보통세이다. 따라서 재산이 내장하고 있는 수익력에 착안하여 과세한다는 것은 옳지 않다.

2. 정답 ⑤

⑤ 부동산 권리는 취득세 과세대상물에 해당되지 아니한다. 취득세 과세대상은 부동산·차량·기계장비·입목·항공기·선박 및 광업권·어업권·양식업권·골프 회원권·콘도미니엄 회원권 또는 종합체육시설 이용 회원권, 승마 회원권, 요트 회원권이다.

3. 정답 ⑤

① 토지의 지목을 사실상 변경함으로써 그 가액이 증가한 경우에는 취득으로 본다.

② 상속회복청구의 소에 의한 법원의 확정판결에 의하여 특정 상속인이 당초 상속분을 초과하여 취득하게 되는 재산가액은 상속분이 감소한 상속인으로부터 증여받아 취득한 것으로 보지 아니한다.

③ 권리의 이전이나 행사에 등기 또는 등록이 필요한 부동산을 직계존속과 서로 교환한 경우에는 유상으로 취득한 것으로 본다.

④ 증여로 인한 승계취득의 경우 해당 취득물건을 등기·등록하지 아니하고 취득일이 속하는 달의 말일로부터 3개월 이내에 공증받은 공정증서에 의하여 계약이 해제된 사실이 입증되는 경우에는 취득한 것으로 보지 아니한다.

Thema 010 취득세 비과세

1. 정답 ②

① 존속기간이 1년을 초과하지 아니하는 임시용 건축물을 취득하는 경우, 취득세 비과세이다.

③ 신탁(「신탁법」에 따른 신탁으로서 신탁등기가 병행되는 것만 해당한다)으로 인한 신탁재산의 취득 중 주택조합등과 조합원 간의 부동산 취득에 대해서는 취득세를 부과한다.

④ 지방자치단체에 기부채납을 조건으로 부동산을 취득하는 경우라도 그 반대급부로 기부채납 대상물의 무상사용권을 제공받는 경우에는 그 해당 부분에 대해서는 취득세를 부과한다.

⑤ 상속으로 인하여 법령이 정하는 1가구 1주택(고급주택 제외) 및 그 부속토지를 취득하는 경우, 취득세를 부과한다.

2. 정답 ②

② 재산의 분할로 인한 취득은 그 취득지분가액을 과세표준으로 하여 특례세율(중과기준세율)로 과세한다.

3. 정답 ④

④ 사치성재산에 해당되는 물건의 취득은 존속기간에 상관없이 취득세를 부과한다. 사치성 재산은 고급주택, 고급오락장, 고급선박, 골프장이다.

4. 정답 ①

① 「주택법」 제2조 제3호에 따른 공동주택의 개수로 인한 취득 중 국민주택규모의 주택으로서 개수(「건축법」 제2조 제1항 제9호에 따른 대수선은 제외)로 인한 취득 당시 주택의 시가표준액이 9억원 이하인 주택과 관련된 개수로 인한 취득에 대하여는 취득세를 과세하지 아니한다.

Thema 011 취득세 납세의무자

1. 정답 ②

② 「도시개발법」에 따른 환지방식에 의한 도시개발사업의 시행으로 토지의 지목이 사실상 변경됨으로써 그 가액이 증가한 경우에는 그 환지계획에 따라 공급되는 환지는 조합원이, 체비지 또는 보류지는 사업시행자가 각각 취득한 것으로 본다.

2. 정답 ⑤

⑤ 증여자의 채무를 인수하는 부담부증여로 취득한 경우로서 그 채무액에 상당하는 부분을 제외한 나머지 부분의 경우는 증여취득으로 본다.

3. 정답 ①

② 직계비속이 권리의 이전에 등기가 필요한 직계존속의 부동산을 서로 교환한 경우 유상으로 취득한 것으로 본다.
③ 직계비속이 공매를 통하여 직계존속의 부동산을 취득하는 경우 유상취득한 것으로 본다.
④ 증여자의 채무를 인수하는 부담부증여의 경우에 그 채무액에 상당하는 부분은 부동산 등을 유상취득한 것으로 본다.
⑤ 배우자 또는 직계존비속으로부터의 부동산 등의 부담부증여의 경우에는 증여취득을 적용한다.

Thema 012 취득세 과점주주

1. 정답 ③

㉡㉢은 과세이고, ㉠㉣은 과세되지 않는 경우이다.
㉡ 과점주주가 아닌 주주가 다른 주주로부터 주식을 취득함으로써 최초로 과점주주가 된 경우는 모두 취득으로 보아 취득세 부과한다.
㉢ 이미 과점주주가 된 주주가 해당 비상장법인의 주식을 취득하여 해당법인의 주식 총액에 대한 과점주주가 가진 주식의 비율이 증가된 경우는 증가분을 취득으로 보아 취득세 부과한다.

2. 정답 ④

④ 취득세 과세대상 자산(10억원) × 지분율(60%) = 6억원

3. 정답 ①

구 분	甲 지분율	간부지분율
㉠ 2009년 1월 1일	50%	과점주주 아님
㉡ 2011년 4월 29일	60%	60%
㉢ 2012년 7월 18일	30%	과점주주 아님
㉣ 2025년 9월 15일	70%	10%

甲은 2025년 9월 15일 주식의 재취득으로 지분율이 70%가 되어 다시 과점주주가 되었다. 이 경우 다시 과점주주가 된 당시의 주식비율이 그 이전의 비율보다 증가된 경우에 한하여 그 증가된 분만을 취득으로 보아 취득세를 부과한다. 따라서 재차 과점주주가 된 경우의 지분율은 70%로서 그 이전의 최고지분율 60%보다 증가된 지분율 10%에 대해서 취득세 납세의무를 부담한다.

Thema 013 취득세 취득시기

1. 정답 ③

③ 개인 간의 매매 또는 법인으로부터 유상에 의한 취득의 경우 취득시기는 사실상 잔금지급일과 등기일 중 빠른 날이다.

2. 정답 ⑤

① 공매방법에 의하여 취득하는 경우에는 유상취득으로 사실상 잔금지급일과 등기일 중 빠른 날이다.
② 개인 간의 유상승계취득의 경우로서 계약상서의 잔금지급일 이전에 사실상 잔금을 먼저 지급한 경우도 사실상 잔금지급일로 사실상 잔금 지급일과 등기일 중 빠른 날이다.
③ 화해조서 등에 의하여 취득사실이 입증되는 유상취득 경우에는 사실상 잔금지급일과 등기일 중 빠른 날을 취득시기로 본다.
④ 유상승계취득의 경우로서 사실상 잔금지급일을 알 수 없고 계약서상 잔금지급일이 명시되지 아니한 경우에는 계약일로부터 60일이 경과한 날을 계약서상의 잔금지급일로 본다.

3. 정답 ⑤

⑤ 관계 법령에 따라 매립 · 간척 등으로 토지를 원시취득하는 경우에는 공사준공인가일을 취득일로 본다. 다만, 공사준공인가일 전에 사용승낙 · 허가를 받거나 사실상 사용하는 경우에는 사용승낙일 · 허가일 또는 사실상 사용일 중 빠른 날을 취득일로 본다.

Thema 014 취득세 취득시기 – 원시 · 의제 취득의 경우

1. 정답 ②

② 「민법」 제839조의2 및 제843조에 따른 재산분할로 인한 취득의 경우에는 취득물건의 등기일 또는 등록일을 취득일로 본다.

2. 정답 ⑤

⑤ 「도시 및 주거환경정비법」에 따른 재건축조합이 재건축사업을 하면서 조합원으로부터 취득하는 토지 중 조합원에게 귀속되지 아니하는 토지를 취득하는 경우에는 같은 법에 따른 소유권 이전 고시일의 다음 날이 납세의무의 성립시기이다.

Thema 015 취득세 과세표준

1. 정답 ②

① 원칙은 취득자의 취득 당시가액으로 취득의 구분에 따라 다르다.
③ 개인 간의 매매에 의한 거래시 사실상 취득가액을 기준으로 과세한다.
④ 부동산 등을 원시취득하는 경우 취득당시가액은 사실상취득가액으로 한다.
⑤ 국가로부터 유상취득하는 경우에는 사실상의 취득가격을 과세표준으로 한다.

2. 정답 ②

① 건축물을 교환으로 취득하는 경우에는 교환으로 이전받는 건축물의 시가인정액과 이전하는 건축물의 시가인정액 중 높은 가액을 취득당시가액으로 한다(지방세법시행령 제18조의4 제1항 제1호 나목).
③ 대물변제에 따른 건축물 취득의 경우에는 대물변제액(대물변제액 외에 추가로 지급한 금액이 있는 경우에는 그 금액을 포함한다)을 취득당시가액으로 한다(지방세법시행령 제18조의4 제1항 제1호 가목).
④ 법인이 아닌 자가 건축물을 건축하여 취득하는 경우로서 사실상취득가격을 확인할 수 없는 경우에는 시가표준액을 취득당시가액으로 한다(지방세법 제10조의4 제2항).
⑤ 법인이 아닌 자가 건축물을 매매로 승계취득하는 경우에는 그 건축물을 취득하기 위하여 「공인중개사법」에 따른 공인중개사에게 지급한 중개보수를 취득당시가액에 포함하지 아니한다(지방세법시행령 제18조 제1항 제7호).

Thema 016 사실상 취득가액

1. 정답 ⑤

⑤ 사실상 취득가액에는 매매대금에 취득대금 외에 당사자의 약정에 따른 취득자 조건부담액과 채무인수액을 포함시키고, 부동산을 취득하는 경우 「주택법」에 따라 매입한 국민주택채권을 해당 부동산의 취득 이전에 양도함으로써 발생하는 매각차손을 포함시킨다. 문제상 취득세 과세표준인 사실상 취득가액 = 총매매대금 5억원 + 당사자의 약정에 따른 채무인수액 1천만원 + 채권매각차손 100만원 = 511,000,000원

2. 정답 ①

① 전기 · 가스 · 열 등을 이용하는 자가 분담하는 비용은 사실상 취득가액에 포함하지 아니한다.

3. 정답 ②

② 사실상 취득가액 = 건축물 취득가액 1억원 + 건설자금이자 500만원 + 할부이자 300만원 = 1억 8백만원

4. 정답 ③

① 할부 또는 연부(年賦) 계약에 따른 이자 상당액 및 연체료는 사실상 취득가액에 포함한다. 다만, 법인이 아닌 자가 취득하는 경우는 취득가격에서 제외한다.
② 취득대금을 일시급 등으로 지급하여 일정액을 할인받은 경우에는 그 할인된 금액으로 한다.
④ 부가가치세는 사실상 취득가액에 포함되지 아니한다.
⑤ 「공인중개사법」에 따른 공인중개사에게 지급한 중개보수는 사실상 취득가액에 포함한다. 다만, 법인이 아닌 자가 취득하는 경우는 취득가격 또는 연부금액에서 제외한다.

Thema 017 취득세의 표준세율

1. 정답 ①

① 공유농지를 분할로 취득하는 경우의 취득세 표준세율은 1,000분의 23이다.

2. 정답 ④

④ 매매로 농지 외의 토지 취득의 취득세 표준세율은 1,000분의 40이다.

3. 정답 ④

㉠ 매매에 의한 농지의 취득은 1,000분의 30
㉡ 신축 · 증축으로 인한 원시취득은 1,000분의 28
㉢ 상속으로 인한 농지의 취득은 1,000분의 23
㉣ 매매의 원인으로 취득된 주택으로 취득가액이 9억원을 초과한 경우의 취득세의 표준세율은 1,000분의 30이다.

4. 정답 ①

1. 옳은 것: ㉠, ㉡
㉠ **상속으로 인한 농지의 취득**: 1천분의 23(지방세법 제11조 제1항 제1호 가목)
㉡ **법인의 합병으로 인한 농지 외의 토지 취득**: 1천분의 40(지방세법 제11조 5항)
2. 틀린 것: ㉢, ㉣
㉢ **공유물의 분할로 인한 취득**: 1천분의 17 ⇨ 1천분의 23(지방세법 제11조 제1항 제5호)
㉣ **매매로 인한 농지 외의 토지 취득**: 1천분의 19 ⇨ 1천분의 40(지방세법 제11조 제1항 제7호 나목)

5. 정답 ⑤

⑤ 유상거래를 원인으로 농지를 취득한 경우 ⇨ 1천분의 30
① 상속으로 건물(주택 아님)을 취득한 경우 ⇨ 1천분의 28
② 「사회복지사업법」에 따라 설립된 사회복지 법인이 독지가의 기부에 의하여 건물을 취득한 경우 ⇨ 1천분의 28
③ 영리법인이 공유수면을 매립하여 농지를 취득한 경우 ⇨ 1천분의 28
④ 유상거래를 원인으로 「지방세법」 제10조에 따른 취득 당시의 가액이 6억원인 주택(「주택법」에 의한 주택으로서 등기부에 주택으로 기재된 주거용 건축물과 그 부속토지)을 취득한 경우 ⇨ 1천분의 10

Thema 018 취득세의 세율 중 세율의 특례

1. 정답 ③

③ 중과기준세율이 적용되는 경우는 ㉡㉢이다.
㉠ 개수로 인하여 건축물 면적이 증가하는 경우 그 증가된 부분 ⇨ 원시취득의 세율로 1,000분의 28
㉣ 상속으로 농지를 취득한 경우 ⇨ 표준세율로 1,000분의 23

2. 정답 ⑤

⑤ 개수로 인한 취득 ⇨ 취득세의 세율은 중과기준세율이다.

3. 정답 ⑤

⑤ 무덤과 이에 접속된 부속시설물의 부지로 사용되는 토지로서 지적공부상 지목이 묘지인 토지의 취득의 경우는 중과기준세율이 적용된다.

Thema 019 취득세의 중과세율

1. 정답 ④

① 대도시에서 법인이 사원에 대한 임대용으로 직접 사용할 목적으로 사원거주용 목적의 공동주택(1구의 건축물의 연면적이 60제곱미터 이하임)을 취득하는 경우에는 표준세율이 적용된다.
② 소유한 자의 주택 수에 가산한다.
③ 고급주택은 사치성 재산으로 취득세 표준세율과 중과기준세율의 100분의 400을 합한 세율로 취득세액을 산출한다. 취득의 원인마다 세율이 다르다.
⑤ 「부동산 거래신고 등에 관한 법률」 제3조 제1항 제2호에 따른 "부동산에 대한 공급계약"을 통하여 주택을 공급받는 자로 선정된 지위("주택분양권"으로 해당 지위를 매매 또는 증여 등의 방법으로 취득한 것을 포함)는 해당 주택분양권을 소유한 자의 주택 수에 가산한다.

2. 정답 ⑤

⑤ 과밀억제권역 안에서 공장의 신설·증설은 표준세율 + 중과기준세율의 2배로 중과세한다.
①②③④는 사치성재산으로서 표준세율 + 중과기준세율의 4배로 중과세한다.

3. 정답 ④

④ 과밀억제권역 안에서 법인의 본점 또는 주사무소용 부동산 취득은 표준세율에 중과기준세율(1,000분의 20)의 100분의 200을 가산한 세율로 중과한다. 사치성 재산은 표준세율에 중과기준세율(1,000분의 20)의 100분의 400을 합한 세율로 과세한다.

Thema 020 취득세의 부과·징수

1. 정답 ⑤

① 상속으로 취득한 경우는 상속개시일이 속하는 달의 말일부터, 실종으로 인한 경우는 실종선고일이 속하는 달의 말일부터 6개월 이내에 그 과세표준에 세율을 적용하여 산출한 세액을 신고하고 납부하여야 한다. 다만, 상속인 중 1인 이상이 외국에 주소를 둔 경우에는 각각 9개월 이내에 그 과세표준에 세율을 적용하여 산출한 세액을 신고하고 납부하여야한다(지방세법 제20조 제1항).
② 납세의무자가 법정신고기한까지 과세표준 신고를 하지 아니한 경우에는 그 신고로 납부하여야 할 세액(이 법 및 지방세관계법에 따른 가산세와 가산하여 납부하여야 할 이자 상당 가산액이 있는 경우 그 금액은 제외하며, 이하 "무신고납부세액"이라 한다)의 100분의 20에 상당하는 금액을 가산세로 부과한다.
③ 취득가액이 50만원 이하인 경우에는 취득세를 부과하지 않는다.
④ 납세지가 분명하지 아니한 경우에는 해당 취득물건의 소재지를 그 납세지로 한다.

2. 정답 ③

① 취득세가 경감된 과세물건이 추징대상이 된 때에 그 사유 발생일부터 60일 이내에 그 산출세액에서 이미 납부한 세액(가산세 제외)을 공제한 세액을 신고·납부하여야 한다.
② 취득세 납세의무자가 부동산을 취득하여 신고한 후 매각하는 경우 중가산세는 가산되지 아니한다.
④ 「지방세법」의 규정에 의하여 기한 후 신고를 한 경우, 무신고가산세의 100분의 50을 경감한다.
⑤ 취득세의 기한 후 신고는 법정신고기한까지 신고하지 아니한 경우에 한하여 할 수 있다.

3. 정답 ④

④ 수정신고를 하여야 할 자는 법정신고기한까지 과세표준신고서를 제출한 자 및 납기 후의 신고한 자로 다음 각 ⓐⓑ의 어느 하나에 해당할 때에는 관할 장이 지방세법·국세의 해당 법에 따라 그 지방세·국세의 과세표준과 세액을 결정 또는 경정하여 통지를 하기 전까지는 과세표준수정신고서를 제출할 수 있다(「국세기본법」 제45조 제1항, 「지방세기본법」 제49조 제1항).
ⓐ 과세표준신고서에 기재된 과세표준 및 세액이 지방세관계법에 따라 신고하여야 할 과세표준 및 세액보다 적을 때
ⓑ 과세표준신고서에 기재된 환급세액이 지방세관계법에 따라 신고하여야 할 환급세액을 초과할 때

Thema 021 취득세 비과세

1. 정답 ②

② 공유권의 분할로 인한 취득은 그 취득지분가액을 과세표준으로 하여 특례세율로 과세한다.

2. 정답 ①

㉠ 증여에 의한 농지의 무상취득 ⇨ 취득세 과세, 세율은 표준세율로 1,000분의 35
㉡ 상속에 의해 임야 취득 ⇨ 취득세 과세, 세율은 표준세율로 1,000분의 28
㉣ 비상장법인의 주주가 주식을 취득함으로써 과점주주가 된 경우 ⇨ 취득세 과세, 세율의 특례로 중과기준세율로 과세
㉦ 이혼시 위자료로 부동산소유권을 이전받은 경우 ⇨ 취득세 과세, 이는 대물변제로 인한 취득으로 표준세율인 유상의 세율이 적용
㉧ 상속에 의하여 취득하는 1가구 1주택 ⇨ 취득세 과세, 세율의 특례로 표준세율에서 중과기준세율을 뺀 세율로 과세
㉨ 환매등기를 병행하는 부동산의 매매로서 환매기간 내에 매도자가 환매한 경우의 그 매도자와 매수자의 취득 ⇨ 취득세 과세, 세율의 특례로 표준세율에서 중과기준세율을 뺀 세율로 과세
㉩ 이전한 건축물의 가액이 종전 건축물의 가액을 초과하지 아니한 건축물의 이전으로 인한 취득 ⇨ 취득세 과세, 세율의 특례로 표준세율에서 중과기준세율을 뺀 세율로 과세
㉪ 개수로 인한 취득 ⇨ 취득세 과세, 세율의 특례로 중과기준세율로 과세
㉫ 개수로 인하여 건축물 면적이 증가한 경우의 취득 ⇨ 취득세 과세, 이는 증축으로 원시취득의 표준세율로 과세
㉢ 차량의 제조 ⇨ 취득세 과세 제외. 차량, 기계장비, 항공기 및 주문을 받아 건조하는 선박은 승계취득만 취득으로 본다.
㉤ 비상장법인의 주주가 설립시 과점주주가 된 경우 ⇨ 취득세 과세 제외
㉥ 토지를 양도한 경우 ⇨ 취득세 과세 제외, 이는 양도소득세로 과세

3. 정답 ③

① 지방자치단체의 기부채납을 조건으로 부동산을 취득하는 경우, 취득세는 비과세된다.
② 존속기간이 1년을 초과하지 아니하는 임시용 건축물을 취득하는 경우, 취득세는 비과세된다.
④ 공동주택의 개수로 인한 취득 중 국민주택규모의 주택으로서 개수(대수선은 제외)로 인한 취득 당시 주택의 시가표준액이 9억원 이하인 주택과 관련된 개수로 인한 취득에 대하여는 취득세를 과세하지 아니한다.
⑤ 상속으로 인하여 법령이 정하는 1가구 1주택(고급주택 제외) 및 그 부속토지를 취득 · 등기하는 경우, 취득세는 특례세율(표준세율 − 중과기준세율)을 적용하여 과세된다.

Thema 022 등록면허세

1. 정답 ①

② 甲 소유의 미등기 건물에 대해 乙이 채권확보를 위해 법원의 판결에 의한 소유권이전등기를 甲명의로 등기할 경우의 등록면허세의 납세의무는 甲에게 있다.
③ 무덤과 이에 접속된 부속시설물의 부지로 사용되는 토지로서 지적공부상 지목이 묘지인 토지에 관한 등기에 대하여는 등록면허세를 부과하지 아니한다.
④ 지방자치단체로 소유권이 이전되는 경우에 있어 그 전제가 되는 전세권, 가등기, 압류등기 등의 해제는 물론 성명의 복구나 소유권의 보존 등 일체의 채권자 대위적 등기에 대하여는 그 소유자가 등록면허세를 납부하여야 한다.
⑤ 丙이 甲으로부터 전세권을 이전받아 등기하는 경우라면 등록면허세의 납세의무자는 丙이다.

2. 정답 ③

③ 은행이 저당권을 설정등기를 한 경우로 이때의 등록면허세 납세의무자는 저당권자인 은행이다.

3. 정답 ④

④ 대한민국 정부기관의 등록에 대하여 과세하는 외국정부의 등록은 등록면허세를 부과한다.

4. 정답 ①

① 지방자치단체로 소유권이 이전되는 경우에 있어 그 전제가 되는 전세권, 가등기, 압류등기 등의 해제는 물론 성명의 복구나 소유권의 보존 등 일체의 채권자 대위적 등기에 대하여는 그 소유자가 등록면허세를 납부하여야 한다.

Thema 023 등록면허세의 과세표준

1. 정답 ①

② 저당권설정등기 경우의 과세표준은 채권금액이다.
③ 지역권설정등기 경우의 과세표준은 요역지가액이다.
④ 임차권설정등기 경우의 과세표준은 월임대차금액이다.
⑤ 지상권설정등기 경우의 과세표준은 부동산가액이다.

2. 정답 ③

③ 부동산 등록에 대한 신고가 없는 경우 등록 당시 시가표준액을 과세표준으로 한다.

3. 정답 ③

③ 가등기의 과세표준은 채권금액 또는 부동산가액이다.

4. 정답 ①

① 지상권의 설정 및 이전 등기에 관한 등록면허세의 과세표준은 부동산가액이다.
압류, 가처분, 경매신청, 저당권설정의 설정 및 이전 등기에 관한 등록면허세의 과세표준은 채권금액이다.

5. 정답 ④

① 과세표준은 3억원이다.
② 세율은 보증금의 0.2%이다.
③ 납부세액은 600,000원이다.
⑤ 부동산 소재지이다.

Thema 024 등록면허세의 세율

1. 정답 ④

④ 임차권 설정 및 이전등기: 월임대차금액의 1천분의 2

2. 정답 ②

② 은행업, 사회기반시설 사업, 주택건설사업, 전기통신 사업, 첨단기술산업과 첨단업종, 유통산업, 의료업 등 중과 제외 업종은 대도시 내 중과세율이 적용되지 아니한다. 단, 대도시 중과 제외 업종으로 법인등기를 한 법인이 정당한 사유 없이 그 등기일부터 2년 이내에 대도시 중과 제외 업종 외의 업종으로 변경하거나 대도시 중과 제외 업종 외의 업종을 추가하는 경우 그 해당 부분에 대하여는 중과세율을 적용한다.

3. 정답 ②

① 저당권 설정등기는 채권금액의 1,000분의 2이다.
③ 임차권의 설정등기는 월임대차금액의 1,000분의 2이다.
④ 임차권의 말소등기는 건당 6,000원이다.
⑤ 지방자치단체의 장은 등록면허세의 세율을 표준세율의 100분의 50의 범위에서 가감할 수 있다.

4. 정답 ⑤

⑤ 부동산등기에 대한 등록면허세로서 세액이 6,000원 미만인 경우, 해당 등록면허세를 6,000원으로 징수한다.

5. 정답 ③

① 전세권 말소등기: 건당 6,000원
② 상속으로 인한 농지의 소유권 이전등기: 부동산가액의 1천분의 8
④ 임차권 설정 및 이전등기: 월임대차금액의 1천분의 2
⑤ 저당권·가압류·가처분의 설정 및 이전등기: 채권금액의 1천분의 2, 가등기의 설정 및 이전등기는 채권금액 또는 부동산 가액의 1천분의 2이다.

Thema 025 등록면허세의 부과 · 징수

1. 정답 ②

② 신고의무를 다하지 아니한 경우에도 등록면허세 산출세액을 등록을 하기 전까지 납부하였을 때에는 신고를 하고 납부한 것으로 본다. 이 경우 무신고가산세 및 과소신고가산세를 부과하지 아니한다.

2. 정답 ④

④ 부동산의 등록에 대한 등록면허세의 과세표준은 등록자가 신고한 당시의 가액으로 하고, 신고가 없는 경우는 등록당시 시가표준액, 신고가액이 시가표준액보다 적은 경우에는 시가표준액으로 한다.

3. 정답 ②

② 등록을 하려는 자가 법정신고기한까지 등록면허세 산출세액을 신고하지 않은 경우로서 등록 전까지 그 산출세액을 납부한 때에는 신고를 하고 납부한 것으로 본다. 이 경우 무신고 가산세를 부과하지 아니한다.

Thema 026 재산세

1. 정답 ③

㉠㉢은 옳은 문장으로 답은 2개이다.
㉡ 토지의 재산세 납기는 매년 9월 16일부터 9월 30일까지이다.
㉣ 재산세는 관할지방자치단체의 장이 세액을 산정하여 보통징수의 방법으로 부과 · 징수한다.

2. 정답 ③

틀린 문장은 ㉠, ㉡, ㉢이다.
㉠ 납세의무자는 재산세의 납부세액이 250만원을 초과하는 경우, 납부할 세액의 일부를 분납할 수 있다.
㉡ 고지서 1매당 재산세로 징수할 세액이 2,000원 미만인 경우에는 해당 재산세를 징수하지 아니한다.
㉢ 납세의무자는 재산세의 납부세액이 1천만원을 초과하는 경우, 당해 지방자치단체의 관할구역 내 소재한 부동산으로 물납할 수 있다.

3. 정답 ③

③ 부동산 관련 세법의 시험범위 내 세목에서 물납이 허용되는 세목은 재산세뿐이다.

4. 정답 ①

① 주택에 대한 재산세의 경우 해당 연도에 부과 · 징수할 세액의 2분의 1은 매년 7월 16일부터 7월 31일까지, 나머지 2분의 1은 9월 16일부터 9월 30일까지를 납기로 한다. 다만, 해당 연도에 부과할 세액이 20만원 이하인 경우에는 조례로 정하는 바에 따라 납기를 7월 16일부터 7월 31일까지로 하여 한꺼번에 부과 · 징수할 수 있다.

Thema 027 재산세 과세대상물

1. 정답 ②

① 특별시 지역에서 「국토의 계획 및 이용에 관한 법률」에 따라 지정된 주거지역의 대통령령으로 정하는 공장용 건축물의 표준세율은 비례세율(1천분의 5)이다(지방세법 제111조 제1항 제2호 나목).
③ 주택의 토지와 건물 소유자가 다를 경우 해당 주택에 대한 세율을 적용할 때 해당 주택의 토지와 건물의 가액을 합산한 과세표준에 세율을 적용한다(지방세법 제113조 제3항).
④ 주택의 재산세로서 해당 연도에 부과할 세액이 20만원 이하인 경우에는 납기를 7월 16일부터 7월 31일까지로 하여 한꺼번에 부과 · 징수할 수 있다(지방세법 제115조 제1항 제3호).
⑤ 지방자치단체의 장은 과세대상의 누락으로 이미 부과한 재산세액을 변경하여야 할 사유가 발생하여도 수시로 부과 · 징수할 수 있다(지방세법 제115조 제2항).

2. 정답 ⑤

⑤ 기계장비는 재산세 과세대상인 재산에는 속하지 아니한다.

3. 정답 ③

① 토지의 재산세에서는 주택를 제외한 모든 토지이다. 모든 토지라 함은 「공간정보의 구축 및 관리에 관한 법률」의 규정에 의하여 작성 · 기록되는 토지대장상의 토지와 매립 · 간척 등으로 준공인가 전에 사실상으로 사용하는 토지 등 토지대장에 등재되어 있지 않는 토지도 포함된다.

② 1동(棟)의 건물이 주거와 주거 외의 용도로 사용되고 있는 경우에는 주거용에 사용되고 있는 부분만을 주택으로 본다. 이 경우 건물의 부속토지는 주거와 주거 외의 용도로 사용되는 건물의 면적비율에 따라 각각 안분하여 주택의 부속토지와 건축물의 부속토지로 구분한다.
④ 재산세의 과세대상인 주택은 부속토지를 포함한 주거용 건축물을 말한다.
⑤ 주택을 2인 이상이 공동으로 소유하거나 토지와 건물의 소유자가 다를 경우 당해 주택에 대한 세율을 적용함에 있어서는 당해 주택의 토지와 건물의 가액을 합산한 과세표준액에 0.1% ~ 0.4%의 초과누진세율을 적용한다.

Thema 028 재산세 납세의무자

1. 정답 ④
㉠ 재산세 과세기준일(6월 1일) 이전에 매매로 인하여 소유권이 변동된 경우 매수인이 납세의무자이다.
㉢ 「신탁법」에 따라 수탁자 명의로 등기·등록된 신탁재산의 경우 위탁자가 납세의무자이다.
㉣ 도시환경정비사업시행에 따른 환지계획에서 일정한 토지를 환지로 정하지 아니하고 체비지로 정한 경우 사업시행자가 납세의무자이다.

2. 정답 ②
② 「신탁법」에 따라 수탁자 명의로 등기·등록된 신탁재산의 경우: 위탁자

Thema 029 토지에 대한 재산세(1)

1. 정답 ⑤
⑤ 과세기준일 현재 계속 염전으로 실제 사용하고 있거나 계속 염전으로 사용하다가 사용을 폐지한 토지는 산업에 관련된 에너지 자원공급의 토지로 세율은 1,000분의 2이다. 다만, 염전 사용을 폐지한 후 다른 용도로 사용하는 토지는 제외한다. 나머지 ①②③④는 분리과세로 표준세율은 1,000분의 0.7이다.

2. 정답 ①
① 시내 도시지역 내의 녹지지역 내 목장용지로서 기준면적 초과한 축산용지는 종합합산한다.

3. 정답 ③
③ 농산물가공을 주업으로 하는 법인이 소유하고 있는 농지는 종합합산이다.

4. 정답 ③
③ 주택을 제외한 토지에 대해 분리과세, 별도합산 종합합산으로 구별과세한다.

Thema 030 토지에 대한 재산세(2)

1. 정답 ⑤
⑤ 「도로교통법」에 따라 견인된 차를 보관하는 토지로서 같은 법에서 정하는 시설을 갖춘 토지는 별도합산한다.

2. 정답 ①
① 산림의 보호육성을 위하여 필요한 임야로서 「자연공원법」에 의하여 지정된 공원 또는 자연환경지구 안의 임야는 분리과세한다.

3. 정답 ①
① 도시지역 내에서 산업단지 및 공업지역 이외의 지역에 소재한 공장용지의 기준 면적 이내의 토지는 별도합산 과세한다.

4. 정답 ③
③ 관광사업자의 박물관·미술원·동물원·식물원의 야외 전시용 토지는 별도합산이다.

Thema 031 토지에 대한 재산세(3)

1. 정답 ③
③ 군·읍·면 지역 내 공장용지로서 기준면적 이내 토지는 분리과세로서 0.2% 저율로 과세한다.

2. 정답 ④

④ 군·읍·면 지역에서는 지역의 제한없이 모든 지역에 있는 공장으로서 기준면적 이내 토지는 분리과세로 세율은 0.2% 적용된다.

3. 정답 ⑤

㉠ 나대지 ⇨ 종합합산

㉢ 시내 도시지역 내의 상업지역·공업지역에 위치한 축산용에 공여되는 목장용지 ⇨ 종합합산

㉣ 영업**건축물의 시가표준액**(과세기준일 현재 신축된 것으로 보아 산정함)**이 당해부속토지의 시가표준액의 2%에 미달하는 건축물로서 건축물의 바닥면적을 제외한 토지** ⇨ 종합합산

㉤ 무허가건축물의 부속토지 ⇨ 종합합산

㉩ 군 지역과 시 지역(특별시·광역시 포함) 중 도시지역 밖에 소재하는 개인이 소유하는 농지로서 자경요건에 해당하지 아니한 자가 소유하고 있는 농지 ⇨ 종합합산

㉡ 도로, 하천, 제방, 구거, 유지, 묘지 ⇨ 비과세

㉥ 사회복지사업자가 복지시설의 소비용에 공하기 위하여 취득하여 소유하는 농지 ⇨ 분리과세

㉦ 일반 영업건축물의 부속 토지로서 기준 면적 이내의 토지 ⇨ 별도합산

㉧ 「전기사업법」에 의한 전기사업자가 「전원개발촉진법」에 의하여 취득한 토지 중 발전시설 또는 송전·변전시설에 직접 사용하고 있는 토지 ⇨ 분리과세

㉨ 회원제 골프장용 토지로서 「체육시설의 설치 및 이용에 관한 법률」에 의하여 구분 등록이 되는 토지 ⇨ 분리과세

Thema 032 재산세 과세표준

1. 정답 ②

①② 개인·법인이 토지를 보유한 경우의 재산세의 과세표준은 과세기준일 현재 시가표준액에 공정시장가액비율 100분의 70을 곱하여 산정한 가액으로 한다. 이 경우 시가표준액은 개별공시지가이다.

③ 주택에 대한 재산세의 과세표준은 과세기준일 현재 시가표준액에 공정시장가액비율 100분의 60을 곱하여 산정한 가액으로 하고 이 경우 시가표준액은 공동주택가액 또는 개별주택가액이다. 단,주택의 과세표준이 과세표준상한액보다 큰 경우에는 과세표준 상한 액으로 한다.

④⑤ 선박·항공기의 재산세의 과세표준은 개인, 법인 구별없이 과세기준일 현재 시가표준액이다.

2. 정답 ⑤

⑤ 재산세는 대장세로서 보통징수방법에 의하여 부과·징수하므로, 항상 시가표준액을 기초로 산정된 가액을 재산세의 과세표준으로 하며, 사실상의 거래가액은 재산세의 과세표준이 될 수 없다.

3. 정답 ④

㉠ 지방자치단체의 장은 조례로 정하는 바에 따라 표준세율의 100분의 50의 범위에서 가감할 수 있으며, 가감한 세율은 해당 연도만 적용한다.

Thema 033 재산세 세율

1. 정답 ⑤

⑤ 지방자치단체의 장은 특별한 재정수요나 재해 등의 발생으로 재산세의 세율 조정이 불가피하다고 인정되는 경우 조례로 정하는 바에 따라 표준세율의 100분의 50의 범위에서 가감할 수 있다. 다만, 가감한 세율은 해당 연도만 적용한다.

2. 정답 ④

④ 과세표준이 5억원인 「수도권정비계획법」에 따른 과밀억제권역 외의 읍·면 지역의 공장용 건축물 ⇨ 1,000분의 2.5

① 과세표준이 5천만원인 종합합산과세대상 토지 ⇨ 1,000분의 2

② 과세표준이 2억원인 별도합산과세대상 토지 ⇨ 1,000분의 2

③ 과세표준이 1억원인 광역시의 군지역에서 「농지법」에 따른 농업법인이 소유하는 농지로서 과세기준일 현재 실제 영농에 사용되고 있는 농지 ⇨ 1,000분의 0.7

⑤ 과세표준이 1억 5천만원인 주택(1세대 1주택에 해당되지 않음) ⇨ 60,000원+6천만원 초과금액의 1,000분의 1.5

3. 정답 ③

③ 재산세 표준세율이 초과누진세율로 되어 있는 재산세 과세대상은 ㉠ 별도합산과세대상 토지 ㉣ 주택이다.

4. 정답 ②

② 고급주택에 대한 재산세의 세율은 1,000분의 1~1,000분의 4누진세율이다.

Thema 034 재산세의 부과 · 징수

1. 정답 ①

① 납세의무자는 재산세의 납부세액이 2백5십만원을 초과하는 경우, 납부할 세액의 일부를 분납할 수 있다.

2. 정답 ④

① 건축물에 대한 재산세의 납기는 매년 7월 16일에서 7월 31일이다.
② 재산세의 과세대상 물건이 공부상 등재 현황과 사실상의 현황이 다른 경우에는 사실상 등재 현황에 따라 재산세를 부과한다.
③ 주택에 대한 재산세는 주택별 세액 산정한다.
⑤ 주택에 대한 재산세의 과세표준은 시가표준액의 100분의 60으로 한다.

3. 정답 ①

㉡ 과세기준일(6월 1일) 이전에 소유권이 변동된 경우 재산세 납세의무자는 과세기준일(6월 1일) 시점의 사실상 소유자이므로 과세기준일(6월 1일)의 사실상 소유자인 매수인을 소유권 변동된 연도의 재산세 납세의무자로 한다.
㉢ 재산세의 납세의무자는 재산세의 과세기준일 현재 사실상소유자이다.
㉤ 재산의 소유권 변동 또는 과세대상 재산의 변동 사유가 발생된 재산으로서 그 등기가 이행되지 아니한 경우에는 공부상 소유자가 과세기준일로부터 15일 이내에 당해 재산의 소재지를 관할하는 시장 · 군수에게 그 사실을 알 수 있는 증빙자료를 갖추어 신고하여야 한다. 이러한 납세의무자의 신고의무는 납세의무를 사실상의 토지소유자에게 부과하기 위함이므로 미신고 · 불성실 신고에 대한 제재, 즉 가산세의 규정은 없다.
㉥ 재산세는 보통징수방법에 의한다. 보통징수방법이란 지방자치단체가 세액산정(=세무공무원이 세액 결정하여) 고지서발부로 징수하는 방법으로 납세의무자의 신고에 의해 세액이 확정되지 않기 때문에 재산세는 가산세 규정이 없다.

Thema 035 재산세 비과세

1. 정답 ⑤

⑤ 국가 · 지방자치단체 및 지방자치단체조합이 공용 또는 공공용에 사용하는 토지에 대하여는 무상인 경우에 대해 재산세를 부과하지 아니한다.

2. 정답 ②

② 재산세 과세기준일 현재 과세대상 재산을 사실상 소유하고 있는 자는 재산세의 납세의무가 있다.

3. 정답 ⑤

⑤ 「산림자원의 조성 및 관리에 관한 법률」에 따라 지정된 채종림 · 시험림은 재산세 비과세 대상에 해당한다.

Thema 036 종합부동산세의 과세대상

1. 정답 ③

③ 종합부동산세의 과세대상인 것은 ㉠㉧㉨으로 3개이다.

2. 정답 ⑤

㉠~㉣ 중 종합부동산세가 과세되는 경우는 없다.
㉠ 종중이 1990년 1월부터 소유하는 농지 ⇨ 분리과세로 종합부동산세에 적용되지 아니한다.
㉡ 1990년 1월부터 소유하는 상수원보호 구역의 임야 ⇨ 분리과세로 종합부동산세에 적용되지 아니한다.
㉢ 「지방세법」에 따라 재산세가 비과세되는 토지 ⇨ 재산세가 비과세이면 종합부동산세도 비과세이다.
㉣ 취득세 중과대상인 고급오락장용 건축물 ⇨ 건축물은 종합부동산세에 적용되지 아니한다.

3. 정답 ⑤

⑤ 종합부동산세 과세대상은 무허가 건축물의 부수토지이다.

4. 정답 ⑤

① 토지분 재산세의 납세의무자로서 종합합산과세대상 토지의 공시가격을 합한 금액이 5억원을 초과하는 자는 종합부동산세를 납부할 의무가 있다(종합부동산세법 제12조 제1항 제1호).

② 토지분 재산세의 납세의무자로서 별도합산과세대상 토지의 공시가격을 합한 금액이 80억원을 초과하는 자는 종합부동산세를 납부할 의무가 있다(종합부동산세법 제12조 제1항 제2호).

③ 토지에 대한 종합부동산세는 종합합산과세대상, 별도합산과세대상으로 구분하여 과세한다(종합부동산세법 제11조).

④ 종합합산과세대상인 토지에 대한 종합부동산세의 과세표준은 해당 토지의 공시가격을 합산한 금액에서 5억원을 공제한 금액에 100분의 100을 한도로 공정시장가액비율을 곱한 금액으로 한다(종합부동산세법 제13조 제1항).

Thema 037 종합부동산세의 과세표준과 세율

1. 정답 ②

② 직전년도에 당해 토지에 부과된 종합합산과세대상인 토지에 대한 총세액상당액으로서 100분의 150을 초과하는 경우에는 그 초과하는 세액에 대하여는 이를 없는 것으로 본다.

2. 정답 ①

① 과세기준일 현재 토지분 자산세의 납세의무자로서 「자연공원법」에 따라 지정된 공원자연환경지구의 임야를 소유하는 자는 토지에 대한 종합부동산세를 납부할 의무가 없다.

Thema 038 종합부동산세의 부과 · 징수

1. 정답 ④

① 종합합산과세대상인 토지에 대한 종합부동산세의 세액은 과세표준에 1%~3%의 누진세율을 적용하여 계산한 금액으로 한다.

② 종합부동산세로 납부해야 할 세액이 200만원인 경우 분납할 수 없다.

③ 관할세무서장이 종합부동산세를 징수하려면 납부기간개시 5일 전까지 주택분과 토지분을 구분한 고지서에 과세표준과 세액을 기재하여 발급하여야 한다.

⑤ 별도합산과세대상인 토지에 대한 종합부동산세의 세액은 과세표준에 0.5%~0.7%의 세율을 적용하여 계산한 금액으로 한다.

2. 정답 ③

③ 조정지역 내 2주택의 경우 직전년도에 당해 주택에 부과된 주택에 대한 총세액상당액으로서 100분의 150을 초과하는 경우에는 그 초과하는 세액에 대하여는 이를 없는 것으로 본다.

3. 정답 ③

①「신탁법」 제2조에 따른 수탁자의 명의로 등기된 신탁주택의 경우에는 위탁자가 종합부동산세를 납부할 의무가 있으며, 이 경우 위탁자가 신탁주택을 소유한 것으로 본다(종합부동산세법 제7조 제2항).

② 법인이 2주택을 소유한 경우 종합부동산세의 세율은 1천분의 27을 적용한다(종합부동산세법 제9조 제2항 제3호 가목).

④ 신탁주택의 위탁자가 종합부동산세를 체납한 경우 그 위탁자의 다른 재산에 대하여 강제징수하여도 징수할 금액에 미치지 못할 때에는 해당 주택의 수탁자가 종합부동산세를 납부할 의무가 있다(종합부동산세법 제7조의2).

⑤ 공동명의 1주택자인 경우 주택에 대한 종합부동산세의 과세표준은 주택의 공시가격을 합산한 금액에서 9억원을 공제한 금액에 100분의 60을 한도로 공정시장가액비율을 곱한 금액으로 한다(종합부동산세법 제8조 제1항 제3호).

Thema 039 재산세와 종합부동산세 비교 및 종합부동산세 납부 유예

1. 정답 ④

④ 1주택과 상속주택, 일시적 2주택, 1주택과 공시가액 3억원 이하의 지방저가주택에 해당하는 납세의무자는 해당년도 9월 16일~9월 30일까지 세무서장에게 합산배제 신청하여야 한다.

2. 정답 ②

② 종합부동산세를 신고납부방식으로 납부하고자 하는 납세의무자는 종합부동산세의 과세표준과 세액을 관할세무서장이 결정하기 전인 해당 연도 12월 1일부터 12월 15일까지 관할세무서장에게 신고하여야 한다.

3. 정답 ⑤

① 납세의무자가 법인이며 3주택 이상을 소유한 경우 소유한 주택 수에 따라 과세표준에 5%의 세율을 적용하여 계산한 금액을 주택분 종합부동산세액으로 한다(법인이 2주택 이하 소유: 2.7%).
② 납세의무자가 법인으로 보지 않는 단체인 경우 주택에 대한 종합부동산세 납세지는 해당 거주자의 주소지로 한다.
③ 과세표준 합산의 대상에 포함되지 않는 주택을 보유한 납세의무자는 해당 연도 9월 16일부터 9월 30일까지 관할 세무서장에게 해당 주택의 보유현황을 신고하여야 한다.
④ 종합부동산세 과세대상 1세대 1주택자로서 과세기준일 현재 해당 주택을 12년 보유한 자의 보유기간별 세액공제에 적용되는 공제율은 100분의 40이다.

Thema 040 소득세의 부동산임대업에 대한 사업소득

1. 정답 ⑤

⑤「공익사업을 위한 토지 등의 취득 및 보상에 관한 법률」에 따른 공익사업과 관련하여 지역권을 대여함으로써 발생하는 소득은 기타소득으로 한다.

2. 정답 ③

③ 3주택(주택 수에 포함되지 않는 주택 제외) 이상을 소유한 거주자가 주택과 주택부수토지를 임대(주택부수토지만 임대하는 경우 제외)한 경우에는 해당 주택의 보증금 등의 합계액이 3억원을 초과하는 경우 법령으로 정하는 바에 따라 계산한 금액(간주임대료)을 총수입금액에 산입한다(소득세법 제25조 제1항).

3. 정답 ①

② 공장재단을 대여하는 사업은 부동산임대업에 해당된다(소득세법 제45조 제2항 제2호).
③ 해당 과세기간의 주거용 건물 임대업을 제외한 부동산임대업에서 발생한 결손금은 그 과세기간의 종합소득과세표준을 계산할 때 공제하지 아니한다(소득세법 제45조 제2항).
④「공익사업을 위한 토지 등의 취득 및 보상에 관한 법률」 제4조에 따른 공익사업과 관련하여 지역권을 설정함으로써 발생하는 소득은 부동산업에서 발생하는 소득에 해당하지 아니하고 기타소득에 해당한다(소득세법 제21조 제1항 제9호).
⑤ 사업소득에 부동산임대업에서 발생한 소득이 포함되어 있는 사업자는 그 소득별로 구분하여 회계처리하여야 한다(소득세법 제160조 제4항).

Thema 041 양도소득세의 과세대상물

1. 정답 ③

㉠ 토지 및 건물과 함께 양도하는 「개발제한구역의 지정 및 관리에 관한 특별조치법」에 따른 이축권(해당 이축권 가액을 대통령령으로 정하는 방법에 따라 별도로 평가하여 신고하지 않음): 양도소득세 과세대상이다(소득세법 제94조 제1항 제4호 마목).
㉡ 조합원입주권: 양도소득세 과세대상이다(소득세법 제94조 제1항 제2호 가목).
㉣ 부동산매매계약을 체결한 자가 계약금만 지급한 상태에서 양도하는 권리: 양도소득세 과세대상이다(소득세법 제94조 제1항 제2호 가목).
㉢ 지역권: 양도소득세 과세대상이 아니다.

2. 정답 ③

③ 양도소득세 과세대상은 전세권·사업에 사용하는 토지 및 건물과 함께 양도하는 영업권으로 2개이다.

3. 정답 ⑤

⑤ 지상권과 전세권은 등기 여부에 관계없이 과세대상이지만 부동산임차권은 등기된 경우에 한해 과세대상이 된다.

4. 정답 ①

① 보기에서 양도소득세의 과세대상물에 해당 없는 것은 ㉠ 지역권, ㉢ 영업권, ㉦ 소액주주의 상장법인의 주식이다.

Thema 042 양도로 보는 경우

1. 정답 ②

② 「도시개발법」이나 그 밖의 법률에 따른 환지처분으로 지목 또는 지번이 변경되거나 보류지로 충당되는 경우에는 「소득세법」상 양도로 보지 아니한다.

2. 정답 ④

④ 부담부증여는 수증자가 증여자의 채무를 인수하는 부분은 증여자에게 양도소득세가 부과되고 그 이외의 부분에 대하여만 수증자에게 증여세를 부과한다. 다만, 배우자와 직계존·비속에 대한 부담부증여의 경우에는 채무액 인수부분도 증여로 추정한다.

3. 정답 ⑤

⑤ 담보로 제공한 부동산을 채권자의 담보권 실행에 의하여 변제에 충당된 경우는 대물변제로 양도에 해당된다.

4. 정답 ②

㉠ 보류지로 충당되는 경우에는 「소득세법」상 양도로 보지 아니한다.
㉢ 이혼으로 인하여 혼인 중에 형성된 부부공동재산을 「민법」에 따라 재산분할하는 경우에는 단순한 공유권의 분할로 보아 양도로 보지 아니한다.
㉤ 건설업자가 당초부터 판매할 목적으로 신축한 다가구주택을 양도하는 경우에는 사업상의 양도이므로 양도소득세가 아닌 종합소득세인 사업소득으로 과세한다.

Thema 043 양도소득세의 비과세

1. 정답 ④

④ 경작상의 필요에 의하여 농지를 교환하는 경우, 교환에 의하여 새로이 취득하는 농지를 (3년) 이상 농지소재지에 거주하면서 경작하는 경우[새로운 농지의 취득 후 (3년) 이내에 법령에 따라 수용 등이 되는 경우 포함]로서 교환하는 쌍방 토지가액의 차액이 가액이 큰 편의 (4분의 1) 이하이면 농지의 교환으로 인하여 발생하는 소득에 대한 양도소득세를 비과세한다.

2. 정답 ⑤

⑤ 국가가 소유하는 토지와 분합하는 농지로서 분합하는 쌍방 토지가액의 차액이 가액이 큰 편의 4분의 1 이하인 경우 분합으로 발생는 소득은 비과세된다.

Thema 044 양도소득세의 비과세 중 1세대 1주택(1)

1. 정답 ③

③ 1년 이상 거주한 주택을 질병의 치료 또는 요양, 근무상 형편, 취학상의 이유로 세대전원이 다른 시·군으로 주거를 이전하는 경우는 보유기간·거주기간의 제한받지 아니한 경우로 1주택인 경우 비과세한다.

2. 정답 ⑤

⑤ 취득 후 1년간 거주한 주택을 취학·근무·요양상의 형편으로 세대전원이 다른 시(도·농복합형태의 시의 읍·면지역 포함)·군으로 주거를 이전함으로써 양도하는 경우는 보유기간·거주기간의 제한받지 아니한 경우로 1주택인 경우 비과세한다.

3. 정답 ④

④ 다가구주택은 한 가구가 독립하여 거주할 수 있도록 구획된 부분을 각각 하나의 주택으로 본다. 다만, 해당 다가구주택을 구획된 부분별로 분양하지 아니하고 하나의 매매단위로 하여 양도하는 경우에는 그 전체를 하나의 주택으로 본다.

Thema 045 양도소득세의 비과세 중 1세대 1주택(2)

1. 정답 ②

① 동거봉양하기 위하여 세대를 합침으로써 1세대가 2주택을 보유하게 되는 경우 합친 날부터 10년 이내에 먼저 양도하는 주택은 이를 1세대 1주택으로 본다.
③ 부부는 동일세대로 주택수를 합산하므로 양도시점에 2주택으로 과세된다.
④ 1세대가 농어촌 주택인 귀농주택을 취득한 날부터 5년 내에 일반주택을 양도한 경우 1세대 1주택으로 보아 비과세규정을 적용한다.
⑤ 1세대가 조정대상지역으로 공고된 날 이후에 취득된 조정지역 내의 1주택을 양도한 경우에는 2년 보유기간 중에 2년 거주기간을 갖춘 경우 비과세한다.

2. 정답 ②

② "고가주택"이란 실지거래가 12억원을 초과하는 주택을 말한다.

3. 정답 ④

④ 상속받음으로써 1세대 2주택이 된 경우에는 비과세될 수 있지만, 부모로부터 증여받음으로써 1세대 2주택이 된 경우에는 비과세규정을 적용할 수 없다.

Thema 046 양도소득세의 양도시기 또는 취득시기

1. 정답 ①

① 「도시개발법」에 따라 교부받은 토지의 면적이 환지처분에 의한 권리면적보다 증가 또는 감소된 경우: 환지처분의 공고가 있은 날의 다음 날

2. 정답 ④

④ 환지처분에 의하여 취득한 토지의 양도 및 취득의 시기는 환지받기 전 토지의 취득일로 한다.

3. 정답 ③

③ 「공익사업을 위한 토지 등의 취득 및 보상에 관한 법률」이나, 그 밖의 법률에 따라 공익사업을 위하여 수용되는 경우에는 대금청산한 날, 수용의 개시일 또는 소유권이전등기접수일 중 빠른 날로 한다. 다만, 소유권에 관한 소송으로 보상금이 공탁된 경우에는 소유권 관련 소송 판결 확정일로 한다.

4. 정답 ①

② 장기할부조건에 의한 취득의 경우에는 소유권이전 등기(등록, 명의 개서 포함) 접수일, 인도일 또는 사용수익일 중 빠른 날로 한다.
③ 수용되는 경우에는 대금청산한 날, 수용의 개시일 또는 소유권이전등기접수일 중 빠른 날로 한다. 다만, 소유권에 관한 소송으로 보상금이 공탁된 경우에는 소유권 관련 소송 판결 확정일로 한다.
④ 일반적인 거래에 있어서는 원칙적으로 사실상 잔금청산일이다.
⑤ 부동산의 소유권이 타인에게 이전되었다가 법원의 무효판결에 의하여 해당 자산의 소유권이 환원된 경우의 취득시기는 당초 자산의 취득일이다.

Thema 047 양도소득세의 계산구조

1. 정답 ②

② 양도소득금액 = 양도차익 – 장기보유특별공제

2. 정답 ⑤

- 양도차익 = 양도가액 – 필요경비
- 양도소득금액 = 양도차익 – 장기보유특별공제
- 양도소득 과세표준 = 양도소득금액 – 양도소득 기본공제
- 양도소득 산출세액 = 양도소득 과세표준 × 양도소득세율
- 양도소득 납부세액 = 양도소득 산출세액 – 감면세액 + 가산세 – 기납부세액

3. 정답 ③

③ 양도소득금액 계산에서 그 공제순위가 제일 나중인 것은 장기보유특별공제액이다.

4. 정답 ④

④ 양도당시 실지거래가액(5억원) – [취득 당시 실지거래가액(2억원) + 양도를 위해 직접 지출한 비용(1천만원)] = 2억 9천만원

Thema 048 양도소득세 추계결정

1. 정답 ④

④ 시가와 거래가액의 차액이 2억원, 이 차액이 시가 10억원의 5% 이상에 해당되고, 특수관계인과의 거래이므로 부당행위계산의 부인 규정에 적용되어 이 경우의 양도가액은 시가이다.

2. 정답 ①

① 취득 당시 실지거래가액을 확인할 수 없는 때에는 매매사례가액 ⇨ 감정가액 ⇨ 환산취득가액 ⇨ 기준시가의 순서에 따라 적용한다.

3. 정답 ②

② 취득 당시 실지거래가액을 확인할 수 없는 때에는 매매사례가액 ⇨ 감정가액 ⇨ 환산취득가액 ⇨ 기준시가의 순서에 따라 적용한다.

4. 정답 ⑤

⑤ 양도가액은 실지거래가로서 5억 6천만원이다.
필요경비인 취득가액 결정시 상기 문제의 거래는 특수 관계자와의 거래로서 시가보다 고가로 취득(시가와 거래대금의 차액이 시가의 5%의 이상으로 취득)에 해당되어 조세를 부당히 감소되는 부당행위계산의 부인규정에 적용되어 시가초과액은 제외된다.

> 양도가액(5억 6천만원) – 필요경비(취득가액은 시가로 3억원)
> = 양도차익(2억 6천만원)

Thema 049 필요경비(Ⅰ)

1. 정답 ④

④ 당초 약정에 의한 거래가액에 지급기일의 지연으로 인하여 추가로 발생하는 이자 상당액과 부동산매매계약해약으로 인하여 지급하는 위약금은 필요경비에 해당되지 아니한다.

2. 정답 ④

① 당사자가 약정에 의한 대금지급방법에 따라 취득가액에 이자 상당액을 가산하여 거래가액을 확정하는 경우 당해 이자상당액은 취득가액에 포함한다.
② 보유기간 중에 취득관련 쟁송자산의 소유권확보에 직접 소요된 소송비용・화해비용 등을 사업소득금액 계산시 필요경비에 산입하였거나 산입할 금액이 있는 경우는 취득가액에서 공제한다.
③ 지적재조사로 지적공부상의 면적이 증가되어 징수한 조정금은 취득가액에서 제외한다.
⑤ 특수관계자 간의 거래에 있어서 시가보다 높은 가액으로 취득한 경우에는 부당행위계산의 부인규정을 적용하여 시가초과액을 취득가액에서 제외한다.

3. 정답 ①

② "자본적 지출액"에 해당되는 경우 그 지출에 관한 증명서류를 수취・보관한 경우를 말한다.
③ 취득시 적용한 중개보수는 취득가액에 포함한다.
④ 사업소득금액 계산시, 취득시 쟁송 관련 소송비용이 필요경비에 산입된 경우는 필요경비에 불포함한다.

④ 보유기간 중에 취득관련 쟁송자산의 소유권확보에 직접소요된 소송비용·화해비용 등을 사업소득금액 계산시 필요경비에 산입하였거나 산입할 금액이 있는 경우는 취득가액에서 공제한다.
⑤ 취득세의 경우 납부영수증 없는 경우도 필요경비로 인정된다.

Thema 050 필요경비(2)

1. 정답 ②
① 취득 당시 실지거래가액을 확인할 수 없는 경우에는 매매사례가액, 감정가액, 환산가액, 기준시가를 순차로 적용하여 산정한 가액을 취득가액으로 한다.
③ 취득가액을 추계결정방법에 의해 계산된 경우에는 자본적지출액·양도비용 대신 필요경비개산공제(취득시점의 기준시가 × 3%, 미등기인 경우는 0.3%)한다.
④ 취득가액을 기준시가액으로 계산하는 경우 취득 당시 개별공시지가에 3/100(미등기인 경우는 0.3%)을 곱한 금액을 필요경비개산공제로 필요경비에 포함된다.
⑤ 지적재조사로 토지소유자는 토지 면적이 감소하여 조정금을 지급받는 경우는 양도소득세 비과세이다.

2. 정답 ①
㉠ 양도자산의 취득 후 쟁송이 있는 경우 그 소유권을 확보하기 위하여 직접 소요된 소송비용으로서 그 지출한 연도의 각 사업소득금액 계산시 필요경비에 산입된 금액은 필요경비에 산입되지 아니한다.
㉡ 자산을 취득함에 있어서 법령의 규정에 의하여 매입한 국민주택채권과 토지개발채권을 만기 전에 금융기관 이외 자에게 양도하여 발생하는 국민주택채권매각으로 인한 매각차손은 양도가액에서 공제되는 필요경비로 한다.

3. 정답 ①
① 대출금의 이자는 간접비용으로 양도비용에 포함되지 아니한다.

Thema 051 장기보유특별공제

1. 정답 ③
③ 장기보유특별공제는 토지, 건물, 조합원입주권에 대해 적용된다.

2. 정답 ④
① 미등기 자산이라도 장기보유특별공제의 대상에서 제외한다.
② 양도자산의 보유기간이 3년 이상인 경우에 한하여 장기보유특별공제가 인정된다.
③ 토지·건물의 보유기간이 5년 이상 ~ 6년 미만의 것은 장기보유특별공제액으로 양도차익의 10%를 공제한다.
⑤ 장기보유특별공제는 양도차익에서 공제한다.

3. 정답 ②
① 기타자산이 아니라, 조합원입주권이 해당된다.
③ 보유 3년 이상
④ 양도차익에 공제율
⑤ 1세대 2주택으로 고가주택을 10년 이상 보유하고 10년 이상 거주하고 양도하는 경우에는 양도차익에 20%의 공제율을 적용하여 장기보유특별공제금액 산정하여 양도차익에서 공제하여 양도소득금액을 산출한다.

4. 정답 ①
① 1세대 2주택으로 고가주택을 10년 이상 보유하고 10년 이상 거주하고 양도하는 경우에는 양도차익에 20%의 공제율을 적용하여 장기보유특별공제금액 산정하여 양도차익에서 공제하여 양도소득금액을 산출한다.

Thema 052 기본공제

1. 정답 ④
④ 문제상 물어보는 것은 양도소득금액 산정이다. 기본공제는 양도소득 과세표준을 산출할 때 적용되는 공제로, 양도소득금액 산출에는 영향을 미치지 않는다.

2. 정답 ⑤

⑤ 거주자가 건물을 신축하고 그 신축한 건물의 취득일부터 5년 이내에 해당 건물을 양도하는 경우로서 환산가액을 그 취득가액으로 하는 경우에는 해당 건물 환산가액의 100분의 5의 금액을 양도소득 결정세액에 더한다.

3. 정답 ④

④ 기본공제는 보유기간과 관계없이 미등기를 제외한 양도소득 과세대상물에 대해 적용한다.

4. 정답 ④

④ 고정자산과 함께 양도하는 영업권은 기타자산에 속하며, 기타자산은 부동산그룹에 속하여 부동산그룹 내의 자산과 결손금을 통산한다.

Thema 053 양도소득세의 세율

1. 정답 ③

③ 거주자가 조정대상지역의 공고가 있은 날 이전에 주택의 입주자로 선정된 지위를 양도하기 위한 매매계약을 체결하고 계약금을 지급받은 사실이 증빙서류에 의하여 확인되는 경우 그 조정대상지역 내 주택의 입주자로 선정된 지위 ⇨ 보유기간이 1년 미만인 경우는 70%, 보유기간이 1년 이상 ~ 2년 미만인 경우는 60% 보유 2년 이상인 주택 및 조합원입주권의 양도는 과세표준 가액에 따라 6% ~ 45%의 누진세율이다.

2. 정답 ③

① 미등기 양도자산인 경우에는 70%의 비례세율을 적용한다.
② 1년 미만 보유한 부동산 및 부동산에 관한 권리(주택 및 조합원입주권·분양권 제외)는 50%의 비례세율을 적용한다.
④ 기타자산을 양도하는 경우에는 보유기간에 관계없이 6% ~ 45% 초과누진세율을 적용한다.
⑤ 1년 이상 2년 미만 보유한 부동산 및 부동산에 관한 권리(주택 및 조합원입주권·분양권 제외)는 과세표준의 크기에 관계없이 40%의 비례세율을 적용한다.

3. 정답 ②

① 보유기간이 6개월인 등기된 상가건물: 100분의 50
③ 보유기간이 1년 6개월인 등기된 상가건물: 100분의 40
④ 보유기간이 1년 10개월인 「소득세법」에 따른 조합원입주권: 100분의 60
⑤ 보유기간이 2년 6개월인 「소득세법」에 따른 분양권: 100분의 60

4. 정답 ①

② 1세대 2주택으로 1년 미만 보유한 국민 주택의 양도: 70%
③ 미등기 국외토지 양도자산: 6% ~ 45%
④ 2년 6개월 보유한 비사업용 토지 양도: 16% ~ 55%
⑤ 조정지역 내의 1년 6개월 보유한 아파트분양권 양도: 60%

5. 정답 ⑤

⑤ 세율 적용시 보유기간은 당해 자산의 취득일로부터 양도일까지로 한다. 그러나 상속받은 자산의 보유기간은 피상속인이 당해 자산을 취득한 날로부터 양도일까지 한다. 장기보유특별공제할 때의 상속받은 토지·건물의 보유기간 계산은 상속개시일로부터 양도일까지로 함에 유념한다. 즉, 세율적용 시만 피상속인의 취득일부터 기산한다. 부(父)의 보유기간 1년과 甲의 보유기간 1년 3개월을 합산하기 때문에 총 보유기간은 2년 3개월이 되어 6% ~ 45%의 초과누진세율이 적용된다.

Thema 054 미등기의 양도

1. 정답 ⑤

㉠㉡㉢ 모두 미등기 제외 자산이다.

2. 정답 ②

① 미등기양도의 경우는 원칙적으로 비과세에서 제외된다.
③ 미등기양도의 경우는 양도소득기본공제도 적용이 배제된다.
④ 단기할부조건이 아니고 장기할부조건이다.
⑤ 70%이다.

3. 정답 ①

① 필요경비개산공제는 취득가액을 환산한 경우에 자본적 지출 및 양도비용 대신 다음의 산식으로 공제한다.

> 필요경비개산공제
> = 취득당시 기준시가×3%(미등기는 0.3%)

4. 정답 ②

㉠ 양도소득세율은 양도소득 과세표준의 100분의 70
㉡ 장기보유특별공제 적용 배제
㉣ 양도소득기본공제 적용 배제
㉢은 필요경비개산공제 적용이다.

Thema 055 이월과세

1. 정답 ③

① 양도차익 계산시 양도가액에서 공제할 취득가액은 3억원이다(소득세법 제97조의2 제1항 제1호).
② 양도차익 계산시 甲이 지출한 자본적 지출액 5천만원은 양도가액에서 공제할 수 있다(소득세법 제95조 제4항 제2호).
④ 장기보유 특별공제액 계산 및 세율 적용시 보유기간은 甲의 취득일부터 양도일까지의 기간으로 한다(소득세법 제95조 제4항 단서).
⑤ 甲과 乙은 양도소득세에 대하여 연대납세의무가 없다.

2. 정답 ①

① 양도가액 10억원 − (이월과세 적용의 취득가액 3억원 + 기납부한 증여세 1천만원) = 양도차익 6억 9천만원

3. 정답 ④

① 이월과세를 적용하는 경우 거주자가 배우자로부터 증여받은 자산에 대하여 납부한 증여세를 필요경비에 산입한다.
② 이월과세를 적용받은 자산의 보유기간은 증여한 배우자가 그 자산을 취득한 날을 취득일로 본다.
③ 거주자가 양도일부터 소급하여 10년 이내에 그 배우자(양도 당시 사망으로 혼인관계가 소멸된 경우 제외)로부터 증여받은 토지를 양도할 경우에 이월과세를 적용한다.
⑤ 이월과세를 적용하여 계산한 양도소득결정세액이 이월과세를 적용하지 않고 계산한 양도소득결정세액보다 적은 경우에 이월과세를 적용하지 아니한다.

Thema 056 부당행위계산의 부인

1. 정답 ①

① 乙이 납부한 증여세는 환급된다.

2. 정답 ④

④ 특수관계자에게 자산을 시가보다 저가로 양도한 경우에는 시가에 의하여 양도가액을 계산한다(시가와 거래가액의 차액이 3억원 이상이거나 시가의 100분의 5에 상당하는 금액 이상인 경우에 한한다). 문제의 자료를 보면 양도가액의 시가와 거래가액의 차액 6천만원이 시가의 5%인 5천만원 이상으로 양도가액은 시가로 한다. 양도가액 5억 6천만원(시가 사용) − 취득가액 3억 1천만원(거래가액 사용) = 양도차익은 2억 5천만원이다.

3. 정답 ②

② 특수관계인이 증여받은 자산에 대하여 납부하였거나 납부할 증여세 상당액이 있는 경우에는 수증자에게 환급한다.

Thema 057 양도소득세의 신고 · 납부

1. 정답 ⑤

① 건물을 신축하고 그 취득일부터 5년 이내에 양도하는 경우로서 감정가액을 취득가액으로 하는 경우에는 그 감정가액의 100분의 5에 해당하는 금액을 양도소득 결정세액에 가산한다.

> **소득세법 제114조의2 【감정가액 또는 환산취득가액 적용에 따른 가산세】** ① 거주자가 건물을 신축 또는 증축(증축의 경우 바닥면적 합계가 85제곱미터를 초과하는 경우에한 정한다)하고 그 건물의 취득일 또는 증축일부터 5년 이내에 해당 건물을 양도하는 경우로서 제97조 제1항 제1호 나목에 따른 감정가액 또는 환산취득가액을 그 취득가액으로 하는 경우에는 해당 건물의 감정가액(증축의 경우 증축한 부분에 한정한다) 또는 환산취득가액(증축의 경우 증축한 부분에 한정한다)의 100분의 5에 해당하는 금액을 제93조 제2호에 따른 양도소득 결정세액에 더한다.

② 공공사업의 시행자에게 수용되어 발생한 양도소득세액이 2천만원을 초과하는 경우 납세의무자는 물납을 신청할 수 없다[소득세법 제112조의2 (양도소득세의 물납) 폐지(2015.12.15. 삭제)].
③ 과세표준 예정신고와 함께 납부하는 때에는 산출세액에서 납부할 세액의 100분의 5에 상당하는 금액을 공제하지 아니한다[소득세법 제106조 제1항 (양도소득세의 예정신고납부세액공제) 폐지(2000.12.19. 개정)].
④ 예정신고납부할 세액이 1천5백만원인 자는 1천만원을 초과하는 금액을 납부기한이 지난 후 2개월 이내에 분할납부할 수 있다(소득세법 제112조, 소득세법 시행령 제175조).

2. 정답 ⑤
① 부동산에 관한 권리의 양도로 발생한 양도차손은 토지의 양도에서 발생한 양도소득금액에서 공제할 수 있다.
② 양도일부터 소급하여 10년 이내에 그 배우자로부터 증여받은 토지의 양도차익을 계산할 때 그 증여받은 토지에 대하여 납부한 증여세는 양도가액에서 공제할 필요경비에 포함한다.
③ 취득원가에 현재가치할인차금이 포함된 양도자산의 보유기간 중 사업소득금액 계산시 필요경비로 산입한 현재가치할인차금상각액은 양도차익을 계산할 때 양도가액에서 공제할 필요경비로 보지아니한다.
④ 특수관계인에게 증여한 자산에 대해 증여자인 거주자에게 양도소득세가 과세되는 경우 수증자가 부담한 증여세 상당액은 환급한다.

3. 정답 ④
① 부담부증여의 채무액에 해당하는 부분으로서 양도로 보는 경우에는 그 양도일이 속하는 달의 말일부터 3개월 이내에 양도소득세를 신고하여야 한다(소득세법 제105조 제1항 제3호).
② 토지를 매매하는 거래당사자가 매매계약서의 거래가액을 실지거래가액과 다르게 적은 경우에는 해당 자산에 대하여 「소득세법」에 따른 양도소득세의 비과세에 관한 규정을 적용할 때, 비과세 받을 세액에서 '비과세에 관한 규정을 적용하지 아니하였을 경우의 양도소득 산출세액'과 '매매계약서의 거래가액과 실지거래가액과의 차액' 중 적은 금액을 뺀다(소득세법 제91조 제2항).
③ 사업상의 형편으로 인하여 세대전원이 다른 시 · 군으로 주거를 이전하게 되어 6개월 거주한 주택을 양도하는 경우 보유기간 및 거주기간의 제한을 받지 아니하고 양도소득세가 과세된다(소득세법시행령 제154조 제1항 제3호).
⑤ 상속받은 주택과 상속개시 당시 보유한 일반주택을 국내에 각각 1개씩 소유한 1세대가 상속받은 주택을 양도하는 경우에는 국내에 1개의 주택을 소유하고 있는 것으로 보아 1세대 1주택 비과세 규정을 적용하지 아니한다(소득세법시행령 제155조 제2항).

Thema 058 국외자산의 양도

1. 정답 ①
① 甲의 국외주택에 대한 양도차익은 양도가액에서 취득가액과 자본적지출, 양도비용를 차감하여 계산한다.

2. 정답 ③
③ 국외자산의 양도가액은 당해 자산의 양도 당시의 실지거래가액으로 한다.

3. 정답 ④
④ 양도일까지 계속 5년 이상 국내에 주소 또는 거소를 둔 거주자가 국외 양도소득세물건을 양도한 경우 장기보유특별공제는 적용하지 아니한다.

4. 정답 ②
② 국외 부동산을 양도하여 발생한 양도차손은 동일한 과세기간에 국내 부동산을 양도하여 발생한 양도소득금액에서 통산할 수 없다(소득세법 제118조의 8)(소득세법 제102조).

제36회 공인중개사 시험대비 **전면개정판**

2025 박문각 공인중개사
이태호 기출문제 2차 부동산세법

초판인쇄 | 2025. 1. 15. **초판발행** | 2025. 1. 20. **편저** | 이태호 편저
발행인 | 박 용 **발행처** | (주)박문각출판 **등록** | 2015년 4월 29일 제2019-000137호
주소 | 06654 서울시 서초구 효령로 283 서경빌딩 4층 **팩스** | (02)584-2927
전화 | 교재 주문 (02)6466-7202, 동영상문의 (02)6466-7201

저자와의 협의하에 인지생략

정가 20,000원
ISBN 979-11-7262-524-5